Rainer Harter

Majestät

Eintauchen in die faszinierende
Heiligkeit Gottes

SCM
Stiftung Christliche Medien

SCM R.Brockhaus ist ein Imprint der SCM Verlagsgruppe, die zur Stiftung Christliche Medien gehört, einer gemeinnützigen Stiftung, die sich für die Förderung und Verbreitung christlicher Bücher, Zeitschriften, Filme und Musik einsetzt.

2. Auflage 2018

© 2017 SCM R.Brockhaus in der SCM Verlagsgruppe GmbH
Max-Eyth-Straße 41 · 71088 Holzgerlingen
Internet: www.scm-brockhaus.de; E-Mail: info@scm-brockhaus.de

Soweit nicht anders angegeben, sind die Bibelverse folgender Ausgabe entnommen:
Elberfelder Bibel 2006, © 2006 by SCM-Verlag GmbH & Co. KG, Witten.

Weiter wurden verwendet:

Lutherbibel, revidierter Text 1984, durchgesehene Ausgabe in neuer Rechtschreibung, © 1999 Deutsche Bibelgesellschaft, Stuttgart. (LUT84)

Lutherbibel, revidiert 2017, © 2016 Deutsche Bibelgesellschaft, Stuttgart. (LUT17)

Einheitsübersetzung der Heiligen Schrift, © 1980 Katholische Bibelanstalt, Stuttgart. (EÜ)

Hoffnung für alle® Copyright © 1983, 1996, 2002, 2015 by Biblica, Inc.®. Verwendet mit freundlicher Genehmigung des Herausgebers Fontis – Brunnen Basel. (HFA)

Bibeltext der Neuen Genfer Übersetzung, Copyright © 2009 Genfer Bibelgesellschaft, CH-1204 Genf. Wiedergegeben mit freundlicher Genehmigung. Alle Rechte vorbehalten. (NGÜ)

Bibeltext der Schlachter Bibelübersetzung. Copyright © 2000 Genfer Bibelgesellschaft. Wiedergegeben mit der freundlichen Genehmigung. Alle Rechte vorbehalten. (SCH)

Umschlaggestaltung: Kathrin Spiegelberg, Weil im Schönbuch
Titelbild: unsplash.com, Nathan Anderson
Satz: Christoph Möller, Hattingen
Druck und Verarbeitung: GGP Media GmbH, Pößneck
Gedruckt in Deutschland
ISBN 978-3-417-26821-8
Bestell-Nr. 226.821

Inhalt

Vorwort von Geri Keller 5

Einleitung 7

1 Das Unbeschreibliche beschreiben 11

2 Der Verlust der Heiligkeit 19

Teil 1 – Vom Wesen des Heiligen 31

3 Faszination Heiligkeit 32

4 Warum Heiligkeit etwas mit Heilwerden zu tun hat 44

5 Das Fundament 54

6 Mysterium tremendum 58

Teil 2 – Der heilige Gott 65

7 Begegnungen mit dem Heiligen 66

8 „Ich bin heilig" – was Gottes Heiligkeit
   für uns bedeutet 80

9 Schreckliche Schönheit 89

10 Das menschliche Angesicht des heiligen Gottes 100

Teil 3 – Geheiligtes Leben 117

11 Berufen zur Heiligkeit 118

12 Nicht von dieser Welt 125

13 Heilige Vorbilder 133

14 Heilig werden 157

15 Heiligung im Alltag	163
16 Heiligung und Gnade	176
17 Umarmungen der Liebe	184
18 Die Furcht des Herrn	193
19 Die Entmachtung des zornigen Königs	202
20 Der gute Kampf des Glaubens	207
Dank	215
Anmerkungen	217

Vorwort von Geri Keller

Dass bei zunehmender Gefahr auch das Rettende wächst, erleben wir heute im Blick auf die expandierenden Gebetsbewegungen. Es entstehen zum Beispiel immer mehr Gebetshäuser. Sie gleichen Treibhäusern, in denen Pflanzen während der Winterzeit als kommendes Pflanzgut gezogen werden. Grünhäuser, Häuser der Hoffnung. Da, wo Gott leidenschaftlich angebetet wird, empfangen Menschen auch Offenbarung von ihm und vom Innersten seines Herzens. Deshalb sind früher oftmals von Klöstern entscheidende Impulse ausgegangen. Heute scheint die Hand Gottes vermehrt auf Gebetshäusern zu liegen, die eine ähnliche Rolle übernehmen und den Ruf hören: „Freund, rücke hinauf!"

Das neue Buch von Rainer Harter ist jedenfalls eine eindeutige Gebetshaus-Frucht, gewachsen aus der innigen Gemeinschaft des Autors mit seinem Gott. Nach einem Wort von Richard Rohr ist vermutlich niemand so wahrhaft radikal wie ein Mensch, der wirklich im Gebet verwurzelt ist. Und radikal ist dieses Buch. Man fühlt sich wie einer jener Schwimmbadbenutzer, die einzig der Sonnenbräune wegen dort sind, aber von jemandem im Wasser angespritzt werden. Im ersten Moment zuckt man zusammen, um es im besten Fall dann doch zu wagen, die Liegewiese der Gnade zu verlassen und sich ins Element Wasser zu stürzen.

Danke, Rainer Harter, dass du mit einer Handvoll anderer den Ruf Gottes aus Hesekiel 22,30 gehört hast, wo er nach einem Mann sucht, der eine Mauer (von Gottesfurcht) baut gegen den Strom von Beliebigkeit und Profanität. Es kann ja nicht sein, dass vor dem Thron Gottes ununterbrochen das „Heilig! Heilig! Heilig!" gesungen wird, während das Wort „heilig" für uns zu einem Fremdwort geworden ist. War nicht der tiefste Schrei von Mose: „Lass mich deine Herrlichkeit sehen!" (2. Mose 33,18)? Was wollte er denn noch sehen, da er ja ohnehin so vertraut mit Gott war wie niemand sonst?! Wohl das absolut Innerste seines Wesens, seine Heiligkeit, die gleichzeitig auch seine Herrlichkeit ist!

Einleitung

Gott hat jeden Christen zu einem heiligen Leben berufen. Bei diesem Ruf gibt es keine Ausnahmen.

Jerry Bridges[1]

Am Anfang dieses Buches soll eine Einladung stehen. Ich möchte Sie auf eine faszinierende Reise zu einem Schatz mitnehmen, der in Gefahr steht, unter den Schichten unserer Herausforderungen und unter dem Gewicht des Alltäglichen verschüttet zu werden und schließlich in Vergessenheit zu geraten. Doch wenn dies geschieht, wird unser persönlicher Glaube den strahlendsten Anteil seines anziehenden und zugleich Ehrfurcht gebietenden Glanzes verlieren. Bei dem Schatz, von dem ich spreche und den ich mit Ihnen zusammen entdecken möchte, handelt es sich nicht um eine verborgene Nebensächlichkeit, sondern vielmehr um das Herzstück unserer Gottesbeziehung.

Seit ich mich mit der majestätischen Heiligkeit Gottes beschäftige, haben sich mein Glaube und mein Gottesbild verändert. Trotz der Distanz, die die Heiligkeit Gottes im Vergleich zur menschlichen Unfähigkeit, aus sich heraus heilig zu leben, eigentlich schaffen müsste, war es gerade die Auseinandersetzung mit diesem Thema, die mein Herz Gott näher hat kommen lassen und die meinen Glauben mit Faszination erfüllt hat. Dieser unfassbare Gott, diese höchste Majestät und dieses vollkommene Wesen ist nicht irgendein ferner Gott, sondern der Gott, der in uns wohnen möchte.

Ich lade Sie ein, das zu entdecken, was die Bibel als Kernmerkmal der Persönlichkeit Gottes bezeichnet; alle anderen Eigenschaften seines wunderbaren Wesens strömen daraus. Darüber hinaus möchte ich Sie neugierig darauf machen, das erfüllende Leben zu entdecken, das Gott als heilig bezeichnet und für das Sie geschaffen wurden.

Als ganze Kirche, aber auch als einzelne Christen stehen wir in der

7

heutigen Zeit vor der großen Herausforderung, eine jahrtausendealte Botschaft für uns selbst und andere in die Gegenwart und mitten hinein in unseren Alltag zu übersetzen. Zum Teil gelingt uns dies gut, doch manchmal passiert es, dass wir versuchen, nicht nur die Worte Gottes, sondern Gott selbst an das Denken unserer Zeit anzupassen. Dann wird durch die unterschiedlichen Gedanken, Vorstellungen und Erklärungsversuche unser Blick auf Gott getrübt; wir verlieren die Sicht auf seine Schönheit und machen uns ein fehlerhaftes Bild von ihm. Gott aber ist unabänderlich derselbe. Im wilden Wirbel des täglichen Lebens kann es sogar passieren, dass die Beziehung zu Gott auf ein Mittelmaß reduziert wird, das uns jedoch bald vertraut ist und das wir schließlich akzeptieren. Wir sind den Gott unserer Vorstellung und Erfahrung dann „gewohnt" – und so wird er für uns „gewöhnlich" oder sogar langweilig. Entsprechend zähflüssig fühlt sich unsere Nachfolge als Jünger Jesu an.

Mit diesem Buch möchte ich sozusagen den umgekehrten Weg gehen und Ihnen als Leser zeigen, dass wir unsere Vorstellung von Gott nicht verändern, sondern nur ein Stück näher an ihn herantreten müssen, um staunend festzustellen: Er ist viel faszinierender, als wir bisher angenommen haben. Die Faszination, die von ihm ausgeht, ist unabhängig vom Denken und der Vorstellungskraft der Menschen einer bestimmten Epoche der Weltgeschichte. Wir müssen wieder lernen, hinter den Vorhang unserer eigenen Ideen über Gott zu schauen. Seine Schönheit hat nichts von ihrer Kraft verloren. Sie ist noch immer lebensverändernd und bringt unseren Alltag zum Blühen.

Ich möchte Ihnen eine Art Karte zu einem für viele verborgenen Schatz in die Hand geben und diesen mit Ihnen zusammen neu entdecken. Lassen Sie uns auf die Suche gehen, um den innersten Kern des Herzens Gottes zu entdecken. Lassen Sie uns die ausschlaggebende Wahrheit freilegen, die über allen anderen steht:

Gott ist heilig.

Denn das ändert alles.

Es ist mein Herzensanliegen, dass Sie die Kraft und Schönheit der Heiligkeit Gottes erkennen und erleben, wie Ihr eigenes Leben von ihr durchdrungen werden kann. Ich habe es selbst erfahren dürfen. Nie war ich so fasziniert von Gott wie heute, nie war meine Leidenschaft für ihn größer.

Das vorliegende Buch besteht aus drei Teilen. Im ersten möchte ich mit Ihnen anschauen, was der so geheimnisvolle Begriff „heilig" eigentlich bedeutet und beinhaltet. Er hat von Anbeginn der Menschheit und in allen Kulturen und Religionen eine wichtige Rolle gespielt und spielt sie noch immer. Im zweiten Teil steht das Staunen im Mittelpunkt. Wir betrachten die faszinierende Heiligkeit unseres Gottes, die ganz unterschiedliche Empfindungen in uns wecken kann, uns letztlich jedoch segensvoll prägen und in die Lage versetzen möchte, ein heiliges (oder auch: heiles) Leben führen zu können. Im dritten Teil beschäftigen wir uns schließlich mit der Frage, wie wir in unserem Alltag heilig leben können. Ich werde Ihnen einige geistliche Vorbilder vorstellen und vielleicht werden Sie ebenso beeindruckt sein wie ich, wenn Sie lesen, wie diese Menschen durch ihr hingegebenes Leben unsere Welt verändert haben. Darüber hinaus finden Sie jedoch auch ganz praktische Anleitungen für Ihren Alltag, die dabei helfen sollen, dass das Leben als Christ wieder dauerhaft begeisternd und lebendig wird. Zuletzt schauen wir uns an, wie ein durch die Begegnung mit Gottes majestätischer Schönheit geheiligtes Leben einen Unterschied in einer unheiligen Welt machen kann.

Ich glaube daran, dass „Majestät" eine neue Ehrfurcht und ein authentisches Verlangen danach in Ihnen wecken kann, den heiligen Gott kennenzulernen und seinem Beispiel zu folgen. In über dreißig Jahren der persönlichen Nachfolge habe ich festgestellt, dass dies das Leben ist, das mit Recht „schön" genannt werden kann.

Sind Sie bereit für den Aufbruch auf einen Weg, an dessen Ende die Entdeckung heiliger Schönheit liegen wird? Dann lassen Sie uns gleich zu Beginn denjenigen bitten, uns zu führen, der unser Ziel am besten kennt.

„Lieber Vater, ganz am Anfang dieser Reise will ich dich bitten, mich durch deinen Heiligen Geist zu deiner Heiligkeit zu führen. Ich sehne mich danach, dein Wesen besser zu erkennen und zu verstehen. Ich habe Hunger und Durst nach dir. Bitte öffne meine inneren Augen für deine Schönheit und hilf mir dabei, heil und Jesus ähnlich zu werden, damit durch mein Leben auch andere Menschen tiefer mit deiner Heiligkeit in Berührung kommen und selbst heil und heilig werden. Amen."

Kapitel 1

Das Unbeschreibliche beschreiben

*Du bist! Nicht des Ohres Hören und des Auges Licht
kann dich erreichen. Kein Wie, Warum und Wo
haftet an dir als Zeichen.
Du bist! Dein Geheimnis ist verborgen:
Wer mag es ergründen!
So tief, so tief – wer kann es finden!²*

Der Versuch, die Heiligkeit Gottes umfassend erklären und sie in ihrer unendlichen Tiefe ausloten zu wollen, ist von vornherein zum Scheitern verurteilt, denn sie liegt außerhalb der für Menschen zugänglichen Realität. Gottes Heiligkeit ist wie eine Dimension, die zwar existiert, mit unseren Sinnen jedoch nicht betreten werden kann. Und dennoch wirkt diese fremde Realität, diese „Gottes-Dimension", in unser Leben hinein. Unsere Sinne sind jedoch immerhin so fein, dass sie erahnen und spüren, dass es das Vollkommene gibt, das sich im Heiligen ausdrückt. Wir „wissen", dass es da ist.

Der faszinierenden Dimension des Heiligen können wir Menschen uns nur ein Stück weit nähern. Doch können wir sie umkreisen und voller Herzensaufmerksamkeit betrachten. Wir können sie sogar berühren und uns von ihr berühren lassen. Tief in unserem Inneren gibt es eine Triebkraft, die uns der Heiligkeit Gottes näher bringen kann. Ich bete, dass diese Kraft beim Lesen dieses Buches in Ihnen zunimmt und schließlich größer wird als je zuvor. Es ist die Kraft der Sehnsucht nach Gott. Nutzen Sie diese Sehnsucht auf Ihrem Weg, verwenden Sie sie gleichsam wie ein Raumschiff, mit dem Sie sich zu einer neuen Dimension aufmachen. Und dann staunen Sie im Blick auf das, was sich Ihnen zeigen wird.

VERZEHRENDES FEUER

In der Bibel begegnet uns im Zusammenhang mit Gottes Wesen immer wieder das Bild des Feuers. Werfen wir also einen ersten Blick auf das Wesen der Heiligkeit. Jedem von uns ist vermutlich die Faszination, die von einem offenen Feuer ausgeht, vertraut. Zu meinen schönsten Kindheitserinnerungen gehören die Feiern, die draußen in der Natur stattfanden und bei denen spätabends alle um ein großes Lagerfeuer herum saßen. Es wurden Geschichten erzählt, irgendwann wurde gemeinsam geschwiegen. Alle Augen waren auf das prasselnde, manchmal Funken stiebende Feuer gerichtet.

Wenn wir vor einem solchen Feuer sitzen, verspüren wir meist eine ganz besondere Atmosphäre. Wir sind gefesselt von der unbändigen, alles verzehrenden Kraft der Flammen. Wir genießen die Wärme, die von ihnen ausgeht, und wir achten darauf, das Feuer am Leben zu erhalten, weil wir seinen Schein und den Tanz seiner Flammen mögen. Wir können Stunden hineinstarren. Doch nie kämen wir auf die Idee, uns selbst mitten ins Feuer zu begeben, weil wir wissen, dass wir Menschen zwar die Kraft und Schönheit des Feuers sehr wohl genießen können, den Flammen selbst jedoch nichts entgegenzusetzen haben. Sie sind stärker als wir, sie sind gefährlich für uns, sie könnten uns verzehren.

> Das Sein Gottes ist um vieles faszinierender als sein Tun.

Alle diese Beschreibungen treffen auch auf den heiligen Gott zu. Wir wollen ganz nah bei ihm sein, wir sehnen uns nach der Wärme seiner Liebe und seiner Kraft in unserem Leben. Doch manchmal vergessen wir, dass es mehr gibt als die Auswirkungen des göttlichen Feuers: nämlich das Feuer selbst. Unser Glaube sollte sich nicht in erster Linie um das drehen, was er tun kann (und will), sondern um ihn selber. Das Sein Gottes ist um vieles faszinierender als sein Tun. Lassen Sie uns deshalb näher ans Feuer herantreten. Lassen Sie uns dies mit dem großen Respekt tun, der sich in dem alten Wort „Ehrfurcht" ausdrückt und der uns als postmodernen Christen teilweise verloren gegangen ist. In der Folge dieses Verlusts sind jedoch auch unsere Neugier, unser Staunen und unsere Hingabe immer mehr verschwunden. Gott ist ein heiliges, „ein verzehrendes Feuer" (Hebräer 12,29), das von uns Menschen nicht zu bändigen ist. Ich möchte Sie ermutigen, dieses Bild mit in Ihre nächsten Gebetszeiten zu nehmen. Was sehen Sie, wenn Sie Gottes Feuer betrachten?

Nicht nur mit visuellen Vergleichen wurde versucht, Gottes Heiligkeit zu beschreiben und uns Menschen einen Zugang zu ihr zu verschaffen. Durch die Musik, die wir mit unseren Sinnen wahrnehmen und die von dort direkt in unsere tiefsten Schichten vordringt, haben große Künstler wie Johann Sebastian Bach, Georg Friedrich Händel oder Johannes Brahms versucht, der Schönheit des Wesens und der Botschaft Gottes Ausdruck zu verleihen.[3] Auch die zeitgenössischen Lobpreislieder versuchen, in Worte und Melodien zu fassen, was wir erahnen und spüren, aber doch nicht wirklich begreifen und zu erklären in der Lage sind.

Wie die Vorstellungen und Bilder, der wir uns bedienen, um Gottes Heiligkeit zu beschreiben, dringt aber auch die Musik nur ein Stück weit vor. Zu geheimnisvoll und eben „nicht von dieser Welt" ist der Heilige, als dass Klänge und Kompositionen ihn umfassen könnten. Letztendlich bleibt beim Blick auf Gott nur noch das schweigende Staunen übrig, getragen von der Sehnsucht, in seiner Nähe zu sein und in ihm aufzugehen. Obwohl mit Musik so vieles zum Ausdruck gebracht werden kann, was uns Menschen ausmacht und zu berühren vermag, muss auch sie ehrfurchtsvoll schweigen, wenn es um das Heilige geht. Den heiligsten Moment der katholischen Messe zum Beispiel, nämlich den der „Wandlung" des Brotes in den Leib Jesu und des Weines in sein Blut, drückt auch die vollendetste Messemusik nur dadurch aus, dass sie verstummt.[4] Nicht anders ist es in den Gottesdiensten moderner Freikirchen. Der höchste Moment in der Wahrnehmung des Heiligen ist der, wenn das Lobpreisteam sozusagen vor der unbeschreiblichen Majestät der Heiligkeit Gottes kapituliert, die Instrumente verklingen und alles schweigt.

Im Staunen und Stillwerden wird dann spürbar: Der Heilige, Gott selbst, ist da. Seine Heiligkeit ist unbeschreiblich. Sie ist manchmal irritierend und kann uns mit unserer eigenen Unheiligkeit konfrontieren. Sie ist das Schönste, was es zu finden gibt, und zugleich ist sie nicht nur angenehm. Sie polarisiert, sie lässt keine Kompromisse zu und sie fordert uns extrem heraus. Weil wir sie nicht verstehen, tendieren wir trotz unserer irgendwie vorhandenen, wenn auch vergrabenen Sehnsucht dazu, sie zu meiden. Wir versuchen unser Verlangen lieber mit dem zu stillen, was Gott für uns tut, als mit ihm selbst. Doch auf diese Weise verpassen wir das Beste.

Der Versuch, sich der Heiligkeit Gottes in Form eines Buches zu nähern, ist also ein Wagnis. Die Herausforderung besteht darin, dass Gottes Heiligkeit himmlisch, also nicht „von dieser Welt" ist, wir aber auf irdische, menschliche, rationale Begriffe und Bilder angewiesen sind. Das Heilige ist Realität und reicht gleichzeitig weit über sie hinaus. Es ist im wahrsten Wortsinne „irreal". Das Heilige ist ein Übermaß der Realität und damit für den Menschen nur teilweise fassbar.

Der große evangelische Theologe Rudolf Otto definiert Heiligkeit als eine Kategorie, die sich aus den Bestandteilen des Rationalen und des Irrationalen zusammensetzt.[5] Beides kommt im Heiligen zusammen: das, was wir von Gott wahrnehmen und verstehen können, aber auch das, was uns immer geheimnisvoll und fremd sein wird.

Evelyn Underhill, eine anglokatholische Theologin und Mystikerin (1875–1941), hat die Tatsache, dass Gottes Wesen unsere Vorstellungskraft bei Weitem übersteigt, einmal mit den folgenden Worten zum Ausdruck gebracht: „Wenn Gott so klein wäre, dass wir ihn verstehen könnten, wäre er nicht groß genug, um von uns angebetet zu werden." Gott ist fassbar – und doch auch nicht. Unser Verstand und unsere Sinne sind nicht in der Lage, ihn und seine Realität in Gänze wahrzunehmen. Wir wollen es zwar gerne, aber es geht nicht. Ab und zu spiele ich ein Gedankenspiel, um mir selbst aufzuzeigen, dass mein Verstand zu klein ist, um bestimmte Sachverhalte zu begreifen oder sie mir vorzustellen, obwohl sie doch real sind: Haben Sie schon einmal versucht, sich die Unendlichkeit vor Augen zu führen? Bei dieser Aufgabe gelangt mein Verstand sehr schnell an seine Grenzen. Ich denke und denke, aber es gelingt mir nicht! Immer wieder frage ich mich dann: „Aber was liegt dahinter, daneben, drum herum?" Ich fasse es einfach nicht. Und doch ist es da: das unfassbare, möglicherweise sogar unendliche Universum.

Mein Verstand, mein Denken, ist begrenzt. Wenn ich schon die Schöpfung nicht begreifen kann, wie sollte ich Gott umfassend verstehen können? Obwohl er sich immer wieder und auf unterschiedliche Weisen offenbart hat, bleibt er doch ein Geheimnis für mich. Und dennoch ist er da.

Der Prediger und Schriftsteller Gerhard Tersteegen (1697-1769), mit dem wir uns in einem späteren Kapitel noch ausführlicher beschäftigen werden, drückte die Unbeschreiblichkeit des heiligen Gottes mit einem einzigartigen Satz aus, der gleichsam aufzeigt, dass Gott nur Gott sein kann, wenn er unbeschreiblich bleibt: „Ein begriffener Gott ist kein Gott."

> Wenn ich schon die Schöpfung nicht begreifen kann, wie sollte ich Gott umfassend verstehen können?

GESTAMMELTE SCHÖNHEIT

Vor Kurzem unterhielt ich mich mit einem Freund darüber, dass ich erst nach Jahrzehnten des Glaubens an Jesus anfange, Gottes Schönheit zu sehen. Als ich versuchte, ihm zu erklären, wie ich sie nun genau wahrnehme, und sie ihm beschreiben wollte, merkte ich: Ich kann es nicht. Mein Freund, der ebenfalls einen kontemplativen Lebensstil führt, antwortete mir: „Da bist du in guter Gesellschaft, denn keiner der Kirchenväter konnte dies jemals."

Das innere Erleben der Gottesschau kann man einem anderen Menschen nicht adäquat beschreiben. Es wäre so ähnlich, wie wenn ich versuchen würde, Ihnen den Schmerz zu beschreiben, den ich im Augenblick in meinem linken Arm empfinde und der mich nachts aufwachen lässt. Der Schmerz ist ganz real, doch auch wenn ich Ihnen erklären könnte, wo er in etwa sitzt und was für eine Art von Schmerz es ist, würden Sie ihn doch nicht „nachfühlen" können. Ich bleibe damit allein, ich kann ihn nicht mit einem anderen Menschen teilen. Jede Beschreibung bleibt diffus. So ähnlich ist es auch mit dem Blick auf Gottes Schönheit, die wir suchen und erleben dürfen: Unsere inneren Augen blicken Gott an, der real und überwältigend ist, doch unsere menschlichen Sinne sind nicht in der Lage, zu ergreifen oder zu beschreiben, was wir da sehen. Jeder Versuch, es in Bilder zu fassen, ist ungenau und verfälscht, und letztlich bleibt dem Gegenüber nur, zu verwerfen oder zu glauben, dass wir tatsächlich einen Blick auf Gottes Schönheit geworfen haben.

Uns Menschen der Postmoderne wurde eingeimpft, dass all das, was wir nicht erklären oder belegen können, was wir mit unseren Sinnen oder Messinstrumenten nicht erfassen und in Relation zu etwas anderem setzen können, ein höchst fragwürdiges Etwas ist – wenn es denn überhaupt existiert. Diese Haltung gipfelt in der Aussage, man glaube nur, was man sehen könne. Mit diesem Buch versuche ich letztlich, etwas zu beschreiben, was nicht „verständlich" ist. Um nicht nur meine Worte, sondern sozusagen zwischen den Zeilen lesen zu können, brauchen Sie mehr als nur Ihren Intellekt. Weiter oben habe ich schon von der Sehnsucht gesprochen, die ein wunderbares Hilfsmittel auf unserer Reise sein wird. Lesen Sie dieses Buch daher unbedingt mit großem Verlangen nach Gott in Ihrem Herzen. Bitten Sie ihn immer wieder, Ihnen Ihre Herzensaugen für sein Wesen zu öffnen, damit Sie ihn sehen können.

Es gibt darüber hinaus noch etwas, das uns dabei helfen kann, in Berührung mit dem Heiligen zu kommen. Dieses Etwas kommt von Gott selbst, es liegt außerhalb unseres Einflusses und seine Hilfe kann nur erbeten werden. Um Gott zu verstehen, benötigen wir den Einen, der Gott in seiner Schönheit wirklich kennt und in der Lage ist, sich sowohl in der Dimension Gottes als auch in unserem menschlichen Herzen zu bewegen. Ich spreche vom Heiligen Geist. Er selbst ist heilig, er ist ein Teil der Dreieinigkeit, er selbst ist Gott. Er kennt sich mit Gott und seiner Heiligkeit am besten aus und Jesus hat über ihn gesagt, dass er uns in die Wahrheit führen wird (Johannes 16,13).

Lesen Sie dieses Buch daher mit wachem Verstand, hinterfragen Sie meine Aussagen und machen Sie sich Ihre eigenen Gedanken zu den einzelnen Kapiteln. Verlassen Sie sich aber gleichzeitig nicht alleine auf Ihren Verstand, bringen Sie immer Ihre Sehnsucht nach Gott mit ins Spiel. Und bitten Sie vor dem Lesen eines neuen Kapitels den Heiligen Geist, Sie anzuleiten und Ihnen das Wesen Gottes zu zeigen.

Keines der Bilder und keiner der Vergleiche, die ich finden könnte, um Ihnen die Heiligkeit Gottes näher zu bringen, wird vollkommen angemessen sein oder könnte exakt beschreiben, was und wie er ist. Selbst denjenigen, von deren persönlicher und realer Begegnung mit Gott uns die Bibel berichtet, kann man abspüren, dass sie beim Versuch, Gott in seiner Heiligkeit zu beschreiben, hilflos nach Worten und Bildern suchen, um fassbar zu machen, was für den menschlichen Verstand nicht fassbar ist. Hören Sie einmal dem Propheten Daniel zu, als er versucht, den Engel, dem er am Tigris begegnet, zu beschreiben:

Und sein Leib war wie *ein Türkis und sein Gesicht* wie *das Aussehen eines Blitzes. Und seine Augen waren* wie *Feuerfackeln und seine Arme und seine Füße* wie *der Anblick von glatter Bronze. Und der Klang seiner Worte war* wie *der Klang einer Volksmenge.*

Daniel 10,6 (Hervorhebungen durch den Autor)

Dem Propheten Hesekiel erging es ähnlich, auch er rang nach Worten:

Und oberhalb des festen Gewölbes, das über ihren Häuptern war, befand sich – wie das Aussehen eines Saphirsteines – etwas wie ein Thron und auf dem, was wie ein Thron aussah, oben auf ihm eine Gestalt, dem Aussehen eines Menschen gleich. Und ich sah: Wie das Funkeln von glänzendem Metall, wie das Aussehen von Feuer, das ringsum ein Gehäuse hat, war es von dem Aussehen seiner Hüften an aufwärts; und von dem Aussehen seiner Hüften an abwärts sah ich etwas wie das Aussehen von Feuer; und ein Glanz war rings um ihn.

Hesekiel 1,26-27 (Hervorhebungen durch den Autor)

Beide Männer Gottes mussten sich bei dem Versuch, das Unbeschreibliche zu beschreiben, mit Vergleichen behelfen – wenn auch sehr faszinierenden.

Zuletzt – obwohl es noch einige weitere solcher Berichte in der Heiligen Schrift zu finden gibt – ein Beispiel aus dem Neuen Testament. Der Apostel Johannes berichtet uns im Buch der Offenbarung von seiner Begegnung mit dem auferstandenen Jesus:

… und inmitten der Leuchter einen, gleich einem Menschensohn, bekleidet mit einem Gewand und an der Brust umgürtet mit einem goldenen Gürtel,

sein Haupt aber war wie weiße Wolle, wie Schnee, und seine Augen wie eine Feuerflamme und seine Füße gleich glänzendem Erz, als glühten sie im Ofen, und seine Stimme wie das Rauschen vieler Wasser …
Offenbarung 1,13-15

Sehen Sie diese Männer vor sich, wie sie beim Verfassen des jeweiligen Textes geradezu darum ringen, möglichst adäquate Bilder zu finden, um Gott in seiner Heiligkeit zu beschreiben? Selbst bei ihnen bleibt es beim „Wie" …
Das Ziel unserer Reise ist es, ehrfürchtig staunen zu lernen. In ihrem Verlauf werden wir mehr und mehr von uns selbst, von unseren Vorstellungen und Annahmen hinter uns lassen, um so schrittweise unseren Kopf und unser Herz freizubekommen für das große Staunen über Gott in seiner heiligen Gegenwart – dem Ort, an dem unser Leben plötzlich klein wird und zugleich die höchste Erfüllung findet, die ein Mensch erfahren kann.

Von Herzen lade ich Sie ein, Ihr Herz zu öffnen und im Vertrauen auf Gottes Führung mit mir zusammen den Heiligen Gott zu entdecken. Seien Sie unbesorgt und entspannen Sie sich: Diese Entdeckung wird nicht Gesetzlichkeit und Leistungsorientierung auslösen, sondern Freude und Staunen in Ihnen wecken. Ein Staunen, das so viele von uns verloren haben. Erinnern Sie sich noch daran, als Sie das letzte Mal über etwas besonders Schönes gestaunt haben? Welche Ehrfurcht es in Ihnen geweckt hat? Nehmen Sie sich doch jetzt kurz Zeit dafür, an diesen Moment zu denken. Und dann sprechen Sie in der Erinnerung daran, wie sich das Staunen anfühlte, ein Gebet zu Gott, damit derjenige uns an die Hand nimmt, der sich mit der Heiligkeit Gottes so gut auskennt: der Heilige Geist.

„Vater, zu Beginn des Weges hin zu einem besseren Verständnis von deiner Heiligkeit und damit letztlich hin zum Kern deines Wesens und zum ehrfurchtsvollen Staunen über dich möchte ich dich bitten: Sende deinen Heiligen Geist zu mir, damit er mich führt, mir mein Herz öffnet und mich erkennen lässt, was es bedeutet, dass du der Heilige bist. Amen."

Kapitel 2

Der Verlust der Heiligkeit

Der fast gänzliche Verlust einer Erfahrung von Ehrfurcht, Heiligkeit und Transzendenz geht einher mit einer Art gleichgültiger Hoffnungslosigkeit: Es glaubt kaum einer, dass die Begegnung mit dem Heiligen zu einer anderen inneren Haltung führt, es hofft wohl auch niemand mehr, dass sich die Erfahrung des Heiligen einstellen könnte – und daher wird es auch nicht vermisst.

Bischof Stefan Oster[6]

Die postmoderne Kirche hat die Erkenntnis und Erfahrung von Gottes Heiligkeit in weiten Teilen verloren. Dadurch ist der unfassbare, geheimnisvolle, unbezähmbare und majestätische Gott zu einer diffusen „Macht" für die einen und zu einer Art spirituellem Übervater für die anderen geworden. Dem Begriff „Gott" wurde die ihm innewohnende Herrlichkeit, Gewalt, Wildheit und Kraft genommen, die uns die Bibel beschreibt. Damit wurde uns der Weg zu einem „hausgemachten Gottesbild" gebahnt, welches zum Verlust des Staunens, der Ehrfurcht und der Dankbarkeit geführt hat.

Mir ist aufgefallen, dass nicht wenige derjenigen Menschen, die sich zwar bekehren, aber niemals mit der Heiligkeit Gottes in Berührung kommen, Gott nach einiger Zeit wieder verlassen oder nie eine echte Faszination ihm gegenüber entwickeln. Nach anfänglicher Begeisterung treten sie auf der Stelle und wenden sich im schlimmsten Fall ab. Wir brauchen als Gemeinde Jesu den Aspekt der Größe Gottes, die sich in seiner Heiligkeit zeigt, um Menschen zu einer echten und andauernden Lebenshingabe an Gott zu führen, deren natürliche Konsequenz es ist, dass Christus in ihnen Gestalt gewinnt.

In den letzten Jahren stehen in Predigten, Büchern und anderen Medien vor allem Aspekte wie die Gnade Gottes, seine Zuwendung und Liebe, seine Versorgung und sein Wille, zu heilen und zu helfen, im Vordergrund. Es findet eine lebendige Auseinandersetzung mit diesen wichtigen Themen und der Frage, wie Gott in unseren Alltag hineinwirkt, statt. Doch die Heiligkeit Gottes, die nicht nur einen Aspekt seiner Persönlichkeit beschreibt, sondern den Kern seines Wesens darstellt, wird eher selten behandelt.

„Heilig" zu sein, ist jedoch die Eigenschaft, mit der Gott sich durch die ganze Bibel hindurch identifiziert, mit der er sich vorstellt und die sein Wesen am besten beschreibt. So wie sich der Mond um die Erde dreht, drehen sich alle Eigenschaften, Worte und Taten Gottes, von denen wir in der Heiligen Schrift lesen, letztlich um seine Heiligkeit. Ohne den Blick auf Gottes Heiligkeit können wir Gott und das, was er sagt und tut, nicht wirklich erkennen oder verstehen. Sie ist gleichsam das Herz Gottes, aus ihr strömt all das, was wir von Gott erfassen und erfahren können. Sie ist der Boden, auf dem unser Gottesverständnis und unser ganzer Glaube stehen. Wenn wir einmal sterben und ganz bei Gott sein werden, werden wir sie in Ewigkeit erfahren und in ihrer Mitte leben. Und weil sie den Kern seines Wesens darstellt, ist sie auch die zentrale Eigenschaft, an der er uns Anteil haben lassen möchte. Sie soll auch schon heute unser ganzes Leben prägen, damit aus uns dieselben Dinge fließen, die seiner eigenen Heiligkeit entspringen. Mit einem brennenden Herzen ruft Gott uns zu: „Seid heilig, denn ich bin heilig" (3. Mose 11,44). Denn Gott weiß, dass Heiligkeit unser eigenes Leben heil macht und unser Handeln an unseren Nächsten heilsam werden lässt.

Faszination für Gott entsteht, wo der Mensch mit dem Heiligen in Berührung kommt.

Selbst die Gnade Gottes wirkt billig und seine Liebe bekommt den Anschein, selbstverständlich zu sein, wenn wir sie nicht aus dem Blickwinkel seiner Heiligkeit betrachten. Alles wird schal und im schlimmsten Fall empfinden wir sogar Langeweile bei einem so wunderbaren Satz wie „Gott liebt dich", wenn wir nicht eine Ahnung davon haben, wer und wie er ist. Die Größe seiner Liebe und Gnade für uns wird erst dann fassbar, wenn wir erkennen, wer derjenige eigentlich ist, der sie uns so gerne schenkt.

Gottes Heiligkeit ist der Dreh- und Angelpunkt, von dem her erst alles einen Sinn bekommt und uns kostbar wird. Faszination für Gott entsteht, wo der Mensch mit dem Heiligen in Berührung kommt.

Aus Gottes Heiligkeit kommt seine Zärtlichkeit ebenso wie sein Zorn. Sie ist die Quelle aller Schönheit und allen Lebens. Ihr entspringen seine Barmherzigkeit und der wilde Eifer; Eigenschaften, die uns beide von den Büchern des Alten Testaments bis hin zum Buch der Offenbarung immer wieder begegnen. Sie ist die Grundlage seiner Gerechtigkeit und Weisheit. Gottes Heiligkeit ist gewaltig, ja, sie ist geradezu furchterregend schön.

FURCHTERREGEND

Vor Kurzem habe ich in einer Kirchengemeinde gesprochen und am Anfang der Predigt die Frage gestellt: „Wie könnte der folgende kurze Satz enden: ‚Gott ist ...'?"

Erwartungsgemäß wurden Attribute genannt wie „gut", „gnädig", „groß", „Liebe", „barmherzig", „ein Vater", „Versorger", „Heiler", „Retter". Alle diese Eigenschaften und viele mehr treffen natürlich auf Gott zu. Doch wenn der Prophet Jesaja unter den Zuhörern gesessen und sich gemeldet hätte, wäre seine Antwort möglicherweise etwas anders ausgefallen und hätte für Staunen gesorgt. Ich stelle mir vor, wie die gefühlte Temperatur im Saal plötzlich gefallen wäre, nachdem er geflüstert hätte: „Furchterregend."

Jesaja hätte Grund für so eine Antwort. Im späteren Verlauf des Buches werden wir uns noch genauer mit seiner Geschichte befassen, doch so viel sei hier schon gesagt: Er ist als junger Mann von einem Augenblick auf den anderen mit der Heiligkeit Gottes konfrontiert worden und das hat tiefe Spuren in seinem Leben hinterlassen. Er wusste um die Gnade und Liebe Gottes, doch er wusste auch um den Schrecken, der einen Menschen durchaus ergreifen kann, wenn er mit dem Absoluten, nämlich dem Heiligen, konfrontiert wird. Das Heilige beschreibt ja Begriffe wie „Schönheit", „Reinheit" oder „Unschuld", die an sich schon groß und bedeutend sind, in ihrer höchsten Perfektion und Vollendung.

Die schönen, reinen, gerechten und gesunden Dinge, Erfahrungen und Beobachtungen, die wir Menschen bereits in dieser Welt wahrnehmen und erleben können, sind jeweils wie Wegweiser, die darauf hindeuten, dass es das Vollkommene wirklich gibt. Unsere Herzen werden vom Schönen, Reinen und Heilen berührt und eine tiefe Sehnsucht nach dem transzendenten Gott wird in uns geweckt – ob wir das so benennen oder anders beschreiben würden, die dahinterstehende Realität bleibt doch dieselbe: Wir spüren in unserem Inneren, dass es einen Ort geben muss, an dem alles gut ist: nicht nur ein bisschen schön, ein wenig rein, halbwegs gerecht oder teilweise gesund, sondern vollkommen. Mit „Majestät" möchte ich Sie dorthin mitnehmen und aufzeigen, dass dieser Ort im Herzen Gottes zu finden ist. In Gott ist alles gut, alles rein und alles schön. Er allein ist wahrhaftig vollkommen und aus seiner Vollkommenheit, die in der Bibel „Heiligkeit" genannt wird, fließt seine Güte zu uns Menschen. Was an Schönem oder Gutem bei uns punktuell und temporär hervorstrahlt, ist bei Gott umfassend und ewig: „Jesus aber sprach zu ihm: Was nennst du mich gut? Niemand ist gut als nur einer, Gott" (Lukas 18,19).

Eine Begegnung mit Vollkommenheit kann einen Menschen nicht kaltlassen, weil seine eigene Unvollkommenheit dadurch umso deutlicher wird. Wer auf das Heilige und Vollkommene trifft, kann sich durchaus ausgeliefert fühlen.

Stellen Sie sich einmal vor, wie es Ihnen ginge, wenn Sie von einem Moment auf den anderen ungeschminkt bzw. unrasiert, zerknautscht und im Schlafanzug mit den Staatspräsidenten beim Fototermin eines G20-Gipfels auf der Bühne stehen würden. Alle sehen perfekt aus und stellen etwas Großes dar – nur Sie passen überhaupt nicht dorthin. Immerhin aber wären Sie ein Mensch unter Menschen. Ihr Äußeres würde Sie zwar von den anderen Anwesenden unterscheiden, doch in Ihrem Wesenskern wären Sie ihnen gleich. In Bezug auf Gott sieht das ganz anders aus, denn in der Begegnung mit ihm wird unser Kern sichtbar, und gerade der unterscheidet uns am meisten von ihm – wir sind Menschen, er ist Gott.

Was auf den ersten Blick vielleicht abschreckend aussehen mag, birgt in sich jedoch eines der größten und wunderbarsten Geheimnisse, die uns Menschen geoffenbart wurden: Obwohl Gott tatsächlich perfekt ist und eigentlich niemand aus sich heraus fähig ist, sich ihm aus eigener Kraft zu nähern, oder würdig wäre, in seine Nähe zu kommen, lädt er uns genau dazu ein. Jesaja wurde nicht vernichtet, wie er befürchtete. Und auch wir dürfen tatsächlich ohne Angst in die Gegenwart des heiligen Gottes treten.

Diese Einladung verbunden mit der Würde, die er uns damit verliehen hat, hat Gott einen unfassbaren Preis gekostet. Der Tatsache, dass Gottes direkte Erscheinung wirklich furchterregend ist, steht das große „Fürchte dich nicht" von Jesus Christus gegenüber. Durch seinen stellvertretenden Opfertod dürfen wir Gottes heilige Gegenwart sogar genießen. Wo ungeschützt kein Mensch bestehen könnte, heiligt uns das Blut Jesu und macht uns dadurch fähig, bei Gott zu sein.

> Der Tatsache, dass Gottes direkte Erscheinung wirklich furchterregend ist, steht das große „Fürchte dich nicht" von Jesus Christus gegenüber.

KEIN PLAN

Jesaja war bei Weitem nicht der einzige Mensch, der eine Begegnung mit Gott hatte, die ihn erschauern ließ, und dem durch den Blick auf Gottes Heiligkeit seine eigene Unheiligkeit bewusst wurde. Kennen wir als Christen heute dieses Gefühl überhaupt noch? Ist es überholt, sich in der Gegenwart des lebendigen Gottes klein vorzukommen, oder geht uns nicht vielmehr etwas verloren, wenn unser Zugang zu Gott und seine Zuneigung uns allzu selbstverständlich werden? Ist es gut oder schlecht, dass den meisten von uns in der Gegenwart Gottes keine Schauer mehr über den Rücken laufen?

Ich liebe es, über die Liebe Gottes zu sprechen. Wenn Sie mein letztes Buch „Brannte nicht unser Herz?" gelesen haben, wissen Sie das. Zugleich frage ich mich jedoch, ob wir mit einer zu einseitigen Beschreibung des Wesens Gottes nicht auch unsere Faszination und unsere Ehrfurcht ihm gegenüber verlieren. Hören Sie bei Ihrem nächsten Gottesdienstbesuch einmal genauer hin und Sie werden Lobpreislieder voller Leidenschaft, mit zum Teil romantischen Texten hören. Die anschließende Predigt wird wahrscheinlich voller Versicherungen der Zuneigung Gottes sein. Solche Bestätigungen sind gut für uns, das ist unbestreitbar. Doch selten – wenn überhaupt – hören wir etwas über Gottes Majestät und Heiligkeit. Warum eigentlich? Ich vermute, dass wir sie vermeiden, weil wir sie eher fürchten als lieben, was an unserer Unkenntnis liegt.

Wir machen uns manchmal Sorgen darüber, dass sich die Menschen nicht für Gott interessieren könnten, wenn wir die Dinge der Bibel ansprechen, die als unbequem empfunden werden könnten oder nicht zum Bild des liebenden Gottes passen. Wir verschweigen diese für uns schwierigen Themen, um die Zuhörer nicht abzustoßen und nicht als engstirnig oder gesetzlich zu gelten. Unsere Verkündigung bekommt dann aber eine theologische Schräglage. Jesus wird zum netten Kumpel stilisiert, Gott zum großen, coolen Typen oben im Himmel gemacht und dem Heiligen Geist die Rolle des Entertainers in unseren Versammlungen zugewiesen. Gott wird vermenschlicht und schließlich zu einer besseren Ausgabe unserer selbst herabgestuft. In der Folge wird unserem Glauben in den Herausforderungen des Alltags die Tragfähigkeit geraubt und unsere Sicht auf die Größe Gottes und die Bedeutung seiner Gnade getrübt.

Damit dies nicht geschieht, ist die Beschäftigung mit seiner Heiligkeit wichtig und gesund für uns. Die Bibel macht immer wieder klar: Gott ist kein Mensch. Der Versuch, den Gott der Heiligen Schrift menschlicher darzustellen, um ihn „gesellschaftsfähiger" zu machen, unterliegt einem doppelten Trugschluss. Durch den Propheten Jeremia sagt Gott selbst: „Kann denn ein Mensch sich Götter machen? Das sind doch keine Götter!" (Jeremia 16,20).

Gott ist nicht wie Morgan Freeman in dem Film „Bruce Almighty". Er ist so viel faszinierender, so viel größer und so viel schöner – doch das werden Menschen nur dann erkennen, wenn sie verstanden haben, dass er heilig und damit vollkommen ist. Gott ist nicht „einfach" Liebe. Seine Liebe ist wie ein verzehrendes, gefährliches und wildes Feuer. Es ist wahr: Gott ist unendlich gnädig. Doch seine Gnade ist eine Kraft, die uns dazu befähigt, ein fundamental anderes Leben zu führen als die Menschen um uns herum, die aus eigener Kraft leben.

Obwohl das Thema „Heiligkeit" in der Bibel eine so wichtige Rolle spielt, wissen die meisten Christen anscheinend tatsächlich nur sehr wenig darüber. Eine von der Barna-Gruppe im Jahr 2006 landesweit in den USA durchgeführte Studie zum Thema erbrachte erstaunliche, oder sollte ich sagen: ernüchternde Ergebnisse. In der unter der Überschrift „Die meisten Amerikaner können mit dem Konzept der Heiligkeit nichts anfangen" veröffentlichten Studie heißt es:

Das Konzept der Heiligkeit ist mit der gesamten Bibel verwoben und eine der grundlegenden Lehren vieler protestantischer Kirchen. Beginnend mit Passagen aus dem Alten Testament wie 3. Mose 19,2 („Ihr sollt heilig sein; denn ich, der HERR, euer Gott, bin heilig") bis hin zu den mehr als zwei Dutzend Stellen im Neuen Testament, in denen Gottes Volk als heilig beschrieben wird, gibt es wenig Zweifel daran, dass „Heiligkeit" eines der zentralen Lehrthemen des christlichen Glaubens darstellt. Dennoch zeigt eine neue landesweite Umfrage, die von der Barna Group durchgeführt wurde, auf, dass die meisten Erwachsenen mit dem Thema „Heiligkeit" nichts anfangen können, ja sogar davon abgeschreckt sind.[7]

Die in der Studie Befragten wurden aufgefordert zu beschreiben, was es bedeutet, heilig zu leben. Jeder Fünfte antwortete mit „Ich weiß es nicht", was gleichzeitig die häufigste Antwort war. Durch die Umfrage wurde deutlich, dass persönliche Heiligkeit kein zentrales Thema für US-amerikanische Christen ist. Nur fünfunddreißig Prozent glauben überhaupt daran, dass Gott von ihnen erwartet, selbst heilig zu werden. Bei denjenigen unter den Befragten, die sich als „wiedergeborene Christen" bezeichnen, sind es immerhin sechsundvierzig Prozent – doch das sind noch immer weniger als die Hälfte. Die Zusammenfassung der Studie liest sich wie folgt:

Das Ergebnis zeichnet das Bild eines Leibes Christi, dessen Glieder zu einer Gemeinde gehören und die Bibel lesen, das Konzept oder die Bedeutung der Heiligkeit jedoch nicht verstehen, sich persönlich nicht nach Heiligkeit ausstrecken und deshalb wenig oder nichts dafür tun, um ihr nachzujagen.[8]

Ich frage mich, ob eine ähnliche Umfrage in Deutschland zu vergleichbaren Ergebnissen führen würde, denn auch in unseren Kirchen und Gemeinden wird die Auseinandersetzung mit der Heiligkeit Gottes und die daraus resultierende Herausforderung für unser persönliches Leben meiner Beobachtung nach selten thematisiert. Mit dem Gedanken der Heiligung oder der „Furcht Gottes" sind wir nicht mehr vertraut, und wenn wir darüber lesen oder davon hören, fühlen wir uns peinlich berührt und versuchen, diese für uns anachronistisch erscheinende Haltung Gott gegenüber zu ignorieren oder wegzuerklären. Damit unterläuft uns ein großer Fehler. Beschäftigen wir uns nicht mit diesen so zentralen biblischen Themen und den Konsequenzen für unser Alltagsleben, stehen wir in der Gefahr, uns einen Gott zu schaffen, der unseren menschlichen Wertmaßstäben, Sehnsüchten und Erwartungen entspricht, der aber nicht identisch mit dem Gott und Vater von Jesus Christus ist. Unser Christsein wird dann zu einer Einbahnstraße, in der zwar alles Gute zu uns fließen soll, aber unser Leben gleichzeitig nicht verändert wird oder wir Jesus ähnlicher werden.

Vielen Christen geht es ähnlich wie dem US-amerikanischen Pastor Tyler Braun, der in seinem Blog[9] beschreibt, wie seine Beziehung zu Gott lange einem einstündigen Urlaub am Sonntagmorgen glich, der kaum Auswirkungen auf den Rest seines Lebens hatte. Er berichtet davon, wie der christliche Glaube schleichend zu einer rein privaten Überzeugung werden kann, die aber nichts mehr mit einem heiligen Lebensstil zu tun hat. Gleichzeitig wird die Sünde zu etwas Gewohntem. Braun zieht mit folgenden Worten ein Fazit:

Die meisten von uns sind so in ihren sündigen Mustern verstrickt, dass wir nicht mehr über sie hinaus auf das Leben sehen können, das Gott sich schon immer für uns gewünscht hat. Während die nächste Generation von Christen (ich eingeschlossen) sich immer weiter fest in der sie umgebenden Kultur verankert, haben wir die Kennzeichen verloren, damit Christus von einer Welt erkannt werden kann, die ihn verleugnet. Wir haben die Heiligkeit verloren.[10]

WAS UNS VERLOREN GEHT

Ich denke, dass Gott durch die Beschreibungsversuche unterschiedlicher kirchlicher Strömungen oft vermenschlicht und damit kleingeredet worden ist. Doch es ist ein Weg, der in die Irre führt, wenn wir den Heiligen zu einer Art geistlichem und seelischem Wellnessfaktor und Erfüllungsgehilfen unserer Selbstverwirklichungstendenzen degradieren, denn: Berauben wir Gott seiner Heiligkeit, verlassen wir ihn als den, der er wirklich ist, und berauben uns zugleich als Kirche der Faszination seiner Größe und seiner Macht. Gott ist und bleibt heilig. Mit dieser so zentralen biblischen Aussage über die unveränderliche Heiligkeit Gottes sind so grundlegende Themen wie die Frage nach Schuld und Vergebung und letztlich die Bedeutung der Person Jesus Christus verbunden. Ob wir Gottes Heiligkeit erkennen und anerkennen, hat unmittelbare Auswirkungen auf unseren Glauben im Alltag.

> Ob wir Gottes Heiligkeit erkennen und anerkennen, hat unmittelbare Auswirkungen auf unseren Glauben im Alltag.

Wenn wir uns – bewusst oder unbewusst – vom Heiligen abwenden, wird nicht nur unsere persönliche Beziehung zu Gott des ehrfurchtsvollen Staunens beraubt, sondern die Kirche an sich steht in der Gefahr, zu einer gänzlich menschlichen Institution zu werden. Wo das geheimnisvolle Heilige ausgeklammert wird, schließen wir die Tür zu Gottes Gegenwart hinter uns und sind auf unsere eigenen Mittel angewiesen. Dann spielt sich Kirche nicht mehr im „Allerheiligsten", also in der direkten Gegenwart Gottes, sondern „im Vorhof" ab, und wir beginnen über einen Gott zu reden und zu singen, den wir nicht mehr „von Angesicht zu Angesicht" kennen.

Ohne die Realität des Heiligen in unserer Mitte müssen wir Wege finden, um Kirche durch andere Dinge attraktiv zu machen. Doch unsere menschlichen Bemühungen, unsere Gottesdienste und anderen Angebote für die Menschen um uns herum ansprechend zu gestalten, können nur einen Rahmen dafür bilden, was wir als Kern unserer Gemeinschaften wirklich brauchen: den heiligen Gott. Kirche muss sich „im Heiligtum" ereignen.

Verlieren wir die Realität der Heiligkeit aus dem Blick, werden unsere Gottesdienste bald zu „Menschendiensten", in denen ein „Evangelium light" präsentiert wird und das Empfangen im Vordergrund steht, während die Verehrung Gottes und das Geheimnisvolle ausgeblendet werden. Schon 1931 bedauerte der Theologe Friedrich Heiler den „Verlust des Mysteriums" im Gottesdienst:

> *Ihm [d.h. dem protestantischen Gottesdienst] fehlt das Mysterium, das im Mittelpunkt des katholischen Gottesdienstes der Ost- und Westkirche steht und – so muss man hinzufügen – das im Mittelpunkt des altkirchlichen Gottesdienstes stand, oder noch genauer ausgedrückt, das altkirchliche Mysterium, von dem das Luthertum des Reformationsjahrhunderts und in gewisser Weise auch der alte Calvinismus etwas hinübergerettet hatten, ist in dem landläufigen protestantischen Gottesdienst von heute weithin erloschen.*[11]

Der Herausforderung, zeitgemäße Gottesdienste zu gestalten, müssen wir uns als Christen stellen, um das Evangelium in die Sprache der Menschen von heute zu übersetzen. Doch sollten wir uns auch immer wieder fragen, ob diese Mittel tatsächlich noch Mittel zum Zweck – also funktional – sind oder bereits selbst zum Ziel einer vermeintlich religiösen Erfahrung geworden sind. Es wäre traurig, wenn wir nicht mehr Gott, sondern die Anbetungsmusik und Erfahrung anbeten würden. Bei allen Entwicklungen innerhalb des Christentums dürfen wir uns immer wieder einmal fragen, ob sie wirklich positiv sind, ob sie die Menschen näher zu Gott bringen und Christen zu Nachfolgern machen oder ob es sich eher um einen Versuch handelt, Gott unseren Ansprüchen und Vorlieben anzupassen. Wenn ich mich in einem Gottesdienst befinde, versuche ich mir manchmal vorzustellen, Jesus oder der Apostel Paulus säßen unter den Anwesenden. Könnten sie noch nachvollziehen, was wir tun, und hinter allen Äußerlichkeiten die tiefe Ehrfurcht vor Gott finden?

Wenn Gott gegenwärtig ist, darf der Rahmen eine untergeordnete Rolle spielen. Wenn er da ist, ist es nicht mehr so wichtig, wie wir sprechen, welche Musik bei uns gespielt wird und wie wir uns kleiden. Die Spürbarkeit des großen Geheimnisses stellt alles andere in den Schatten. Um Menschen mit dem Evangelium zu erreichen, brauchen wir daher zuallererst den „Inhalt" der Gegenwart Gottes. Manche kulturell bedingte oder stilistische Ausschmückung darf sich um den Inhalt herum gestalten, kann ihn jedoch nie ersetzen. Es wäre unklug, die Ehrfurcht vor Gottes Heiligkeit zugunsten einer falsch verstandenen Niederschwelligkeit in unseren Gottesdiensten abzuschaffen. Spätestens wenn wir damit anfangen, diejenigen Eigenschaften und Worte Gottes, die in unseren Augen nicht mehr zeitgemäß oder für uns schwer verständlich sind, bewusst zu verschweigen oder gar zu verleugnen, sind wir der Versuchung erlegen, uns einen Gott nach unserem Bilde zu schaffen. Wir tanzen und singen im Vorhof und haben vergessen, wer im Heiligtum auf uns wartet. Mit guten Absichten laden wir Menschen zu uns ein und präsentieren ihnen ein unrealistisches Gottesbild, das aus einer Mischung von „gutem Onkel" und „Kumpel im Alltag" besteht. Das Credo lautet nicht mehr: „Wir glauben an einen heiligen Gott", sondern „Gott will, dass es uns gut geht". Der Verlust der Heiligkeit macht Kirche letztlich zu einer fantasievoll ausgestalteten Umkreisung des Menschen um sich selbst.

Wem wollen wir als Kirche unserer Zeit folgen? Wer ist unser Gott? Was bedeutet es für uns persönlich und die Zukunft des Christentums, dass Gott heilig ist? Ich bin überzeugt davon, dass es gerade das Verständnis über die Heiligkeit Gottes ist, das unseren persönlichen Glauben revolutionieren und unsere Strahlkraft als Kirche wieder neu zum Leuchten bringen kann. Der Ruf Gottes nach Heiligkeit wird wieder lauter. Er möchte uns in seine Gegenwart einladen und uns nicht im Vorhof lassen.

ZURÜCK INS ALLERHEILIGSTE

Die Bedeutung des Heiligen ist keine – wie wir vielleicht manchmal annehmen – Angelegenheit des Alten Testaments. Gottes Ruf ist mit dem Kommen Jesu und dem damit angebrochenen Reich Gottes nicht leiser geworden oder gar verstummt. Es ist eine Täuschung zu glauben, dass Gott sich vom „Heiligen" zum „Vater" weiterentwickelt habe. Er war immer Vater, und er wird immer heilig sein. Durch seinen Ausruf im hohepriesterlichen Gebet (Johannes 17) verdeutlicht Jesus das: „Heiliger Vater!" Auch im wichtigsten Gebet der Christenheit, dem Vaterunser, sind beide Begriffe untrennbar miteinander verbunden: „Betet ihr nun so: Unser Vater, der du bist in den Himmeln, geheiligt werde dein Name" (Matthäus 6,9).

Nirgendwo im Neuen Testament gibt es einen Hinweis darauf, dass Jesus die Heiligkeit des Vaters oder den Aufruf Gottes an seine Kinder, ein heiliges Leben zu führen, in irgendeiner Form abgemildert hätte. Sein Leben und seine Botschaft hatten hingegen explizit das Ziel, uns Menschen Zugang zu Gottes Heiligkeit zu schenken. Jesus hat nicht Gott zu uns in den Vorhof gebracht, sondern durch sein Opfer für uns die Möglichkeit geschaffen, wieder in das Allerheiligste zu treten, um dort staunend vor Gott stehen zu können.

Jesus überraschte seine Zuhörer sogar manchmal damit, dass er Worte des Vaters nicht nur bestätigte, sondern geradezu verstärkte. Er kleidete zum Beispiel das Gebot seines Vaters „Seid heilig, denn ich bin heilig" in andere, jedoch nicht weniger herausfordernde Worte: „Ihr nun sollt vollkommen sein, wie euer himmlischer Vater vollkommen ist" (Matthäus 5,48).

Lassen Sie uns an dieser Stelle einmal innehalten und uns bewusst werden, dass wir manchmal wirklich wie tanzende Gotteskinder sind, die sich mit dem Sein im Vorhof zufriedengeben, obwohl in uns etwas ist, das sagt, dass es da viel mehr gibt. Das, was wir heute Kirche nennen, ist nicht alles. Nur ein kleines Stück von unseren menschlichen Ideen und religiösen Praktiken entfernt wartet Gott selbst im Heiligtum auf uns. Und an der Tür, die in seine heilige Gegenwart führt, steht ein großes „Fürchte dich nicht".

Ich lade Sie dazu ein, das folgende Gebet mit mir zu sprechen:

„Lieber Vater. Auch ich bin wie ein tanzendes Kind, das im Vorhof des Heiligtums seine Kreise dreht, im Grunde seines Herzens aber nicht wirklich glücklich ist. Ich sehne mich so sehr nach deiner Gegenwart. Ich will damit aufhören, mich um mich selbst zu drehen, und mich der Türe zuwenden, hinter der du selbst auf mich wartest. Ich habe viel vom Hörensagen über dich gelernt, jetzt aber will ich mich aufmachen zu dir – ins Heiligtum. Heiliger Geist, nimm meine Hand und führe mich dorthin. Jetzt."

Teil 1
Vom Wesen des Heiligen

Kapitel 3

Faszination Heiligkeit

Je höher die Erkenntnis ist, desto dunkler und geheimnisvoller ist sie, desto weniger ist es möglich, sie in Worte zu fassen. Der Aufstieg zu Gott ist ein Aufstieg ins Dunkel und Schweigen.

Edith Stein[12]

Edith Steins Worte drücken das aus, was viele Christen auf ihrem Weg der Gottessuche erlebt haben: Es ist möglich und absolut faszinierend, Gott näher zu kommen, doch wird er umso geheimnisvoller, je weiter wir vordringen. Schließlich bleibt nur noch das staunende Schweigen. Je weiter wir gelangen, desto klarer wird, dass alle unsere Vorstellungen und Bilder von ihm wie Wellen an den Klippen der Realität seiner unbeschreiblichen Schönheit und Heiligkeit zerschellen. Doch auf unseren Geist übt die unsagbare Heiligkeit Gottes eine gewaltige Anziehungskraft aus. Obwohl wir sie nicht sehen können, nehmen wir sie doch wahr und werden von ihr so berührt, dass wir immer tiefer in diese geheimnisvolle „Wolke des Nichtwissens" vorstoßen wollen – wie es ein Mystiker Ende des vierzehnten Jahrhunderts einmal ausgedrückt hat.

Jeder Mensch trägt ein Grundverlangen nach der „heilen Welt" in sich. Wir sehnen uns nach dem Perfekten, dem Heilen, also dem Heiligen. Es ist gleich, welche Worte wir in unserer Sprache oder Kultur dafür verwenden: Das Heilige ist das, wonach wir alle suchen. So beschreibt auch Alfons Deissler (1914-2005), einer der bedeutendsten Alttestamentler des zwanzigsten Jahrhunderts, in seinem Buch „Die Grundbotschaft des Alten Testaments"[13], dass das „Heilige" von jeher neben dem Wahren, Guten und Schönen etwas ist, wonach Menschen ihr Leben ausrichten.

Allen Menschen gleich ist auch, dass ihnen eine oder mehrere Dinge, Örtlichkeiten oder Personen „heilig" sind. Oft stehen diese nicht einmal in einer direkten Beziehung mit der Idee eines Gottes, aber immer hat das „Heilige" eine besondere Bedeutung und einen großen Wert im Leben des Betreffenden. Es ist in seinen Augen unbedingt zu schützen und vermittelt ihm Halt. Es anzugreifen, in den Schmutz zu ziehen oder zu beschädigen, ist tabu. Es zeichnet sich dadurch aus, dass es geradezu unantastbar ist.

Die Dimension des Heiligen ist lebenswichtig für uns. Wir brauchen die Erinnerungen an „heilige" Momente, Orte und Menschen, um unserem Sein einen Rahmen zu geben. Wir Christen haben über diesen jedem Menschen zugänglichen Bereich des „Anderen", „Besonderen" hinaus den Zugang zum Allerheiligsten: zu Gott. Dieses höchste Gut soll uns wieder wichtig werden, damit unser Leben ebenfalls „besonders", nämlich heilig werden kann. Davon sollten wir uns neu faszinieren lassen.

Fasziniert zu sein, heißt, so berührt und beeindruckt von einer realen Person oder Erfahrung zu sein, dass man unbedingt mehr über die Person wissen und mehr solcher Erfahrungen machen möchte. Eine langweilig wirkende Person oder Erfahrung hingegen weckt keine Faszination in uns.

IM SOG DER HEILIGKEIT

Haben Sie schon einmal einen richtig spannenden Vortrag gehört? Einen, bei dem die Menge der Zuhörer plötzlich ihre Smartphones ausschaltet und alle ihren Blick nach vorne richten? Wenn ja, denken Sie einmal daran zurück. Vielleicht war der Vortrag an sich gar nicht so geschliffen und tiefgründig wie andere, die Sie davor gehört haben. Aber trotzdem blieben die lebendigen Bilder, die der Redner in Ihren Kopf gepflanzt hat, und die Emotionen, die seine Leidenschaft in Ihnen geweckt hat, viel länger in Ihnen lebendig als andere Vorträge, die eher emotionslos wiedergegeben wurden. Was genau hat Sie damals so fasziniert?

Vielleicht waren Sie schon einmal in einem Streichelzoo. Mittlerweile sind meine Kinder erwachsen, doch ich kann mich noch gut an die Besuche in den speziellen Naturparks für Kinder erinnern, zu denen wir am Wochenende aufgebrochen sind, als sie noch klein waren. Alle Tiere in einem Streichelzoo sind lieb und völlig harmlos zugleich. Was die Kinder entzückt, langweilt die Eltern eher; deren Entzücken wird primär durch die Freude der Kinder geweckt und weniger durch die überfütterten Ziegen oder Hasen. Als Erwachsene ziehen uns wilde, gefährliche Tiere weit mehr an. Ziegen sind zwar nett, aber was sind sie schon im Vergleich zu einem Elefanten?

Wenn wir Gott in unserem Denken und Handeln von seiner Heiligkeit trennen und diese für uns keine Rolle mehr spielt, wirkt Gott selbst auf uns wie ein langweiliger Redner oder wie eine gezähmte Ziege im Streichelzoo. Er weckt keine Emotionen mehr in uns und somit auch keine Faszination. Doch ohne das eine, nämlich das Erkennen seiner gewaltige Heiligkeit, gibt es auch das andere nicht: eine echte Faszination. Denn ein in die Ferne gerückter oder ausschließlich zum „lieben Vater" degradierter Gott weckt kaum Leidenschaft in uns. Etwas, das die Kraft hat, Menschen zu faszinieren, ist hingegen unwiderstehlich. Es zieht uns so stark an, dass wir keine ausreichende Gegenkraft aufbringen können, um uns dieser Macht entgegenstellen zu können.

> Ohne das eine, nämlich das Erkennen seiner gewaltige Heiligkeit, gibt es auch das andere nicht: eine echte Faszination.

Faszination ist wie ein gewaltiger Sog, der uns mit sich fortreißt. Das habe ich vor einigen Jahren gesehen, als ich am Ufer des Niagara-Flusses genau an der Stelle stand, an der er sich fast einhundert Meter tief die berühmten Niagara-Fälle hinunterstürzt. Am beeindruckendsten waren für mich nicht einmal die rauschenden Fälle mit ihrem infernalen Tosen und der überwältigenden Gischtentwicklung, sondern der Sog des Wassers, den man auf den letzten hundert Metern wahrnehmen konnte, bevor es sich in die Tiefe stürzte. Schien der Fluss etwas weiter entfernt noch ruhig und friedvoll dahinzufließen, meinte ich ihm fast abspüren zu können, wie angespannt, wie konzentriert er nun zu sein schien. Es gab nur noch eine Richtung und ein Schicksal für den Strom; kein Weg blieb den Wassern mehr übrig als nur der Sprung in die Tiefe. Alles strebte diesem einen Moment zu.

Sie und ich leben in einem solchen Sog. Vielleicht fragen Sie sich, warum Sie dann manchmal so wenig davon wahrnehmen können und sich eher so fühlen, als müssten Sie ständig gegen den Strom anschwimmen. Das liegt daran, dass wir – um in unserem Bild zu bleiben – eigentlich wie Blätter, Stöcke oder andere Dinge sind, die auf dem Wasser schwimmen und von ihm mitgeführt werden. Die Richtung ist vorbestimmt und das Einzige, was wir tun müssen, um mitgenommen zu werden, ist, stillzuhalten. Doch immer wieder landen wir an den Stellen, die es auch im mächtigsten Fluss gibt: dem Kehrwasser. Dort stoßen wir auf ein Hindernis, das unseren Lauf bremst, und fangen an, uns im Kreis zu drehen, wieder und wieder. Wir befinden uns noch immer auf dem Fluss, werden noch immer vom Wasser getragen, doch sein Sog erreicht uns nicht mehr. Unsere einzige Chance ist Hilfe von außen. Jemand muss uns aus unserer misslichen Lage befreien und uns wieder dem gewaltigen Sog zuführen, der uns dann weiter zum Ziel bringt.

Der Sog, in dem wir leben, ist die Faszination, die Gott auf diejenigen ausübt, die ihm einmal begegnet sind. Das Kehrwasser wiederum sind die Momente der Versuchung oder der großen Herausforderungen. Hilfe von außen kommt, wenn wir beten. Dann werden wir dazu befreit, uns wieder im gewaltigen Strom zur Faszination Gottes tragen zu lassen. Unser „Wasserfall" führt am Kulminationspunkt nicht in eine tosende Tiefe, sondern stürzt gleichsam nach oben, hin in Gottes heilige Gegenwart. Dort wird alles still und das Staunen setzt ein.

FREMD – UND DOCH SO NAH

Einer der spannendsten Aspekte von Gottes Heiligkeit ist, dass sie für uns Menschen unfassbar und unerklärlich bleibt, obwohl sie doch real erfahrbar ist. Wir erahnen sie vielleicht nur, doch das genügt oft schon, um in uns den Wunsch zu wecken, uns dem Sog hinzugeben, den sie auf uns ausübt. Genau hier liegt einer der faszinierenden Momente des Heiligen. Es ist da, es ist zugänglich, es ist erlebbar, aber es ist anders als alles, was wir Menschen mit unseren natürlichen Sinnen wahrnehmen oder mit unserem Verstand erklären können. Doch das ist gut so, denn alles, was wir erklären können, verliert schnell seinen besonderen Reiz. Denken Sie einmal an einen Zaubertrick, den Ihnen jemand vorführt und anschließend erklärt. Solange Sie ihn nicht durchschauen, weckt er Neugier, und Sie wollen unbedingt herausfinden, wie er funktioniert. Nachdem Sie den Trick erklärt bekommen haben, fällt die Spannung in sich zusammen. Alles erscheint dann ganz logisch – und damit ist die Luft raus.

Gottes Mysterium, das ihn so faszinierend macht, ist anders. Gott wendet keine Tricks an, die zu durchschauen wären, sondern ist in seiner Fülle einfach ewig erstaunlich. Wir werden immer neue Aspekte seines Wesens kennenlernen, ohne dass er seine geheimnisvolle Faszination verliert. Er ist zugleich nah und bleibt doch ein Geheimnis. Der Schöpfer wird vom Geschöpf zwar wahrgenommen, aber er steht dennoch weit über ihm. Doch schon eine Ahnung von Gottes Wesen oder ein kurzer Blick auf einen Teil seiner Schönheit und Heiligkeit reichen aus, eine große Leidenschaft in uns zu wecken: mehr von ihm erkennen zu wollen.

Diese Art von unauflöslicher Spannung finden wir beispielsweise auch in einem anderen Kontext, nämlich dort, wo Paulus über den so „eigenartigen" Frieden Gottes spricht, der zwar erfahrbar, aber ebenfalls nicht erklärbar ist. Der Gemeinde in Philippi schreibt er, dass sie sich nicht sorgen, sondern freuen und dankbar sein sollen, dann werde „der Friede Gottes, der allen Verstand (oder alles Denken, alle Vernunft) übersteigt", ihre Herzen und Gedanken bewahren (Philipper 4,7).

In diesem Fall geht es darum, einen ganz besonderen Frieden zwar aus eigener Erfahrung zu kennen, ihn jedoch in der Tiefe weder verstehen noch begreifen zu können. Doch er muss auch nicht begriffen werden, um erlebt werden zu können. An dieser Stelle begegnet uns genau dasselbe Prinzip, das auch auf die Heiligkeit zutrifft: Wir haben vielleicht schon etwas davon erfahren, können diese Erfahrung aber nicht gut in Worte fassen oder mit unserem Verstand analysieren. Das Heilige bleibt immer auch ein Geheimnis – und zieht uns deswegen umso mehr an.

Wie ich bereits beschrieben habe, sehnen wir Menschen uns nach dem Unfassbaren, das wir hinter dem Vorhang unserer Sinne erahnen können. Die Ahnung, dass es da draußen einen Gott geben muss, dass unser Leben und die Existenz der Menschheit doch einen Sinn machen könnten, dass es ein perfektes Wesen gibt, welches weit über uns steht, hat seit jeher die Menschheit beschäftigt, inspiriert und herausgefordert. Das Unfassbare fasziniert uns. Aus meiner Sicht gibt es tatsächlich nichts, was unsere Gedanken und die Aufmerksamkeit unseres Herzens mehr fesseln könnte, als der heilige Gott.

> Aus meiner Sicht gibt es tatsächlich nichts, was unsere Gedanken und die Aufmerksamkeit unseres Herzens mehr fesseln könnte, als der heilige Gott.

Wie könnte unsere Seele gelangweilt bleiben, wenn wir mit den Augen unseres Herzens einmal einen Blick auf die Heiligkeit Gottes geworfen haben? Was ist die Schönheit und Wildheit Tausender Galaxien gegenüber demjenigen, der die Kraft und Kreativität besitzt, sie alle zu erschaffen? Was ist eine Supernova[14] im Vergleich zu dem, der das Licht selbst erdacht hat? Was ist die Faszination einer Lebensspanne im Verhältnis zu Gott, der außerhalb von Raum und Zeit steht? Stellen Sie sich doch noch einmal den gewaltigen Wasserfall vor, der nach oben, zu Gott hin, führt. Auf ihm befinden wir uns, unterwegs zur vollkommenen Schönheit Gottes. Wir sollten wirklich aufbrechen und Gott suchen. Wir sollten auf unsere Knie gehen und darum bitten, dass Gott uns aus den Kehrwassern der Selbstzufriedenheit und der Akzeptanz der Langeweile befreit. Ich möchte Sie herausfordern, darum zu ringen, dass das Verständnis von der Heiligkeit Gottes und damit das Staunen wieder zunimmt und die Faszination vom dreieinigen Gott und sein Wirken zu uns zurückkehrt.

O nein, seine Heiligkeit ist nicht langweilig. Denken Sie nur einmal an Jesu zweites Kommen und was die Bibel darüber sagt. Über seine Wiederkunft und die Zeiten des Endgerichts ist schon viel geschrieben und noch mehr spekuliert worden. Doch unabhängig davon, in welcher Reihenfolge und an welchen Orten sich die endzeitlichen Begebenheiten schließlich tatsächlich zutragen werden, eines ist sicher: Es wird schrecklich und zugleich schön werden. Der Prophet Jesaja gibt uns einen kleinen Vorgeschmack, wenn er schreibt: „Verkriech dich in den Fels und halte dich im Staub versteckt vor dem Schrecken des HERRN und vor der Pracht seiner Majestät" (Jesaja 2,10).

Mit dramatischen Worten werden auch in dieser Aussage die erstaunlichen Pole der Heiligkeit Gottes zusammengebracht: Da gibt es Schrecken, aber auch majestätische Schönheit. Seine Pracht ist furchterregend schön, sie ist herrlicher als alles, was wir Menschen kennen. So ist Gott. Schrecklich schön. Er ist ein verzehrendes Feuer – gefährlich und anziehend zugleich.

Nach all den Jahren als Christ bin ich persönlich mehr denn je von Gott fasziniert. Die Diskrepanz zwischen der großen und liebevollen Nähe, die ich in manchen Gebetszeiten erleben darf, und der manchmal zur selben Zeit spürbaren, fast furchtbaren Heiligkeit kann für den Verstand eine Herausforderung sein, denn wie kann Gott gleichzeitig nah-vertraut und furchtbar-heilig sein? Wiederum scheint mir die Antwort in seinem heiligen Wesen zu liegen: Er ist eben ganz „anders". Gott vereint manche für unser Denken scheinbar unvereinbaren Gegensätze in sich. Er übersteigt die Vorstellungskraft und das Fassungsvermögen unseres Verstandes weit. Sowohl seine Nähe als auch seine Heiligkeit wecken in mir jedoch dieselbe Reaktion: Ich will bei ihm sein! Ich will ihn besser kennenlernen! Ich will von ihm geprägt werden! Gott ist faszinierend für mich, mehr als alles andere. Wo gibt es einen wie ihn? Er ist unfassbar!

DER RUF ZUR HEILIGKEIT

Vor einiger Zeit sprach ich im Rahmen eines Treffens von Mitarbeitern eines mittelständischen, christlich geführten Unternehmens über die Notwendigkeit einer Kirche, die Jesus leidenschaftlich lieben muss, wenn das christliche Zeugnis die Menschen unserer Zeit wieder erreichen und für sie relevant und attraktiv sein soll. Schweigend hörten die Anwesenden meinen Worten zu. Im Anschluss an den kurzen Vortrag ergriff ein Verantwortlicher das Wort und begann seinen Dank zu meiner Rede mit den Worten: „Einen so leidenschaftlichen Aufruf zur Hingabe an Jesus hört man ja alle paar Jahrzehnte einmal wieder." Was zwangsläufig nach dem Nachsatz „Doch leider verklingt so ein Ruf auch schnell" klingt, ändert nichts an der Tatsache, dass Gott nicht damit aufhören wird, Menschen in seine Nähe zu rufen.

Sowohl in der Heiligen Schrift als auch durch die gesamte Kirchengeschichte hindurch begegnet uns Gottes Ruf zur Heiligkeit immer und immer wieder. Auch zur Zeit Jesu gab es unterschiedliche geistliche Strömungen im Judentum, die es vordergründig sehr ernst mit dem Thema Heiligkeit nahmen. Dazu gehörten beispielsweise die Schriftgelehrten und Pharisäer. Sie hatten allerdings ein verzerrtes Bild davon, wie der Mensch heilig werden könnte. So lehrten sie die Menschen, die mosaischen Gesetze und jüdischen Vorschriften möglichst buchstabengetreu zu halten. Der Umgang mit Sündern und Aussätzigen war verboten und wer sich – wie Jesus – gegen ihre Auslegung des Gesetzes stellte, konnte in ihren Augen nur ein Sünder sein oder sogar unter der Macht des Teufels stehen. Ihre Lehre führte letztlich zum Versuch, aus eigener Kraft heilig zu werden, und dadurch zu einer schrecklichen Glaubensenge. Vertrauen und Glauben galten nicht viel, dafür die richtigen Werke und ein möglichst fehlerloses Verhalten. Wenn der Ruf zur Heiligkeit allerdings nicht mit dem Verständnis verbunden ist, dass wir uns zwar nach Heiligkeit ausstrecken sollen, sie letztlich jedoch nur von Gott verliehen werden kann, rutschen wir schnell ab in einen leistungsorientierten, „selbstgerechten" Lebenswandel, der mit echter Heiligkeit wenig zu tun hat.

> Wenn der Ruf zur Heiligkeit allerdings nicht mit dem Verständnis verbunden ist, dass Heiligkeit letztlich nur von Gott verliehen werden kann, rutschen wir schnell ab in einen leistungsorientierten, „selbstgerechten" Lebenswandel

In der langen Geschichte der christlichen Kirche bis heute gab und gibt es immer wieder Glaubensgemeinschaften, die diesen Fehler begingen. Manchmal taten sie das gar nicht bewusst, sondern wie durch die Hintertür schlich sich die Überzeugung ein, dass bestimmte Verhaltensregeln für ein „richtiges" christliches Leben notwendig wären, die dann zur Norm erhoben wurden. Kaum eine Kirche ist davor gefeit. Sehr schnell wird es zum „Muss", dass man zu einem Hauskreis gehört, die Bibel in einem Jahr durchgelesen hat, wöchentlich zur Beichte geht, täglich mindestens so und so lange betet, den Zehnten spendet usw. Alle diese Dinge sind an sich nicht schlecht, doch wenn sie dazu dienen, dass wir dadurch Gott gefallen wollen oder zu einer bestimmten Gruppe von Menschen gehören möchten, wird es gefährlich. Dann werden die an sich guten Dinge schnell zu einem „Gesetz" und einer untragbaren Last. Das Streben nach Heiligkeit ist dann gesund, wenn es der Einsicht entspringt, dass Gott uns bereits vollkommen liebt und uns gerade deshalb in ein heiliges Leben locken möchte.

Immer wieder wurde persönliche Heiligkeit zu einseitig eingefordert. Dabei wurde vernachlässigt, dass nur im Heiligtum, also in Gottes Gegenwart, Heiligkeit zu finden ist. Nur dort können wir lebensverändernde Begegnungen haben, durch die wir die Fähigkeit empfangen, heilig zu leben. Solche Erfahrungen wecken in uns nämlich den Willen und die Kraft, auch in unserem ganz normalen Alltag darauf zu achten, ein geheiligtes Leben zu führen – einfach dadurch, dass wir aus Liebe und Gehorsam Gott gegenüber weise Entscheidungen treffen. Doch dazu später mehr. Im dritten Teil dieses Buchs werde ich versuchen aufzuzeigen, dass Gnade und Heiligkeit unbedingt zusammengehören. Es gibt weder Heiligkeit ohne Gnade noch Gnade ohne Heiligkeit.

> Das Streben nach Heiligkeit ist dann gesund, wenn es der Einsicht entspringt, dass Gott uns bereits vollkommen liebt.

Richtig verstandene Heiligkeit allerdings führt nicht in eine subtile oder offensichtliche Form der Unterdrückung, sondern vielmehr in die Freiheit, die Gott sich für seine Kinder gedacht hat. Sie führt zu dem Leben der Fülle, das er uns gönnt. Zu einem Leben frei von Zwängen, Abhängigkeiten, Süchten und Fesseln.

Die Leiter geistlicher Bewegungen müssen die Entwicklungen in ihren Bewegungen immer wieder einem „Reality-Check" unterziehen, indem sie sich in größeren Abständen fragen, ob die Bewegung vom Eigentlichen abgewichen ist und nun in einer selbst gemachten religiösen Blase lebt oder ob sie weiterhin auf dem Boden der biblischen Lehre steht.

Doch trotz aller Gefahren, die ein unreifes Verständnis von Heiligkeit mit sich bringen kann, ist es lohnenswert, sich mit dem Thema, das Gott offenbar so wichtig ist, zu beschäftigen. Um aufzuzeigen, wie die Kirche langfristig und entscheidend durch eine positive Reaktion auf den Ruf nach Heiligkeit geprägt werden kann, möchte ich mit Ihnen als ein Beispiel die letzte große Heiligungsbewegung der Kirchengeschichte etwas genauer betrachten, die noch bis in unsere Zeit hinein wirkt. Vermutlich lief zwar auch damals manches auf eher seelischer Ebene ab, dennoch hat sie positive Spuren hinterlassen. Die große Herausforderung eines jeden Aufbruchs ist es, aus dem Kern, nämlich der persönlichen Beziehung zu Gott heraus, zu agieren und nicht bestimmte Verhaltensweisen in den Vordergrund zu stellen.

Im ausgehenden neunzehnten Jahrhundert entstand in den USA eine Bewegung innerhalb eines Teils der protestantischen Kirche, die ihre theologischen Wurzeln in den Lehren der methodistischen Erweckungsprediger John und Charles Wesley und George Whitfield hatte. Charles Wesleys Theologie war stark auf die persönliche Heiligung des gläubigen Menschen und die Auswirkungen des christlichen Glaubens auf den Charakter ausgerichtet. Die neue Bewegung, der sich schnell viele Tausend Menschen anschlossen und aus der einige der größten Denominationen der USA hervorgingen, wurde schließlich „holiness movement" genannt. Eine stärkere und einflussreichere Bewegung hat es nie gegeben. Weltweit wurde, vor allem in den protestantisch und pietistisch geprägten Kirchen, ihr Einfluss spürbar.

1874 fanden in Oxford und im Jahr darauf in Brighton Konferenzen statt, die dem Aufruf Gottes nach einer heiligen Kirche Gehör verschaffen sollten. Eine geistliche Erweckung lag in der Luft. Auf den Ruf zur Heiligkeit reagierten in den deutschsprachigen Ländern insbesondere protestantische, pietistische und freikirchliche Gemeinden. In Deutschland mündete die Bewegung beispielsweise in die Gründung neupietistischer Gruppen der „Gemeinschaftsbewegung" innerhalb der evangelischen Landeskirche wie zum Beispiel dem „Gnadauer Verband". Auch die bis heute stattfindende „Blankenburger Allianzkonferenz" geht darauf zurück.

Viele Christen in Deutschland wurden von den Auswirkungen dieser seit 1886 stattfindenden Konferenz erfasst oder hörten amerikanische Prediger auf ihren Reisen durch Deutschland und die Schweiz sprechen. Die Menschen begannen tatsächlich damit, ihren Lebensstil zu verändern. Massen von Menschen bekehrten sich zu Jesus Christus.

Die Beschäftigung mit der Heiligkeit Gottes und deren Auswirkung auf unser persönliches Leben würde auch in unserer Zeit und Situation einen bedeutsamen Beitrag zur Belebung der christlichen Kirche leisten können. Ein biblisches Verständnis über Gottes Heiligkeit und persönliche Erfahrungen mit ihr würden neue Faszination für Gott in uns wecken und unser Alltagsleben positiv verändern. Die Kraft der Heiligkeit ist riesengroß.

Ich bin überzeugt, dass Gottes Ruf in seine Heiligkeit und in Folge hin zu einem geheiligten Leben in unserer Zeit wieder lauter und von mehr und mehr Christen gehört wird. Es sind vielleicht noch nicht viele, die in das Rufen einstimmen, denn es gibt durchaus die Angst, unsere über Jahre erworbene Freiheit der Gnade wieder zu verlieren und zurück in alte Systeme zu fallen, die uns eher geknechtet als frei gemacht haben. Tatsächlich beanspruchten manche der alten Formen vordergründig, zur Heiligkeit zu führen, in der Realität hatten sie aber viel mehr mit einem leistungsorientierten oder sogar unterdrückenden Glauben zu tun als mit der Heiligkeit, die Gott meint.

Neben der Aufforderung, Jesus leidenschaftlich zu lieben, ruft der Heilige Geist uns auch dazu, ein heiliges Leben zu leben, weil es das einzig erfüllende Leben ist. Er kann es nicht ertragen, wenn seine Menschen sich vom Heiligen ab- und dem Profanen zuwenden, denn Heiligkeit lässt uns heil werden, während das Profane (vom lateinischen *profanus* = „ungeheiligt", „gemein", „ruchlos") uns von Gott trennt. Es ist also kein Wunder, dass Gott aus Liebe fast gezwungenermaßen immer wieder nach Heiligkeit ruft, denn wir vergessen sie leider so schnell und verfallen so bald wieder in unsere gewohnten Lebensmuster. Der Grund dafür hat mit unserem Verständnis vom Heiligen zu tun. Wenn wir es alleine mit unserem Verstand ergründen wollen, mündet dies leicht in eine religiöse Anstrengung, der wir verständlicherweise bald wieder den Rücken kehren.

Zu unserem Glück aber ist Gott geduldig und gleichzeitig beharrlich. Er kennt sich gut mit uns aus und weiß, dass wir es meist nicht schaffen, das hartnäckig zu verfolgen, was uns wirklich guttut. Er will uns dabei helfen, nicht in die Gewohnheiten zurückzufallen, die uns vielleicht angenehm erscheinen, aber weder förderlich für uns sind noch uns näher zu Jesus bringen. Vielleicht halten Sie gerade deswegen dieses Buch in Ihren Händen.

Durch die gesamte Heilige Schrift hindurch können wir sehen, wie Gott immer wieder neu Propheten beauftragt und gesandt hat, um sein Volk zur Umkehr und damit zurück zu ihm selbst zu führen. Im Buch Jeremia lesen wir beispielsweise: „Und der HERR hat all seine Knechte, die Propheten, zu euch gesandt, früh sich aufmachend und sendend. Aber ihr habt nicht gehört und habt eure Ohren nicht geneigt, um zu hören" (Jeremia 25,4). Wie frustrierend muss es für Gott sein, dass wir Menschen immer wieder andere Wege suchen, und wie groß muss seine Liebe zu uns sein, dass er uns trotzdem immer wieder dazu aufruft, auf seinen Weg zurückzukehren!

Ich lade Sie ein, mit mir am Schluss dieses Kapitels zu beten:

„Vater, ich bringe dir mein so oft gelangweiltes Herz. Wecke du in mir das Staunen neu und befreie mich aus dem geistlichen Kehrwasser, in dem ich mich nur um mich selbst drehe. Setze mich mitten in den Strom der Faszination über dich. Zieh mich zu dir, fasziniere du mein Herz von Neuem. Lass mich den Wasserfall zu dir hinaufstürzen und lass mich deine schreckliche Schönheit sehen. Amen."

Kapitel 4

Warum Heiligkeit etwas mit Heilwerden zu tun hat

Nur ein heiliges Leben ist ein heiles Leben.

Bevor wir uns genauer mit dem Wort „heilig" und seinen Wurzeln und Übersetzungsmöglichkeiten beschäftigen, möchte ich Sie bitten, kurz darüber nachzudenken, welche Umschreibungen und Begriffe Sie persönlich für das Wort „heilig" finden, um es zu erklären. Was fällt Ihnen ein, woran denken Sie, wenn Sie es hören? Bitte nehmen Sie sich Zeit, denn das, was Ihnen einfällt, ist bedeutsam für unsere weitere Beschäftigung mit dem Thema. Schreiben Sie es am besten auf. Notieren Sie sich auch Fragen, die Sie haben. Und gleichen Sie dann im Folgenden die Synonyme, Assoziationen und Begriffserklärungen, die Ihnen in den Sinn gekommen sind, mit den Aussagen dieses Buches ab. Nehmen Sie sich am besten jetzt die notwendige Zeit dafür.

Welche Wörter sind Ihnen eingefallen? Ich vermute, dass es Ausdrücke wie „Reinheit", „Barmherzigkeit", „Wahrheit", „Güte", „Liebe" und „Herrlichkeit" sind. Alle diese Begriffe haben tatsächlich etwas mit der Heiligkeit Gottes zu tun, aber wie wir noch sehen werden, sind es eher Aspekte, die sich aus diesem Wesensmerkmal Gottes ergeben, nicht Synonyme dafür. Wenn wir Menschen versuchen, zu erklären, was „heilig" bedeutet, tendieren wir dazu, dies allein mit unserer Ratio, also unserer Vernunft, zu tun. Beispielsweise verstehen wir generell das Heilige als das moralisch Gute. Doch damit treffen wir nicht den Kern der Bedeutung, denn der Begriff bezeichnet das Wesen Gottes, das höher als unser Denken, Erkennen und Verstehen ist. Somit ist es ein geradezu irrationales Wort, welches sich nicht so einfach mit Werten ausfüllen lässt, die uns Menschen wichtig und gut erscheinen. Gottes Heiligkeit ist nicht mit unserer menschlichen Ethik gleichzusetzen, das würde uns dem Geheimnis des Wesens Gottes nicht näher bringen, sondern im Gegenteil den Versuch bedeuten, Gott zu vermenschlichen.

„Heiligkeit" ist deshalb so schwer zu erklären, weil es die Kerneigenschaft Gottes ist, die wir Menschen als natürliche Eigenschaft nicht in uns tragen. Wir verstehen andere Eigenschaften Gottes wie Mitgefühl, Barmherzigkeit und Liebe sehr gut, weil diese ebenfalls in uns angelegt sind. Das Heilige jedoch kann nur von außen, von Gott selbst her, in unser Leben kommen. Es gibt noch andere Eigenschaften Gottes, die uns fremd sind, weil wir sie nicht teilen. Denken Sie an seine Allgegenwart, seine Allmacht und seine Allwissenheit. Im Unterschied zur Heiligkeit werden wir in unserem Leben tatsächlich nie Anteil an ihnen haben können. Heiligkeit ist deshalb so besonders, weil sie zwar nicht per definitionem menschlich ist, aber von Gott verliehen und vom Menschen ersehnt und bewusst verfolgt werden kann. Was die Bibel Heiligung nennt, werden wir uns im Verlauf unserer Suche genauer anschauen, so viel möchte ich vorab jedoch schon sagen: Es gibt kaum etwas Faszinierenderes, als in einer Partnerschaft mit Gott zu leben, in der wir als Menschen Stück für Stück mit der übernatürlichen Realität des Heiligen in uns erfüllt werden.

ABGESONDERT

Schauen wir uns jetzt an, was wir sehr wohl mit unserem Verstand erkennen können. Die beste Quelle dafür sind die Texte der Heiligen Schrift in ihrer Ursprungssprache.

Das hebräische Wort, welches im Deutschen mit dem Begriff „heilig" übersetzt wird, entstammt der Wortwurzel קדש (q-d-sch) sowie deren Ableitungen und wird als Adjektiv קָדוֹשׁ „ka-do-sch" vokalisiert. Diesem Begriff liegt vor allem der Gedanke des „Abgesondertseins", des „ganz anders Seins" zugrunde.

Zum ersten Mal begegnet uns die Wortwurzel קדש (phonetisch „kodesch") in ihrer Verbform וַיְקַדֵּשׁ (phonetisch „wajjekaddesch") im Bericht der Schöpfungsgeschichte: „Und Gott segnete den siebten Tag und heiligte ihn; denn an demselben ruhte er von all seinem Werk, das Gott geschaffen hatte, indem er es machte" (1. Mose 2,3).

Man versuchte, im Deutschen wie im Englischen, קדש und seine Ableitungen „Heiligkeit, heilig, Heiligung" mit Wörtern zu übersetzen, welche eine Nähe zu anderen positiven Begriffen hatten. Auf diese Weise sollte der jeweiligen landessprachlichen Übersetzung eine nachvollziehbare Bedeutung verliehen werden.

Im Deutschen stammt „heilig" wortgeschichtlich vom Begriff „Heil" ab. Die innere Verbindung zwischen den beiden Wörtern ist die Bedeutung des „Heil"-(also „Ganz"-)Seins. Das Wort „heilig" und der Zustand der „Heiligkeit" sollten als etwas Vollkommenes, Erstrebenswertes verstanden werden. Weiter oben habe ich schon erwähnt, dass sich grundsätzlich jeder Mensch nach dem Vollkommenen sehnt. Somit wird beim deutschen Wort „heilig" impliziert: Es ist erstrebenswert für unser Menschsein. In der englischen Sprache ist die Bedeutungsherkunft eine ähnliche, denn „holy" leitet sich von „whole" ab, was wiederum „ganz" bedeutet. Auch in dieser Sprache wird das Heilige als das Vollkommene angesehen.

Die hebräische Wortwurzel קדש (q-d-sch) wird in den Texten des Alten Testaments über 800-mal erwähnt. In den neutestamentlichen Schriften finden wir das unserem Wort „heilig" zugrunde liegende griechische Wort ἅγιος (phonetisch = hagios) und davon abgeleitete Wörter über 150-mal. Zusätzlich wird etwa zehnmal der Begriff ὅσιος (hósios) im Deutschen mit „heilig" übersetzt, so etwa in Epheser 4,24, wo Paulus von dem neuen Menschen schreibt, der „nach Gott geschaffen ist in wahrhaftiger Gerechtigkeit und Heiligkeit".

Grundsätzlich lässt sich festhalten, dass das „Heilige" in der Bibel in der Regel im direkten Zusammenhang mit Gott selbst steht. Es ist ein Grundprinzip, dass nichts Geschöpfliches aus sich selbst heraus heilig ist. Heiligkeit wird von Gott verliehen. Er ist derjenige, der heiligt. In ihm hat alle Heiligung ihren Ursprung. Er sagt: „Ich bin der HERR, der euch heiligt" (3. Mose 20,8).

Was „heilig" ist, bezieht sich im biblischen Denken also entweder direkt auf Gott oder auf etwas, das durch eine besondere Beziehung zu ihm in einen neuen Zustand, nämlich den „geheiligten", versetzt wird. Ein gutes Beispiel dafür ist der berühmte Bericht über Mose und den brennenden Dornbusch: „Und er sprach: Tritt nicht näher heran! Zieh deine Sandalen von deinen Füßen, denn die Stätte, auf der du stehst, ist heiliger Boden!" (2. Mose 3,5).

Gott nennt den Ort, an dem er Mose erscheint und ihm seine Lebensberufung verkündigt, „heilig" (קָדֵשׁ – phonetisch = „kodesch"). „Kodesch" bedeutet so viel wie „Heiligkeit" oder „Abgesondertsein". Wir haben es hier also mit einem ganz besonderen Ort zu tun, der vom Gewöhnlichen „abgesondert" ist.

Der Bericht legt nahe, dass Gott sich nicht einen besonderen, bereits heiligen Platz ausgesucht hat, an dem er zu Mose sprechen konnte. Vielmehr wird ein zuvor offensichtlich profaner, gewöhnlicher Ort durch das „Andere", das außerhalb der Normalität menschlichen Erlebens Stehende, zu einem heiligen Ort. Kurz gesagt wird etwas dann in den Status des Heiligen versetzt, wenn es von dem geheiligt wird, der selbst der Inbegriff des „völlig Anderen", des „Heiligen", ist: Gott.

In seiner Ausarbeitung zur besonderen Verwendung des Begriffes „heilig" in der Geschichte Israels schreibt der katholische Priester und Theologe Dr. Jörg Sieger:

Symptomatisch für den ganz eng an Gott geknüpften Heiligkeitsbegriff ist der Ausruf der Einwohner von Bet Schemesch. Sie wurden bestraft, weil sie der Bundeslade, die ja als heilig bezeichnet wird, eine unehrerbietige Haltung entgegengebracht hatten. Darauf rufen sie voller Entsetzen aus:

„Wer vermag vor dem Angesicht Jahwes, dieses heiligen Gottes, standzuhalten?" (1. Samuel 6,20). Auffallend ist hier, dass sie nicht von der Heiligkeit der Lade sprechen, um die es ja eigentlich die ganze Zeit ging. Sie sprechen von Jahwe, dem heiligen Gott. Von daher wird die Bezeichnung ‚heilig' immer mehr zu einem Sonderprädikat für Jahwe selbst."[15]

HEILIGE BEREICHE

Doch was alles kann eigentlich heilig sein? Wir stoßen beim Lesen der Bibel auf mehr als nur heilige Orte. Generell gibt es fünf Bereiche des Heiligen in der Bibel:

1. ein geheiligter Raum (oder Ort),
2. ein geheiligtes Objekt,
3. eine geheiligte Person,
4. eine geheiligte Handlung,
5. eine geheiligte Zeit.

Zu der Realität eines heiligen Raumes schrieb der Religionswissenschaftler Mircea Eliade:

> *Für den religiösen Menschen ist der Raum nicht homogen; er weist Brüche und Risse auf: Er enthält Teile, die von den übrigen qualitativ verschieden sind. „Komm nicht näher heran!", sprach der Herr zu Mose. „Leg deine Schuhe ab; denn der Ort, wo du stehst, ist heiliger Boden" (Exodus 3,5). Es gibt also einen heiligen, d.h. „starken", bedeutungsvollen Raum, und es gibt andere Räume, die nicht heilig und folglich ohne Struktur und Festigkeit, in einem Wort amorph sind. Mehr noch: Diese Inhomogenität des Raumes erlebt der religiöse Mensch als einen Gegensatz zwischen dem heiligen, d.h. dem allein wirklichen, wirklich existierenden Raum und allem Übrigen, was ihn als formlose Welt umgibt.*[16]

Für uns Christen gibt es nicht den einen, explizit heiligen Raum, in dem alleine eine Begegnung mit Gott möglich wäre, denn „Gott … wohnt nicht in Tempeln, die mit Händen gemacht sind", sagt Paulus in seiner berühmten Predigt in Athen (Apostelgeschichte 17,24). Auch unsere Kirchen sind nicht per definitionem heilig, auch wenn sie von vielen Menschen als besondere Räume verstanden werden. Durch „Weihe", also „Heiligung" im Sinne von „einem besonderen Zweck dienlich", werden sie abgesondert und sind damit „anders". Die Heiligkeit, die wir Kirchenräumen manchmal abspüren, kommt jedoch eher aus dem Bewusstsein der Weihe, mehr noch aus dem Wissen und der Erfahrung, dass in ihnen nur bestimmte, nämlich heilige Handlungen vollzogen werden.

Ich erinnere mich an eine Geschichte, die mir vor einigen Jahren ein Freund aus Israel erzählte. In einer Großstadt hatte er mit seiner Frau ein Gebetshaus aufgebaut, doch irgendwann wurde ihnen der Mietvertrag gekündigt. In der Zwischenzeit hatte der Gebetsraum für ihn und andere natürlich eine ganz besondere Bedeutung gewonnen, weil sie dort so viele Erfahrungen mit Gott gemacht und so viel Zeit verbracht hatten. Sie konnten es sich kaum vorstellen, Abschied zu nehmen. Als aber der Gebetsraum schlussendlich ausgeräumt und leer war, war er plötzlich auch in ihrer eigenen Wahrnehmung nur noch ein gewöhnlicher Raum.

Einen besonderen heiligen Raum allerdings kennt auch das Neue Testament noch, nämlich uns Christen selbst (1. Korinther 6,19). Die wunderbare Kongruenz der biblischen Aussagen tritt auch an dieser Stelle wieder hervor: Derselbe Gott, der uns zuspricht, dass wir heilig sein sollen, weil er heilig ist, ist auch derjenige, der selbst in uns Wohnung nimmt. Auf diese Weise ruft er uns nicht aus der Ferne ein unausführbares Gebot zu, sondern kommt uns ganz nah, um uns durch seine Gegenwart zu heiligen. Ich bin der Überzeugung, dass alles, was wir Christen für Gott tun, letztlich eine Reaktion auf seine Liebe ist. Das trifft auch auf die Heiligung zu. Alles, was wir tun, ist, ihm in unserem Inneren Raum zu geben. Dann werden wir erleben, wie unser Leben auch nach außen verändert wird.

Auch für Menschen, die nicht an einen Gott glauben, haben bestimmte Orte oder Räume eine besondere, über das nüchtern-profane hinausgehende Bedeutung. Denken Sie einmal an den emotionalen Unterschied zwischen dem, was wir „Heimat" nennen, und einer beliebigen anderen Gegend. Für uns alle haben Orte, an denen wir prägende Erfahrungen gemacht haben, eine besondere Bedeutung. Ich möchte das mit einem persönlichen Beispiel verdeutlichen: Manchmal mache ich alleine eine Fahrradtour durch meine Stadt oder lege mir eine Strecke für einen Lauf zurecht, die mich an den Stätten meiner Kindheit und Jugend vorbeiführt. Die Begegnungen mit diesen bedeutsamen Orten wecken in mir ganz besondere Emotionen und Erinnerungen. Manche davon sind schön, manche schmerzvoll. Doch sind sie alle bedeutend für mein Leben gewesen und dadurch, dass sie dort geschehen sind, haben diese Orte selbst eine besondere Bedeutung für mich. Mircea Eliade nennt diese Orte die „heiligen Stätten unseres persönlichen Universums", die selbst einem unreligiösen Menschen offenbaren, dass eben nicht alles nur materiell oder gleichbedeutend ist.

Doch zurück zu Moses Berufungsgeschichte. Sie zeigt uns einen gravierenden Unterschied zwischen der jüdisch-christlichen und der heidnischen Definition eines heiligen Ortes auf: Ein Ort ist nämlich nicht durch seine Lage, seine Schönheit oder andere Äußerlichkeiten heilig, sondern wird heilig durch die Berührung mit dem Heiligen selbst. Sowohl im Judentum als auch in der Tradition der christlichen Kirche war den Gläubigen dieses Prinzip immer wichtig. Ein Ort, der für die Begegnung mit Gott ausgewählt wurde, Gegenstände, die für den Dienst an Gott vorgesehen waren, oder auch Menschen, die Gott in besonderer Weise dienen sollten, mussten geheiligt, das heißt: abgesondert oder geweiht werden. So wurden sie Gott gewidmet und in ein besonders nahes Verhältnis zu ihm gebracht.[17] Mit einer Weihe, einer Ordination oder auch einer Einsetzung in ein geistliches Amt wird zum Ausdruck gebracht: Das oder der Geweihte gehört (zu) Gott und steht in einer außergewöhnlichen Verbindung mit ihm. Dieses Denken geht so weit, dass tatsächlich das Profane durch die Berührung mit dem Heiligen selbst – und nur auf diese Weise – geheiligt werden kann.

In einer seiner Auseinandersetzungen mit den Schriftgelehrten und Pharisäern greift Jesus ihre Gewohnheit auf, „beim Gold des Tempels" zu schwören (Matthäus 23,16-18). Er entlarvt das als falsches Denken und sagt ausdrücklich, dass Gott den Tempelschatz zu etwas Besonderem macht und nicht etwa das Gold als solches von besonderer Bedeutung ist. Für den Fall des geheiligten Objekts gilt dasselbe wie für die Heiligkeit eines Ortes.

Eines der berühmtesten Beispiele für die Tatsache, dass auch Menschen nur durch die Berührung Gottes heilig werden, ist Jesus selbst. Als der Engel Gabriel Maria die Botschaft ihrer bevorstehenden und so außergewöhnlichen Schwangerschaft überbrachte, sagte er zu ihr:

Der Heilige Geist wird über dich kommen, und Kraft des Höchsten wird dich überschatten; darum wird auch das Heilige, das geboren werden wird, Sohn Gottes genannt werden.

Lukas 1,35

Wieder finden wir das Grundprinzip der Heiligung bestätigt: Der Mensch Jesus Christus ist deshalb heilig, weil er von Gott gezeugt wurde und nicht einfach die Frucht der Vereinigung zweier Menschen ist. Der Engel Gabriel kündigte an, dass etwas Heiliges geboren werden sollte, und so musste Gott von außen Gott auf den Mutterleib von Maria einwirken, um dort eine einzigartige, heilige Verbindung zwischen dem Menschlichen und dem Göttlichen zu schaffen.

Als Beispiel für eine geheiligte Handlung kann das Abendmahl oder auch die Taufe stehen. Die Heiligkeit der beiden Vorgänge liegt einerseits darin, dass Gott sie initiiert hat, und andererseits in der direkt mit Gott verbundenen Bedeutung der Handlung. Es sind heilige, abgesonderte Geschehen, die alleine auf Gott ausgerichtet sind.

Eine geheiligte Zeit ist eine Zeit der Fokussierung auf Gott. Mehr als sonst soll es in dieser Zeit um Gott gehen. Es kann die Zeit des Gottesdienstes oder unsere tägliche Gebetszeit sein. Es können einige Tage der Stille in den Bergen oder ein paar Tage des Fastens sein. Eine Zeit zu heiligen, heißt, das verfügbare Zeitmaß von manchen oder allen Aktivitäten abzuziehen und es Gott zu schenken. So finden wir zum Beispiel im Ruf zur Umkehr des Volkes Israel im Prophetenbuch Joel die Aufforderung Gottes, eine besondere, heilige Zeitspanne auszurufen: „Blast die Posaune zu Zion, sagt ein heiliges Fasten an, ruft einen Feiertag aus!" (Joel 2,15). Oder denken Sie an unseren Sonntag. Er ist noch immer „der Tag des Herrn", auch wenn die meisten

> Das Profane kann durch die Berührung mit dem Heiligen selbst – und nur auf diese Weise – geheiligt werden.

Menschen ihn nicht mehr so sehen. Doch für uns Christen ist dieser Tag „anders" als alle anderen Tage, denn es ist ein Tag der Ruhe und der Begegnung mit Gott, welcher sich direkt auf die Heiligung des siebten Tages in der Schöpfungsgeschichte bezieht: „Und Gott segnete den siebenten Tag und heiligte ihn, weil er an ihm ruhte von allen seinen Werken, die Gott geschaffen und gemacht hatte" (1. Mose 2,3).

Ich liebe die Stille. Es ist nicht so leicht, im Laufe eines betriebsamen Jahres Zeit für eine Phase der Stille zu finden. Doch zumindest einige Tage im Jahr gelingt es mir. Dann fahre ich mit meiner Frau an

> Beliebigkeit ohne den heiligen Gott oder Schönheit und Heil mit und durch ihn – das sind die Alternativen, zwischen denen wir wählen können.

einen sehr ruhigen Ort, wo wir uns mit Büchern sozusagen eingraben. Es gibt keine Anrufe, keinen Internetzugang, keinen Fernseher, kaum Musik und keine anderen Menschen außer uns beiden. Alles ist still. Ich versuche dann, nicht oder nur wenig zu arbeiten und stattdessen zu sein – mit meiner Frau und meinem Gott. Diese Tage sind mir heilig.

Die Bibel lässt keinen Zweifel daran aufkommen, dass der Gedanke der göttlichen Heiligkeit eines ihrer wichtigsten Grundkonzepte ist. Wäre Gott nicht heilig und wäre er nicht in der Lage zu heiligen, gäbe es keine Schuld, weil ohne einen klaren Maßstab auch nichts als Abweichung gelten könnte. Aber es gäbe auch keine Vergebung und schon gar keine Möglichkeit für den Menschen, Jesus ähnlicher zu werden. Dies alles steht und fällt mit der Frage nach Gottes Heiligkeit. Würden wir Gott in unserem Denken und Handeln seiner Heiligkeit berauben, würden wir zugleich dem christlichen Glauben eine seiner zentralen Grundlagen nehmen. Dann ergäbe unser Glaube keinen Sinn mehr.

Fjodor Dostojewskij (1821-1888) schrieb zu diesem Thema in einem seiner Briefe den berühmten Satz: „Wenn es keinen Gott gibt, ist alles erlaubt." Der Philosoph und Atheist Jean-Paul Sartre (1905-1980) griff diese Aussage zustimmend auf und machte sie sogar zum Ausgangspunkt seiner Philosophie (indem er sie allerdings herumdrehte): „Dostojewskij hatte geschrieben: ‚Wenn Gott nicht existierte, so wäre alles erlaubt.' Das ist der Ausgangspunkt des Existenzialismus. In der Tat, alles ist erlaubt, wenn Gott nicht existiert ..." Und weiter: „Wenn wiederum Gott nicht existiert, so finden wir uns keinen Werten, keinen Geboten gegenüber, die unser Betragen rechtfertigen."[18]

Ohne einen heiligen Gott wären wir hoffnungslos verloren, denn Gott kann nur existieren und Gott sein, wenn er heilig ist. Alles würde im Chaos der Beliebigkeit untergehen. Unsere Hoffnung auf Erlösung wäre nicht mehr als der Wunsch des Menschen auf eine Befreiung aus Ratlosigkeit und Sinnlosigkeit.

Dem entgegen steht die Realität Gottes. Er ist da, er steht über allem. Aufgrund seiner Heiligkeit hat alles doch einen Sinn und ein Ziel. Auf sie bewegen wir uns zu und schon heute kann sie unser Leben prägen. Beliebigkeit ohne den heiligen Gott oder Schönheit und Heil mit und durch ihn – das sind die Alternativen, zwischen denen wir wählen können. Auch als Christen.

Beten Sie mit mir:

„Vater, bitte lass mich deine Heiligkeit erkennen. Öffne du mir die Augen für die Realität, dass daraus alles entspringt, was mein Leben wahrhaft schön und heil macht. Bitte hilf mir auch, die Zeiten zu erkennen, die du in meinem Lebensalltag heiligen und in denen du mir begegnen oder durch mich anderen Menschen dienen möchtest, um sie in Berührung mit dir zu bringen. Amen."

Kapitel 5

Das Fundament

Wir haben den Blick für die Heiligkeit und Reinheit Gottes heute weitestgehend verloren. Das ist einer der Gründe dafür, warum wir Sünde so leicht tolerieren.

Billy Graham

Einige biblische Grundaussagen sind wie tragende Säulen, auf denen unser Glaube ruhen kann. Sie geben dem Gebäude unseres Glaubens und Vertrauens einen sicheren Halt. Auf sie stützen wir unser Gottesbild und unsere Glaubensausübung im Alltag. Wenn eine der Säulen entfernt wird, gerät unser Glaube in eine ungesunde Schräglage und im schlimmsten Fall fällt er in sich zusammen.

Die Aussage, dass Gott heilig ist, ist zentral und unersetzlich für den christlichen Glauben. Es ist *die* Grundbotschaft der Heiligen Schrift. Lassen Sie uns im Folgenden noch ein wenig tiefer graben, denn tatsächlich ist die Heiligkeit Gottes mehr als eine Säule. Sie stellt den Boden dar, auf dem alle Säulen unserer Gotteserkenntnis und unseres Glaubens stehen. Wenn wir dem Feuer Gottes die Flammen und die Glut nehmen, bleibt nur kalte Asche übrig und an die Stelle einer lebendigen Faszination über Gottes Heiligkeit tritt die Gewohnheit oder sogar Langeweile. Vielleicht werden wir uns dann noch Christen nennen und versuchen, ein gutes Leben zu führen, doch die Kraft, das Leben und die Freude sind uns verloren gegangen – von der Bereitschaft des Leidens um Jesu willen ganz zu schweigen.

Wir haben als Menschen der Heiligkeit Gottes gegenüber durchaus ambivalente Empfindungen. Einerseits fürchten wir sie, andererseits fühlen wir uns geradezu unheimlich von ihr angezogen. Doch egal, welche Gefühle wir ihr gegenüber zunächst oder in erster Linie vielleicht haben, dürfen wir sie nicht leugnen, denn sonst ziehen wir uns selbst den Boden unter den Füßen weg, auf dem wir als Christen stehen.

WIE EIN ROTER FADEN

Schauen wir uns nun einmal an, woran wir eine biblische Grundaussage erkennen können. Zum einen wird eine solche Aussage in der Heiligen Schrift dadurch hervorgehoben, dass sie auffallend häufig und in allen literarischen Gattungen der biblischen Texte wiederholt wird. Wie ein roter Faden zieht sie sich sowohl durch die Gesetzestexte, die Erzählungen, die poetischen Bücher als auch durch die Lehrtexte. Wenn wir dieses Prinzip beim Lesen der Bibel kennen, hilft es uns dabei, zu erkennen, was Gott besonders wichtig ist.

Wenn wir ehrlich sind, müssen wir vielleicht zugeben, dass wir nicht immer so vorgehen. Oftmals heben wir besonders diejenigen Aussagen der Bibel hervor, die für uns am besten verständlich und wohltuend sind, und münzen diese zu Grundaussagen um. Manchmal haben wir vielleicht die Sorge, dass wir Wesenszüge an Gott entdecken könnten, die wir nicht verstehen oder nachvollziehen oder die uns vielleicht sogar verunsichern könnten. Deshalb meiden wir die Beschäftigung mit einigen Themen lieber. Doch damit verstellen wir uns den freien Blick auf Gott und geben uns mit weniger zufrieden, als er uns zeigen und geben möchte. Ein solches häufig vermiedenes Thema ist die Heiligkeit Gottes.

Neben der Häufigkeit in der Bibel insgesamt zeigt uns ein zweites Kriterium die Bedeutung einer biblischen Aussage: das der Wiederholung. Im traditionellen Gebrauch der jüdischen Sprache wurde die Wichtigkeit einer Aussage beispielsweise durch eine zweifache Wiederholung hervorgehoben. Denken Sie an die besonders bedeutsamen Aussagen, die Jesus mit einem „Wahrlich, wahrlich, ich sage euch ..." einleitet.[19]

Wird eine Aussage sogar dreifach wiederholt, gehört dies zu den stärksten Superlativen der hebräischen Sprache überhaupt.[20] In der gesamten Heiligen Schrift wird alleine die Heiligkeit Gottes wiederholt auf diese Weise hervorgehoben (zum Beispiel in Offenbarung 4,8). Damit wird dieser Wahrheit eine Stellung eingeräumt, die über allen anderen steht. Auch daraus ergibt sich wieder: Gottes Heiligkeit ist sein wichtigstes Wesensmerkmal und alles, was Gott tut oder sagt, entspringt ihr.

Eine weitere die Heiligkeit betreffende biblische Grundaussage, die wir in allen literarischen Gattungen finden und die sich durch die gesamte biblische Geschichte zieht, ist die Feststellung, dass der Mensch seit dem Sündenfall nicht mehr heilig ist.[21] Er ist getrennt vom Vollkommenen und aus diesem Grund nicht mehr in der Lage, selbst zur „Vollkommenheit" – im Sinne von „Ganzheit" – zu gelangen. Ohne Heiligkeit ziehen Krankheit und Zerfall ein, und zwar auf allen Ebenen der menschlichen Existenz. Ohne Heiligkeit ist nichts mehr „heil".

Das Furchtbare an diesem Zustand ist, dass der Mensch aus eigenem Antrieb nicht wieder mit dem Heiligen verbunden werden kann, wie es vor dem Sündenfall war. Furchtbar nenne ich diesen Zustand deshalb, weil nur die Opferung des Vollkommenen selbst das Kranke wieder heil machen und das von Gott Getrennte wieder mit ihm verbinden konnte. Das Perfekte musste in den Schmutz der Sünde getreten und selbst zum Schmutz werden, damit die eigentlichen Träger des Schmutzes und der Krankheit in den Zustand des Geheiligten versetzt werden konnten. Es ist für mich unfassbar, dass Gott bereit war, diesen Preis in der Gestalt seines geliebten Sohnes Jesus für uns zu bezahlen. Seine Heiligkeit ist so gewaltig in ihrer Reinheit, dass nur sie selbst uns wieder mit ihm zusammenbringen konnte – um den Preis des unbeschreiblichen, unverdienten und freiwilligen Leidens von Jesus Christus. Und dies alles nur, um Sie und mich teilhaben zu lassen an der herrlichen Schönheit des wieder Heilseins durch die Heiligkeit Gottes.

Am Kreuz Christi wird der Zusammenhang zwischen Gottes Liebe und seiner Heiligkeit am deutlichsten: Einzig seine Heiligkeit versetzte ihn in die Lage, solch eine unermesslich große Liebe zu zeigen und sich selbst hinzugeben. In der größten Tat, die Gott vollbracht hat, wird die wichtigste Grundaussage der Bibel bekräftigt: Gott ist heilig.

„Vater, bisher war mir nicht klar, wie wesentlich der Aspekt deiner Heiligkeit ist und welche Bedeutung er für mein Verständnis der Bibel und für meine Nachfolge hat. Öffne mir bitte die Augen, damit ich erkennen kann, was es bedeutet, dass du der Heilige bist. Fasziniere mein Sein von deinem Wesen und erlaube mir eine Begegnung mit deiner Schönheit. Amen."

Kapitel 6

Mysterium tremendum

> *Das Mysterium ist nicht bloß das Wunderbare, es ist auch das Wundervolle. Und neben das Sinn-verwirrende tritt das Sinn-berückende, Hinreißende, seltsam Entzückende.*
>
> Rudolf Otto[22]

Von jeher sind wir Menschen mit einer ganz besonderen Fähigkeit ausgestattet, die uns unter den Geschöpfen Gottes zu einzigartigen Kreaturen macht. Es ist die Fähigkeit, das „Übergeschöpfliche", das „Andere", das „Heilige" zu erahnen und in Beziehung zu unserem eigenen Verhalten zu setzen. In dieser Begabung liegt die Entstehung aller Religionen begründet. Der Mensch weiß, dass seine Sinne nicht all das erfassen können, was es „da draußen" gibt. Selbst der größte Materialist oder Gottesleugner kennt Momente, in denen er keine rationale Erklärung mehr für einen Vorgang oder ein Erlebnis hat und nur noch staunen kann. Im Zeitalter der Aufklärung und der Moderne haben wir zwar versucht, diese besondere Fähigkeit weg- und für Aberglauben zu erklären. Durch Wissenschaft und Überlegung versuchte der Mensch, seinem diffusen Gefühl des „Anderen" beizukommen. Doch wenn wir uns heute umschauen, können wir sehen, wie das Bewusstsein für das Heilige ständig zunimmt. Niemals zuvor gab es beispielsweise ein so riesiges Angebot an esoterischer Literatur oder entsprechenden Veranstaltungen. Die unterschiedlichsten Heilsbringer haben Hochkonjunktur, der Buchmarkt wird geradezu von spirituellen Büchern überschwemmt und jedes Wochenende könnte man ein anderes Seminar besuchen, dessen Thema etwas mit dem Übersinnlichen zu tun hat. Wie eine Blase platzt vor unseren Augen der Versuch des Menschen, sich von Gott unabhängig zu machen. In uns gibt es etwas, das nach ihm ruft und um seine Realität zu wissen scheint. Die große Frage ist, ob die christliche Kirche bereit ist, all den Suchenden ein geistliches Zuhause anzubieten. Wenn unsere Gottesdienste in Formen erstarrt sind und das Staunen über Gott der Gewohnheit an seine Gegenwart gewichen ist, können wir nicht damit rechnen, dass viele Menschen zu uns kommen werden. Wir stehen als Kirche vor der großen Herausforderung, in all unseren Versammlungen, Zusammenkünften und Gottesdiensten wieder „Haus Gottes" zu sein, also ein Ort, wo der heilige, lebendige Gott erlebt werden kann.

DAS GEHEIMNIS WAHREN

In seinen „Wortmeldungen" findet der Bischof von Passau, Stefan Oster, nach einem Besuch einer Messe deutliche Worte:

Ich hatte im Grunde zu keiner Minute den Eindruck, dass die Gläubigen hier einzeln oder als Gemeinschaft dem Heiligen begegnen; geschweige denn dass sie sich vorher darauf vorbereitet oder ihm einen inneren Nachhall durch Verweilen gegeben hätten. Es war einfach irgendwie wie immer, sonntags in der Kirche: Gewohnheit, Geselligkeit, ein wenig beten. ... hier in dieser Kirche war ... kaum mehr als routinierte Beiläufigkeit, ein Versammlungssaal, ein vertrautes Ritual, das möglichst unkompliziert im Raum der Diesseitigkeit bleiben darf. Es ist äußerlich irgendwie richtig, aber es ist hoffnungslos richtig, es hatte nämlich so gar nichts von Heiligkeit.[23]

Dem Mysterium sind innerhalb der Kirche – und keineswegs nur in der römisch-katholischen – die Flügel gestutzt worden. Auch wir sind erfasst vom „Erklärungswahn", und was mysteriös ist, packen wir nur allzu gerne in Rituale, anstelle uns dem Geheimnisvollen, „Überverständlichen" zu stellen und vor ihm still zu werden. Was würde passieren, wenn eine geistliche Erweckung aufbräche? Würden die Menschen in unseren Gemeinden dem Geheimnis des Heiligen begegnen? Rituale und ein ausschließlich „vernünftiger" Glaube werden sie nicht auf Dauer begeistern oder in unserer Mitte halten können. Wir müssen dem Mysterium Gottes wieder Raum geben, auch wenn es uns manchmal erzittern lässt.

Gegenüber der Annahme, dass sich der Glaube an eine wie auch immer geartete höhere Macht durch die in alten Zeiten für den Menschen noch unerklärlichen Naturphänomene gebildet hat, ist der Erklärungsansatz einer von Gott gegebenen Begabung nicht nur biblisch verankert[24], sondern es ist auch so, dass wir Menschen tatsächlich das in uns finden, was Otto das „Mysterium tremendum" nennt, also die Wahrnehmung eines „schauervollen Geheimnisses".

Das „Größere", das wir in manchen Momenten erahnen oder sogar wahrnehmen, weckt, im Unterschied zur klassischen Angst vor einer realen Bedrohung, eher so etwas wie ein Gruseln oder eine Art unbestimmtes Grauen in uns Menschen. Eine Furcht also, die nicht rational erklärbar ist und oft in Verbindung mit einer Ahnung steht, dass die Dinge in und um uns herum doch nicht ganz so zu sein scheinen, wie wir sie uns bisher zurechtgelegt haben. Die Spielarten dieser Form des Grauens reichen von der diffusen Angst beim Gang in den dunklen Keller bis zur Auseinandersetzung mit unserer eigenen Vergänglichkeit und unserem bevorstehenden Tod. Es handelt sich um ein „transzendentales Schaudern", ausgelöst durch die Erfahrung der eigenen Sinnesbegrenzung und dem gleichzeitigen diffusen Erkennen, dass „da draußen" mehr ist als das, was wir wahrnehmen können. Ohne es wegdiskutieren zu können, empfinden wir eine unbestimmte Bedrohung durch das Unfassbare, das wir nicht begreifen können, dessen Existenz wir aber dennoch erahnen.

Der Mensch, der das Evangelium nicht kennt und dem sich der Gott der Bibel noch nicht offenbart hat, steht dieser „schrecklichen" Wahrnehmungsgabe ohne Antwort und Verständnis gegenüber. Angewiesen auf seine eigenen Vorstellungen oder auf Erklärungsversuche anderer Menschen, wird er sich vielleicht einen „Gott" nach seiner Vorstellungskraft schaffen oder aber versuchen, natürliche Erklärungen für seine Empfindungen zu finden. Die zum Teil grauenhaften heidnischen Götzen zeigen deutlich, dass der Mensch ohne Offenbarung Jesu auf seine natürlichen Sinne angewiesen bleibt und seine Götter letztlich Resultat seiner beschränkten Wahrnehmung sind. Die Gottheiten der griechischen Mythologie beispielsweise sind augenscheinlich nichts anderes als Spiegelbilder menschlicher Sehnsüchte und Ängste.

Viele Menschen unserer Zeit hingegen sagen, dass sie zwar nicht an Gott, aber doch an ein höheres Wesen in irgendeiner unbestimmten Form glauben. Sie haben gespürt, dass es hinter der Mauer des menschlichen Geistes etwas Größeres gibt, doch können sie es nicht benennen, weil sie noch keinen Blick über sie werfen konnten. Erst wenn ihnen jemand Hilfestellung gibt und das Evangelium verkündet (und damit beschreibt, was jenseits der Mauer wirklich zu finden ist), werden sie vielleicht neugierig und ihre Augen öffnen sich durch den aufkeimenden Glauben für den lebendigen, realen Gott der Bibel.

Der Mensch kann ohne einen Bezug zum Transzendenten, Übernatürlichen nicht leben. Ein weiteres Beispiel dafür ist die Blüte der Geheimbünde und Freimaurerlogen zur Zeit der Aufklärung, als der moderne Mensch so viel Gewicht auf den Verstand und das Greifbare, Erklärbare legte. Doch allein gelassen mit seinem Verstand muss sich der Mensch zwangsläufig neue Götter erdenken und eine weitere Religion erschaffen. Dabei schießt derjenige, der versucht, das „Mysterium tremendum" erklärbar zu machen, leicht und weit übers Ziel hinaus. Das Mysterium des außerhalb von uns liegenden „Großen" hat sich alleine in Jesus Christus geoffenbart, jedoch ohne sein Geheimnis zu verlieren. Durch seinen Sohn ist Gott (er)fassbar geworden, übersteigt aber noch immer unser Fassungsvermögen. Gott ist einerseits das offen vor uns liegende Geheimnis, doch andererseits wird das Mysterium umso geheimnisvoller, je näher wir ihm kommen. Und gerade die Faszination des Unfassbaren ist es, die uns näher zu Gott zieht. Wir wollen bei ihm sein, denn wir spüren: Er ist „ganz", „heil", „heilig".

Dietrich Bonhoeffer beschrieb in seiner „Ethik" die Diskrepanz des heiligen Geheimnisses und der Spannung zwischen „Sehen" und „Nur-erahnen-Können" mit den folgenden Worten: „Ecce homo – seht den menschgewordenen Gott, das unergründliche Geheimnis der Liebe Gottes zur Welt."[25]

Tatsächlich gibt erst der Blick, der durch den christlichen Glauben ermöglicht wird, dem Schrecken des großen Geheimnisses einen Sinn. Erst durch den Glauben findet das „Mysterium tremendum" einen Sitz in unserem Leben und lässt uns nicht nur zittern, sondern staunen. Das Geheimnis verliert durch die Offenbarung, dass Gott selbst dahintersteckt, keinesfalls seinen Reiz, und auch das Schaudern wird nicht geringer, im Gegenteil. Doch mit der wachsenden Erkenntnis von der unfassbaren Größe und Heiligkeit Gottes wächst neben der Ehrfurcht und dem Eingeständnis der eigenen Kleinheit gleichzeitig die Dankbarkeit, dass derjenige, dessen Größe uns zittern lässt, zugleich der ist, der uns über alle Maßen liebt. Mehr noch: Schließlich lässt der Blick auf den heiligen Gott unsere Ängste vor dem Bösen kleiner werden. Das Böse, das wir ebenso erahnen wie den ewigen und guten Gott, verliert zwar nicht seine bedrohliche Gestalt, doch steht der Bedrohung das in Gottes Gnade begründete Vertrauen gegenüber, dass der Höchste, der Schönste, der allein Heilige für uns ist und das Böse überwunden hat.

> Im Schauen auf den Heiligen fängt unser Herz neu an, zu staunen und zu singen.

Zusammenfassend können wir festhalten, dass der Mensch grundsätzlich in der Lage ist, das „Andere", nämlich das Heilige, zu erahnen. Auch Sie sind mit dieser Begabung geschaffen worden. Vermutlich kennen Sie diffuse Gefühle des Schauderns und nehmen mehr wahr, als Sie mit Ihren fünf Sinnen erfassen können. Ich möchte Sie ermutigen, dieser inneren Wahrnehmung des Heiligen nachzuspüren, um den besser kennenzulernen, bei dem das „schauervolle Geheimnis" sein Zuhause hat. Dort, bei Gott, führt das „schauervolle Geheimnis" zu einem Staunen über denjenigen, der heilig ist und sich zugleich Ihr Vater nennt, der Sie unendlich liebt. Im Schauen auf den Heiligen fängt unser Herz neu an, zu staunen und zu singen. Ich möchte Sie auf die Kapitel rund um das kontemplative christliche Gebet in „Brannte nicht unser Herz?" hinweisen.[26] Sie sind eine gute Einführung in ein Gebetsleben des Aufschauens zu Gott und des Erlebens seiner Schönheit.

„Vater, ich habe der uns Menschen von dir verliehenen Begabung, dir nachspüren und dich erkennen zu können, zu wenig Aufmerksamkeit geschenkt. Ich mache mir auch ein wenig Sorgen, dass ich bei dem Versuch, dich mit den Augen meines Herzens betrachten zu wollen, auf eine seelische Ebene abgleite und mir schließlich nur etwas einbilde, das dann gar nichts mit dir zu tun hat. Deshalb bitte ich dich um Anleitung durch deinen Heiligen Geist. Von ihm ist geschrieben, dass er uns ‚in alle Wahrheit leiten' wird (Johannes 16,30). Ihm will ich mich auf meiner Suche anvertrauen. Amen."

Teil 2
Der heilige Gott

Kapitel 7

Begegnungen mit dem Heiligen

Führt nicht jede Begegnung mit Gott nur dazu, dass unser Durst nach ihm größer wird?

Francis Chan[27]

Mose hatte in seinem Leben erstaunliche Begegnungen und Erlebnisse mit Gott. Die größten Wunder, die wir uns nur vorstellen können, hat er mit seinen eigenen Augen gesehen. Dabei beeindruckt mich, dass es ihm in seiner Beziehung zu Gott nicht primär um diese gewaltigen Zeichen gegangen zu sein scheint, sondern er viel mehr als nur das wollte: Er hat darum gerungen, in Gottes Nähe zu sein. Darin ist er mir ein Vorbild. Mein eigenes Leben ist geprägt von der Suche nach Gott und dem Versuch, ihm so nahe zu kommen wie nur möglich. Auch ich möchte mir mehr und mehr die Haltung zu eigen machen, nicht Gottes Hände (also das, was er für mich tun könnte), sondern sein Angesicht zu suchen. Dort will ich sein, denn dies ist der Ort, an dem mir mehr Erfüllung, Befriedigung und Glauben geschenkt werden, als ein Wunder oder der Applaus von Menschen mir geben könnten. Nicht immer gelingt es mir, so zu leben. Doch es ist mein Ziel.

In einer Lebensphase, in der Mose die Plagen Ägyptens und die wundersame Befreiung Israels schon hinter sich hatte, als er bereits trockenen Fußes durchs Schilfmeer gegangen war und täglich erlebte, wie Gott sein Volk Israel bei Tag durch eine Wolkensäule und nachts durch eine Feuersäule leitete, gab es noch immer eine Sehnsucht in ihm, die ihn nicht losließ. Eines Tages betete er: „Lass mich doch deine Herrlichkeit sehen!" (2. Mose 33,18).

Was für eine Aussage, was für ein gewaltiges Gebet! Mose setzte sozusagen alles auf eine Karte: Was er wollte, war Gott selbst. Obwohl er der Führer eines großen Volkes war und täglich Wunder erlebte, war ihm das nicht genug. Er wollte Gott so nahe kommen wie nie zuvor.

Meinem Verständnis nach hat die Antwort Gottes auf diese Bitte das gesamte jüdische und in Folge auch das jüdisch-christliche Verständnis der Begegnung Gottes mit den Menschen geprägt: „Du kannst es nicht ertragen, mein Angesicht zu sehen, denn kein Mensch kann mich sehen und am Leben bleiben" (2. Mose 33,19-20). Diese Antwort Gottes löste eine gewaltige Ehrfurcht aus. Eine Begegnung mit Gott war fortan etwas unermesslich Besonderes.

Gott zu sehen, kann eigentlich niemand überleben. Er ist zu heilig, zu andersartig, als dass erstens unsere Sinne ihn fassen und zweitens wir als sündige Wesen vor seiner Reinheit bestehen könnten. Mose – und in seine Erfahrung eingeschlossen sind alle Menschen – musste verstehen und erkennen: In meiner Kreatürlichkeit ist es unmöglich, Gott auf Augenhöhe zu begegnen.

IN DIE SONNE BLICKEN

Vielleicht haben Sie als Kind auch manchmal versucht, direkt in die Sonne zu schauen, und im Anschluss die tanzenden Punkte auf Ihrer Netzhaut bewundert. Dieser Blick ist gefährlich, denn bereits nach einigen Sekunden können die Hornhaut, die Augenlinse und die Netzhaut irreversiblen Schaden nehmen. Heute wissen wir, dass sogar noch weitaus größere Sonnen im Universum existieren als diejenige, um die sich die Erde dreht. Ihre Stahlkraft ist möglicherweise um ein Vielfaches stärker. Obwohl uns bewusst ist, dass unsere Sonne wegen ihrer enormen Energie für uns Menschen tödlich ist, wenn wir ihr zu nahe kommen, ist das Leben ohne sie nicht denkbar. Wir brauchen sie nicht nur, wir sehnen uns nach ihr. Wir sehnen uns im November danach, dass die Tage endlich wieder länger werden, der Nebel sich lichtet und wir Sonnenstrahlen auf unserem Gesicht genießen können. Doch je näher unser Teil der Erde der Sonne in den Sommermonaten kommt, desto mehr schützen wir uns vor ihren Strahlen. Im

Hochsommer cremen wir uns mit hoch dosierten Sonnenschutzlotionen ein, tragen Sonnenbrillen und halten uns im Schatten auf. Wir sind nicht dafür gemacht, ihr zu nahe zu kommen.

So ist es auch mit Gottes Heiligkeit. Alle Menschen sind Sünder und haben ihre ursprüngliche Fähigkeit verloren, so in Gottes Nähe leben zu können, wie es Adam und Eva konnten. Mit Jesu Kommen allerdings hat sich alles verändert: Sein Blut macht uns tatsächlich wieder fähig, in Gottes Gegenwart zu kommen und ihn mit den Augen unseres Herzens anzuschauen. Wir müssen nicht mehr sterben und dürfen seine Nähe genießen – und das, obwohl Gott in seiner Herrlichkeit und Reinheit so strahlend ist, dass alle Sonnen und die Milliarden von Galaxien des Universums wie kleine Kerzenlichter erscheinen müssen. Seiner Heiligkeit zu begegnen, ist ein erschreckendes Erlebnis. Wenn wir in sein Licht treten, wird uns nämlich auch unsere Dunkelheit offenbar und wir schaudern angesichts der Diskrepanz zwischen ihm und uns.

Obwohl ich das weiß, trage ich in mir den sehnlichen Wunsch, Gott von Angesicht zu Angesicht zu sehen. Mein Verlangen danach ist groß, weil ich in den letzten Jahren einen kleinen Einblick in seine Schönheit gewinnen durfte und weiß, dass er herrlicher ist als alles andere. In „Brannte nicht unser Herz?" habe ich ausführlich über das Schauen auf Gott geschrieben, deshalb möchte ich an dieser Stelle nur so viel dazu sagen: Wenn ich von der Gottesschau spreche, meine ich damit nicht den Blick mit unseren physischen Augen, sondern mit den Augen unseres Herzens, von denen Paulus im Epheserbrief spricht. Es geht mehr um ein Stillwerden vor Gott und ein Erkennen seiner Schönheit, während wir uns in seiner Nähe aufhalten, als um die Kraft unserer Vorstellung. Ich will Gott von ganzem Herzen suchen, obwohl mir bewusst ist, dass der gänzlich unverhüllte Blick auf ihn erst möglich sein wird, wenn ich ihm nach meinem Tod gegenüberstehen werde.

Neben dem Schauen auf Gott im Gebet gibt es für uns auch noch eine zweite Möglichkeit, Gott zu betrachten. Als der Jünger Philippus Jesus darum bat, seinen Freunden den Vater zu zeigen, antwortete Jesus mit den folgenden Worten: „Wer mich gesehen hat, hat den Vater gesehen" (Johannes 14,9). Wenn Sie Gott schauen möchten, betrachten Sie seinen Sohn. Im Kapitel „Das menschliche Gesicht des heiligen Gottes" werde ich darüber schreiben, wie wir in Jesus das Angesicht Gottes erkennen können.

Das Erlebnis der Nähe Gottes, die durchtränkt ist mit einer nicht mit Worten zu beschreibenden Heiligkeit, stellt die erhebendste Erfahrung für einen Menschen dar. Etwas Größeres als in seiner Nähe, vor seinem Angesicht zu sein und ihn mit den Augen des Herzens anzuschauen, kann ich mir nicht vorstellen. Mein Sein und Streben ist darauf ausgerichtet, Gott näher und noch näher zu kommen, auch wenn ich weiß, dass dort ein Feuer brennt, das manches von dem, was mir wertvoll und teuer ist, verbrennen kann. Doch ich weiß auch, dass ich nur dort wirklich verändert werden kann.

BEGEGNUNG BEWIRKT VERÄNDERUNG

Die sogenannten Theophanien der Bibel erzählen von Begegnungen zwischen Menschen und dem heiligen Gott. Diese Beschreibungen klingen jeweils ähnlich, obwohl doch zum Teil viele Hunderte Jahre zwischen ihnen liegen: Gott erscheint und der Mensch erschaudert. Mit einem Mal wird ihm die Größe Gottes bewusst – und damit seine eigene Winzigkeit. Allen Fällen gemeinsam ist, dass die Begegnung mit Gott deutliche Spuren im Leben derer hinterlassen hat, die sie erfahren durften.

Ich weiß nicht, welchen theologischen Hintergrund Sie haben. Vielleicht hören auch Sie in Ihrem Umfeld Menschen davon sprechen, dass sie eine Begegnung mit Gott hatten oder dass seine Gegenwart in einem Gottesdienst oder einer Konferenz stark spürbar gewesen ist. Solche Berichte zeugen von einem lebendigen Glauben, der mit der Realität Gottes in unserem Leben rechnet, doch fordern sie uns durchaus auch heraus. Als junger Christ war ich auf vielen Konferenzen und die Zahl der Gottesdienste, die ich in meinem Leben besucht habe, muss in die Tausende gehen. Manchmal denke ich daran, wie wenig ich von all dem, was ich dort gehört und erfahren habe, wirklich verinnerlicht und umgesetzt habe. Haben die großen „Begegnungen" mit Gott in den ganz besonderen Veranstaltungen mein Leben wirklich geprägt? Müsste es nicht so sein wie bei den Theophanien, von denen die Bibel erzählt? Ein Mensch begegnet Gott und geht verändert aus dieser Begegnung hervor? Waren die Momente, in denen ich meinte, Gott zu erleben, wirklich Begegnungen mit ihm? Oder habe ich mich manchmal vielleicht zu leicht mit psychischen Phänomenen und gruppendynamischen Prozessen zufriedengegeben und diese mit dem Wirken Gottes verwechselt?

Heute weiß ich, dass nicht alles, was wir „Begegnung mit Gott" nennen, auch eine solche ist. Einer meiner Indikatoren für die Frage nach der Echtheit einer Erfahrung ist die Veränderung unseres Lebens: Sind durch die „Begegnung" die Liebe zu Gott und der Wunsch, Jesus ähnlicher zu werden, langfristig gewachsen? Wenn nicht, dürfen wir uns angesichts der biblischen Berichte die Frage stellen: Ist es wirklich eine Begegnung mit Gott gewesen? Ich bin überzeugt davon, dass eine authentische Begegnung mit dem lebendigen Gott Spuren in unserem Leben hinterlassen wird. Niemand kann derselbe bleiben, wenn er dem Heiligen begegnet ist.

Vor einigen Jahren hörte ich passend dazu einen Pastor im Rahmen einer Predigt die folgende hypothetische Geschichte erzählen: „Stellt euch vor, dass ich heute eine halbe Stunde zu spät hier erschienen wäre – mit zerrissenen Kleidern und blutigen Schrammen im Gesicht und an Armen und Beinen. Würdet ihr mich nicht alle bestürzt ansehen und als Erstes fragen, was denn passiert ist? Ich würde euch daraufhin erzählen, dass ich auf dem Weg zur Gemeinde eine ‚Begegnung' mit einem Bus hatte. Was denkt ihr: Wenn eine Begegnung mit etwas Materiellem, Gewöhnlichem wie einem Bus schon so deutliche Spuren an einem Menschen hinterlässt, müsste dann nicht eine Begegnung mit dem lebendigen und heiligen Gott ebenfalls Spuren hinterlassen?"

Über Jahre hinweg hat mich diese Geschichte immer wieder beschäftigt. Welche Veränderungen meinte er? Und noch wichtiger: Von welchen Veränderungen spricht die Bibel? Was passierte mit den Menschen, die Gott begegneten und deren Erlebnisse uns in der Heiligen Schrift überliefert sind?

Es würde den Rahmen dieses Buches sprengen, all die schrecklich-schönen Berichte der biblischen Theophanien aufzuführen. Einige davon möchte ich jedoch mit Ihnen zusammen anschauen, um die erstaunliche Kongruenz aufzuzeigen, die wir in diesen zeitlich in einem Rahmen von mehreren Jahrtausenden liegenden Berichten finden können: Konfrontiert mit Gott, sieht sich der Mensch zugleich konfrontiert mit dem absolut Heiligen in Person.

DIE THEOPHANIE JESAJAS

Nachdem wir uns bereits zwei der Gottesbegegnungen Moses angesehen haben, möchte ich nun zu einem großen zeitlichen Sprung in der biblischen Geschichte ansetzen: Wir befinden uns etwa im Jahr 740 vor Christus. Jesaja hat ein lebensveränderndes Erlebnis mit Gott, das allgemein auch als seine Berufung zum Prophetendienst angesehen wird.

Beim Lesen von Berichten wie dem gleich folgenden ist es eine Hilfe, sich in die Lage des jeweiligen Protagonisten zu versetzen, um in etwa nachzuempfinden, was derjenige wohl empfunden haben muss. Versuchen Sie das ruhig einmal. Stellen Sie sich die Frage, wie es Ihnen ergehen würde, wenn Sie sehen könnten, was Jesaja gesehen hat.

Im Todesjahr des Königs Usija, da sah ich den Herrn sitzen auf hohem und erhabenem Thron, und die Säume seines Gewandes füllten den Tempel. Serafim standen über ihm. Jeder von ihnen hatte sechs Flügel: mit zweien bedeckte er sein Gesicht, mit zweien bedeckte er seine Füße, und mit zweien flog er. Und einer rief dem andern zu und sprach: Heilig, heilig, heilig ist der HERR der Heerscharen! Die ganze Erde ist erfüllt mit seiner Herrlichkeit! Da erbebten die Türpfosten in den Schwellen von der Stimme des Rufenden, und das Haus wurde mit Rauch erfüllt. Da sprach ich: Wehe mir, denn ich bin verloren. Denn ein Mann mit unreinen Lippen bin ich, und mitten in einem Volk mit unreinen Lippen wohne ich. Denn meine Augen haben den König, den HERRN der Heerscharen, gesehen. Da flog einer der Serafim zu mir; und in seiner Hand war eine glühende Kohle, die er mit einer Zange vom Altar genommen hatte. Und er berührte damit meinen Mund und sprach: Siehe, dies hat deine Lippen berührt; so ist deine Schuld gewichen und deine

Sünde gesühnt. Und ich hörte die Stimme des Herrn, der sprach: Wen soll ich senden, und wer wird für uns gehen? Da sprach ich: Hier bin ich, sende mich!
Jesaja 6,1-8

Jesaja wird – scheinbar von einem Moment auf den anderen – ein Blick in die Realität des Himmels erlaubt. Dort sieht er Gottes Thron und auf dem Thron ihn selbst: Gott. Bevor Jesaja von der Heiligkeit dessen überwältigt wird, was er zu sehen bekommt, erfasst er noch, dass es im Himmel offenbar nur ein einziges Prädikat und nur ein Wort zu geben scheint, das Gottes Wesen gerecht wird: „heilig"! Angesichts dieser Szene wird Jesaja in seinem Inneren mit Macht getroffen und er erfasst die tiefe Wahrheit: Gott ist heilig – und ich bin es nicht!

Gott ist heilig – und ich bin es nicht!

Nun wissen wir als Bibelleser von heute, wie wunderbar diese Geschichte ausgeht. Doch Jesaja wusste das nicht. Vielleicht erinnerte er sich sogar an die Antwort Gottes auf Moses Wunsch, sein Angesicht sehen zu dürfen: „... kein Mensch kann mich sehen und am Leben bleiben." Dann wäre es kein Wunder, dass Jesaja so erschüttert war. Wir nehmen diesen dramatischen Bericht heute als Beleg dafür, dass Gott uns in seiner Barmherzigkeit von unseren Sünden reinigt, damit wir in seine Nähe kommen können, obwohl wir eigentlich nicht vor ihm bestehen können. Uns jagt der Bericht vielleicht einen wohligen Schauer über den Rücken, für Jesaja war die Gottesbegegnung eine Frage von Leben und Tod.

Zu Zeiten Jesajas war das Denken der Juden im Blick auf eine Begegnung mit Gott geprägt von der Vorstellung, sich zuvor reinigen zu müssen. Sich Gott zu einer der festgelegten Zeiten zu nahen, war nur dann möglich, wenn man sich von innerlichen und äußerlichen Verunreinigungen befreit hatte. Es gab genaue Vorschriften, in welchem Zustand man Gott auf keinen Fall begegnen durfte. An ein Berührtwerden von der Heiligkeit Gottes war damals überhaupt nicht zu denken.

In der so gewaltigen und wunderschönen Geschichte der Berufung des Propheten Jesaja begegnet uns ein Gott, der nicht Heiligkeit voraussetzt, sondern diese im Gegenteil verleiht. Als Jesaja den Herrn sieht, schreit er zunächst verzweifelt auf: „Ich bin verloren", denn er weiß genau, dass er nicht rein ist. Er erkennt an Gottes Herrlichkeit, dass seine Heiligkeit eine Absolutheit besitzt, die kein Mensch je in sich tragen könnte.

Doch dann tritt das Unerwartete ein: Einer der Serafim, also eines der Wesen, die beständig vor Gott stehen und seine Heiligkeit preisen und hervorheben, fliegt zu Jesaja und berührt mit einer glühenden Kohle, die er vom (heiligen!) Altar Gottes genommen hat, seinen Mund. Er spricht ihm zu, dass durch die Berührung des Heiligen alle Schuld gewichen und seine Sünde gesühnt sei. Jesaja ist jetzt rein und kann in der heiligen Gegenwart Gottes stehen. Gott hat die Initiative ergriffen. Jesaja hätte durch die Reinigungsvorschriften des jüdischen Volkes niemals einen Grad von Reinheit erreichen können, die ihn vor dem heiligen Gott hätte bestehen lassen können. Nur das Heilige selbst konnte ihn heilig machen. Auch für uns gilt: Nur Gott kann uns heilig machen. Unser Vorteil als Christen den alten Propheten gegenüber ist, dass wir wissen können, dass Gott das Unreine nicht scheut, sondern durch eine Berührung heilt. Anstatt uns vor Gottes Heiligkeit zu verstecken, ist sie unsere Chance auf Heilung, die wir in der Gestalt Jesu und seiner Liebe umarmen dürfen.

Wenn wir – ausgehend von diesem Text – die Geschichte des Propheten weiter verfolgen, wird das Offensichtliche deutlich: Nach der Begegnung mit dem heiligen Gott verläuft Jesajas Leben anders. Nachdem seine Unreinheit durch den Engel weggenommen worden ist, kann er seine Aufmerksamkeit auf das richten, was Gott ihm eigentlich sagen wollte. Er selbst wird ein anderer. Er empfängt in der Gottesbegegnung nicht nur seine Lebensberufung, sondern sein ganzes Denken ist künftig davon geprägt. In Folge spricht er in den uns überlieferten Texten mehr als fünfzigmal vom „Heiligen". Sein bevorzugter Titel für Gott lautet „der Heilige Israels". Wir finden ihn sechsundzwanzigmal in seinen Schriften, aber nur sechsmal sonst im Alten Testament. Jesaja ist dem Heiligen Israels begegnet – und kann nicht mehr anders, als über ihn und in seinem Namen zu sprechen.

DIE THEOPHANIE JAKOBS

Eine weitere Zeitreise führt uns etwa tausend Jahre in der biblischen Geschichte zurück. Dort stoßen wir auf Jakob, den Enkel Abrahams, und auf seine faszinierende Begegnung mit dem heiligen Gott.

> *Und Jakob zog aus von Beerscheba und ging nach Haran. Und er gelangte an eine Stätte und übernachtete dort; denn die Sonne war schon untergegangen. Und er nahm einen von den Steinen der Stätte und legte ihn an sein Kopfende und legte sich nieder an jener Stätte. Und er träumte: Und siehe, eine Leiter war auf die Erde gestellt, und ihre Spitze berührte den Himmel; und siehe, Engel Gottes stiegen darauf auf und nieder. Und siehe, der HERR stand über ihr und sprach: Ich bin der HERR, der Gott deines Vaters Abraham und der Gott Isaaks; das Land, auf dem du liegst, dir will ich es geben und deiner Nachkommenschaft. Und deine Nachkommenschaft soll wie der Staub der Erde werden, und du wirst dich ausbreiten nach Westen und nach Osten und nach Norden und nach Süden hin; und in dir und in deiner Nachkommenschaft sollen gesegnet werden alle Geschlechter der Erde. Und siehe, ich bin mit dir, und ich will dich behüten überall, wohin du gehst, und dich in dieses Land zurückbringen; denn ich werde dich nicht verlassen, bis ich getan, was ich zu dir geredet habe. Da erwachte Jakob aus seinem Schlaf und sagte: Fürwahr, der HERR ist an dieser Stätte, und ich habe es nicht erkannt! Und er fürchtete sich und sagte: Wie furchtbar ist diese Stätte! Dies ist nichts anderes als das Haus Gottes und dies die Pforte des Himmels.*
>
> 1. Mose 28,10-17

Ähnlich wie Jesaja wird auch Jakob von einer Furcht vor dem Heiligen ergriffen. Obwohl er eine durchweg positive Verheißung von Gott empfängt, nennt er den Ort des Geschehens „furchtbar". Ganz offenbar ist die Erfahrung zu überwältigend für ihn, als dass er sie als einen schönen Traum abtun könnte. Auch seine Begegnung mit Gott hinterlässt Spuren. Er legt das Gelübde ab, Gott künftig treu zu folgen, und von allem, was er erwirtschaftet, spendet er den zehnten Teil. Gott nimmt dieses Gelübde ernst und kommt mehr als vierzehn Jahre später darauf zurück, verbunden mit dem Aufruf, in eine neue Lebensphase einzutreten:

Ich bin der Gott von Bethel, wo du einen Gedenkstein gesalbt, wo du mir ein Gelübde abgelegt hast. Mache dich jetzt auf, zieh aus diesem Land und kehre zurück in das Land deiner Verwandtschaft!

1. Mose 31,13

DIE THEOPHANIEN HESEKIELS

Im sechsten Jahrhundert vor Christi Geburt lebte ein weiterer Prophet Gottes, von dem uns gleich mehrere Berichte faszinierender Gottesbegegnungen überliefert sind. Wenn ich sie lese, fällt es mir schwer, überhaupt zu verstehen oder mir bildlich vorzustellen, was er alles erlebt und gesehen hat. Ich kann mir hingegen gut vorstellen, dass ich ziemlich überfordert gewesen wäre, wenn ich an seiner Stelle gewesen wäre. Auch hier sehen wir einmal mehr: Die Begegnung mit dem Heiligen ist lebensverändernd. Die Zukunft Hesekiels wurde dadurch in eine ganz neue Richtung gelenkt.

Die sogenannte „Berufungsvision Hesekiels" ist zu umfangreich, um sie an dieser Stelle zu zitieren, deshalb werde ich nur einige wenige für unseren Kontext bedeutsame Verse herausstellen. Falls Sie den gesamten Text lesen möchten, finden Sie ihn in den ersten drei Kapiteln des Buchs Hesekiel. Hier ist die Zusammenfassung:

Zur Zeit der Begegnung mit Gott befindet sich Hesekiel zusammen mit vielen anderen Juden im Exil in Babylonien. Er selbst ist der Sohn eines Priesters und somit möglicherweise gut vertraut mit den Erlebnissen von Mose und Jesaja. Eines Tages wird er von einer gewaltigen Vision gepackt: Er sieht eine Wolke, in deren Mitte ein Feuer brennt, aus dem vier himmlische Wesen hervorgehen. Die Parallelen zu den Berichten Jesajas und des Apostels Johannes – zu dem wir später noch kommen werden – sind offensichtlich: Sie haben tatsächlich alle dasselbe gesehen, nämlich den Thron Gottes und auf ihm sitzend den heiligen Gott. Schauen Sie, was Hesekiel sieht und wie er darauf reagiert:

Und ich sah: Und siehe, ein Sturmwind kam von Norden her, eine große Wolke und ein Feuer, das hin- und herzuckte, und Glanz war rings um sie her. Und aus seiner Mitte, aus der Mitte des Feuers, strahlte es wie das

Funkeln von glänzendem Metall. Und aus seiner Mitte hervor erschien die Gestalt von vier lebenden Wesen; und dies war ihr Aussehen: Die Gestalt eines Menschen hatten sie. Und mitten zwischen den lebenden Wesen war ein Schein wie von brennenden Feuerkohlen; wie ein Schein von Fackeln war das, was zwischen den lebenden Wesen hin- und herfuhr; und das Feuer hatte einen Glanz, und aus dem Feuer fuhren Blitze hervor. Und es kam eine Stimme von dem Raum oberhalb des festen Gewölbes, das über ihren Häuptern war. Und oberhalb des festen Gewölbes, das über ihren Häuptern war, befand sich – wie das Aussehen eines Saphirsteines – etwas wie ein Thron und auf dem, was wie ein Thron aussah, oben auf ihm eine Gestalt, dem Aussehen eines Menschen gleich. Und ich sah: Wie das Funkeln von glänzendem Metall, wie das Aussehen von Feuer, das ringsum ein Gehäuse hat, war es von dem Aussehen seiner Hüften an aufwärts; und von dem Aussehen seiner Hüften an abwärts sah ich etwas wie das Aussehen von Feuer; und ein Glanz war rings um ihn.

Und als ich es sah, fiel ich auf mein Gesicht nieder.

aus Hesekiel 1,4-28

Wieder finden wir hier die beiden Auswirkungen, welche ganz offenbar die Begegnung mit Gott nach sich zieht: eine Neuausrichtung oder zumindest deutliche Veränderung des eigenen Lebens und ein spontanes Kollabieren und Kapitulieren vor Gottes Heiligkeit. Hesekiel fiel auf sein Angesicht – und nicht nur bei dieser Begegnung.[28]

Auch im Buch des Propheten Hesekiel finden wir einen deutlichen Hinweis darauf, dass Heiligkeit in Gott entspringt und zu uns fließen möchte. Im Kapitel 47 lesen wir davon, wie aus Gottes Tempel, dem Ort also, wo seine Heiligkeit wohnt, ein besonderes Wasser strömt, das alles, was es berührt, rein und gesund macht. Es wird zu einem Strom, der sich schließlich bis ins Tote Meer ergießt und dessen stark salziges Wasser „heilt". Fortan wird es dort zahlreiche Fische geben. An den Ufern des geheimnisvollen Stroms „wachsen Bäume, deren Blätter nicht welken und deren Früchte nicht ausgehen werden. Monat für Monat werden sie frische Früchte tragen, denn sein Wasser fließt aus dem Heiligtum hervor; und ihre Früchte werden als Speise dienen und seine Blätter als Heilmittel" (Hesekiel 47,12).

Wie im Bericht über Jesaja zeigt sich auch hier: Gott selbst muss uns berühren, von ihm muss ein Strom der Heiligkeit zu uns fließen, der – wenn er uns erreicht – alles verändern wird. In seiner Großzügigkeit und Liebe schenkt er uns seine heiligende und wiederherstellende Berührung gern. Alles, was wir zu tun haben, ist, uns danach auszustrecken und Gott zu umarmen.

DIE THEOPHANIEN DANIELS

Im ausgehenden siebten Jahrhundert vor Christus wurde Daniel, ein junger israelitischer Mann, zusammen mit einigen anderen Männern nach Babylon deportiert, wo sie aufgrund ihrer großen Weisheit eine chaldäische Ausbildung erhielten und an den Hof geholt wurden. Daniel lernte die Denk- und Handlungsweisen der Chaldäer kennen, doch ihren Kult übernahm er nicht. Er blieb seinem Gott treu, was ihn – wie Sie wahrscheinlich wissen – in einige lebensbedrohliche Schwierigkeiten brachte.

Auch Daniel hatte visionäre Begegnungen mit Gott – und wieder sind die Parallelen zu den Erlebnissen anderer vor und nach ihm offensichtlich. Hören wir zu, wie er selbst sein Empfinden während der ersten solchen Begegnung beschreibt:

> *Ich schaute in Visionen der Nacht: Und siehe, mit den Wolken des Himmels kam einer wie der Sohn eines Menschen. Und er kam zu dem Alten an Tagen, und man brachte ihn vor ihn. Und ihm wurde Herrschaft und Ehre und Königtum gegeben, und alle Völker, Nationen und Sprachen dienten ihm. Seine Herrschaft ist eine ewige Herrschaft, die nicht vergeht, und sein Königtum so, dass es nicht zerstört wird. Mir, Daniel, wurde mein Geist tief in meinem Innern bekümmert, und die Visionen meines Hauptes erschreckten mich ... Mich, Daniel, ängstigten meine Gedanken sehr, und meine Gesichtsfarbe veränderte sich an mir.*
>
> Daniel 7,13-15.28

Beim Lesen dieser Textstellen, von denen ich gleichsam fasziniert und in meinem Inneren berührt und aufgewühlt bin, drängt sich mir die Frage auf: Passen diese und ähnliche Berichte überhaupt noch in unsere zeitgenössische Vorstellung von Gott? Welches Bild haben wir als Christen vor Augen, wenn wir an den Thron Gottes denken? Sitzt dort noch der heilige Gott, der uns unserer Kleinheit bewusst werden und damit das Erlösungswerk nur umso erstaunlicher wirken lässt? Oder hat Gott sich verändert und sich entschlossen, mit dem Kommen Jesu ein anderer zu werden? Sie wissen, dass dies eine rhetorische Frage ist. Gott sagt in seinem Wort immer wieder, dass er unveränderlich derselbe war, ist und bleiben wird.[29]

Mir geht es keineswegs darum, mit den genannten Beispielen Furcht vor Gott zu wecken. Im Gegenteil geht es um etwas Wunderbares, nämlich um die Faszination darüber, dass wir uns Gott trotz seiner Heiligkeit nähern dürfen, obwohl das eigentlich unmöglich sein müsste. Zu heilig ist er, und zu unheilig ist der Mensch. Doch gerade weil er heilig ist, kann er so sehr lieben, dass seine Gnade diese Diskrepanz durch den Opfertod Jesu überbrückt. Angst ist in der Begegnung mit Gott fehl am Platz. Ehrfurcht und Staunen ihm gegenüber hingegen nicht – das zeigen auch die Berichte über Gottesbegegnungen im Neuen Testament, die wir uns später ansehen werden. Tatsächlich finden gerade die Geschichten Jesajas und Hesekiels ihre logische Fortsetzung im Neuen Testament: Da ist nur einer, der die Menschen aus ihrer Sündhaftigkeit retten kann, um sie heilig – also ganz anders und heil – zu machen. Und dieser Eine ist so andersartig, dass auch vor ihm die Menschen auf die Knie fallen.

Lassen Sie uns wieder beten:

„Vater, die Wildheit, die mir in den Geschichten der Gottesbegegnungen des Alten Testaments entgegentritt, verwirrt mich manchmal. Wie könnte ich je angemessen auf deine Heiligkeit reagieren, wie könnte ich dir je näher kommen, ohne – wie Jesaja – rufen zu müssen: ‚Ich vergehe'? Es übersteigt meinen Verstand, dass ich dir überhaupt begegnen darf und du mich sogar dazu aufrufst, in deine Nähe zu kommen. Doch in meinem Inneren spüre ich, dass die Reaktion darauf schlicht ‚Vertrauen' heißt. Und so spreche ich dir mein Vertrauen aus:

Ich vertraue dir, dass du mich gerecht gemacht hast und mich festhältst. Ich vertraue darauf, dass eine Begegnung mit dir mein Leben positiv verändert und in mir nicht Angst, sondern eine neue Faszination wecken wird, aus der neue Liebe und ein noch größeres Vertrauen zu dir erwachsen. Ich bin glücklich und dankbar, dich, den heiligen Gott, meinen Gott nennen zu dürfen. In Ehrfurcht stehe ich vor dir. Amen."

Kapitel 8

„Ich bin heilig" – was Gottes Heiligkeit für uns bedeutet

Heilig werden wollen heißt: mich von allem entblößen, was nicht Gott ist.

Mutter Teresa[30]

Der Titel dieses Kapitels ist nicht nur eine, sondern *die* Grundaussage Gottes über sich selbst. Gott ist heilig – das ist sein Wesen, das macht ihn aus, so wird er unveränderlich und auf ewig bleiben. Alle seine Wesensmerkmale, alle seine Worte und seine Handlungen fließen aus dem innersten Kern dieser seiner Persönlichkeit – seiner Heiligkeit.

Die Kirche von heute tut sich schwer mit der Vorstellung eines heiligen Gottes. Wir verbinden mit dem Stichwort Heiligkeit eher Distanz und Strenge als Schönheit und Nähe. Wir können alle dankbar dafür sein, dass durch den Opfertod Jesu der Graben zwischen uns und dem heiligen Gott zugeschüttet wurde und wir uns ihm als dem liebenden Vater nähern können. Doch bei diesem wichtigen Schritt, den wir auf Gott zumachen dürfen, haben wir übersehen, dass nicht Gottes Heiligkeit selbst zugeschüttet wurde. Er hat sich nicht verändert, sondern uns wurde ein Zugang zu ihm eröffnet, um ihm in seiner Heiligkeit zu begegnen, aus der auch seine Vaterschaft entspringt. Paulus zeigt diesen Zusammenhang an mehreren Stellen auf, zum Beispiel deutlich in Epheser 3,14: „Darum knie ich nieder vor Gott, dem Vater, und bete ihn an" (HFA).

Unser Weg heute führt nicht zu einem anderen Gott, sondern zu demjenigen, den sein Sohn „heiliger Vater" genannt hat. Er ist beides zugleich. In seiner Nähe finden wir das Heil und die Heilung, eben weil er selbst heil(ig) ist.

Wer auf der Suche nach einem erfüllten Leben als Christ ist, kommt an Gottes Heiligkeit nicht vorbei, denn in ihr ist alle Fülle verborgen. Setzen Sie einfach einmal für das Wort „heilig" die Begriffe „heil", „ganz" oder „vollkommen" ein, die – wie wir gesehen haben – sprachgeschichtlich in engem Zusammenhang stehen und auch inhaltlich zugeordnet werden können. Wie wunderschön ist es dann, wenn der heilige Gott uns zuruft: „Seid heilig („heil", „ganz", „vollkommen"), denn ich bin heilig" (3. Mose 11,44)?

Was kommt Ihnen als Erstes in den Sinn, wenn Sie die Worte „heiliger Gott" hören? Welche Bilder sehen Sie vor Ihrem inneren Auge? Viele Christen denken an einen strengen und distanzierten Gott, der Unmögliches von ihnen erwartet. Das führt in der Folge dazu, dass Gott unnahbar und fern erscheint.

Unser Gottesbild und unser Glaube im Alltag stehen und fallen mit unserem Verständnis seines Wesens. Wagen Sie es, „Heiligkeit" mit positiven Synonymen zu ersetzen. Denken Sie „Heiligkeit" einmal als „vollkommene Schönheit", als „beispiellose Integrität" oder als „unübertroffene Liebesfähigkeit". Beschreibungen dieser Art widersprechen den Aussagen der Heiligen Schrift über das Wesen Gottes nicht. Es sind positive Darstellungen, die unser Herz berühren und die uns Zutrauen zum heiligen Gott fassen lassen, gerade weil wir diese Worte auf uns selbst nicht beziehen können. Wir sind jedoch eingeladen, vor den inneren Augen unseres Herzen zu sehen, dass sie in Gottes Nähe Realität sind.

Etwas, vor dem wir Menschen Angst haben, werden wir uns nicht nähern wollen. Jemand, der so perfekt ist, dass er uns für unsere Unvollkommenheit bestrafen möchte, wird unsere Faszination nicht wecken können. Doch ein Gott, dessen Wesen so vollkommen ist, dass es bei ihm keine Hintergedanken, keinen Egoismus und keine „dunkle Seite" gibt, dessen ganzes Wesen stattdessen heil, rein und pure Liebe ist und der uns sogar einlädt, Gemeinschaft mit ihm zu haben und seine Kinder zu werden, lässt unser Herz schneller schlagen. Gottes Heiligkeit lässt mich persönlich manchmal sprachlos und ganz klein werden und große Ehrfurcht empfinden – aber keine Angst. Ich stoße in der Begegnung mit dem heiligen Gott auf eine Liebe, die alle Furcht vertreibt (1. Johannes 4,18).

Gerne möchte ich Ihnen eine berührende Geschichte erzählen, die

Sie vielleicht schon einmal gelesen, bisher aber wahrscheinlich nicht mit der Heiligkeit Gottes in Verbindung gebracht haben.

DER ZÄRTLICHE HEILIGE

Es war die Zeit des großen Propheten Hesekiel, der zusammen mit anderen Israeliten im Jahr 598 vor Christus ins babylonische Exil verschleppt wurde. Hesekiel hatte einige erstaunliche Begegnungen mit dem heiligen Gott, von denen ich Ihnen im vorigen Kapitel bereits berichtet habe. Er sprach in seinen Prophetien viel über Themen wie Reinheit und Unschuld, zwei bedeutende Aspekte der Heiligkeit. In den Worten, die wir im sechzehnten Kapitel seines Buches finden, eröffnet er uns einen ganz besonderen Blickwinkel auf den heiligen Gott, nämlich den des zärtlich Liebenden.

Die im Folgenden zitierte prophetische Rede betrifft die Einwohner Jerusalems. Hesekiel vergleicht die Stadt mit einer untreu gewordenen Ehefrau und adressiert ihre Sündhaftigkeit. Doch zugleich beschreibt er mit wunderschönen Worten, welche Emotionen und Hingabe Gott dieser Stadt entgegenbringt. Hören Sie einmal genau zu:

> *So spricht der Herr, HERR, zu Jerusalem: Deine Herkunft und deine Abstammung sind aus dem Land der Kanaaniter; dein Vater war ein Amoriter und deine Mutter eine Hetiterin. Und was deine Geburt betrifft: an dem Tag, als du geboren wurdest, wurde deine Nabelschnur nicht abgeschnitten, und du wurdest nicht mit Wasser abgewaschen zur Reinigung und nicht mit Salz abgerieben und nicht in Windeln gewickelt. Niemand blickte mitleidig auf dich, um dir eines dieser Dinge aus Mitleid mit dir zu tun, sondern du wurdest auf die Fläche des Feldes geworfen, aus Abscheu vor deinem Leben, an dem Tag, als du geboren wurdest. Da ging ich an dir vorüber und sah dich in deinem Blut zappeln; und zu dir in deinem Blut sprach ich: Bleibe leben! Ja, zu dir in deinem Blut sprach ich: Bleibe leben, und wachse wie das Gewächs des Feldes! Und du wuchsest heran und wurdest groß, und du gelangtest zu höchster Anmut; die Brüste rundeten sich, und dein Haar wuchs reichlich; aber du warst nackt und bloß. Und ich ging wieder an dir vorüber und sah dich, und siehe, deine Zeit war da, die Zeit der Liebe; und ich breitete mei-*

nen Gewandzipfel über dich aus und bedeckte deine Blöße. Und ich schwor dir und trat in einen Bund mit dir, spricht der Herr, HERR, und du wurdest mein. Und ich wusch dich mit Wasser und spülte dein Blut von dir ab und salbte dich mit Öl. Und ich bekleidete dich mit Buntwirkerei und beschuhte dich mit Delfinhäuten, ich umwand dich mit Byssus und bedeckte dich mit Seide. Und ich schmückte dich mit Schmuck: ich legte Spangen um deine Handgelenke und eine Kette um deinen Hals, und ich legte einen Reif an deine Nase und Ringe an deine Ohren und setzte eine prachtvolle Krone auf deinen Kopf.

Hesekiel 16,1-12

Sehen Sie, mit welcher Behutsamkeit und Zärtlichkeit Gott mit denen umgeht, die er liebt? Weil er selbst vollkommen – also heilig – ist, will er denjenigen, denen seine Liebe gilt, ebenfalls Heil und Schönheit schenken. Er wäscht, kleidet und schmückt seine Braut, er spricht ihr Leben zu und geht schließlich einen ewigen Bund mit ihr ein.

Mich fasziniert, dass diese Worte nicht einfach eine Beschreibung der Emotionen Gottes seiner Stadt Jerusalem gegenüber zu einem bestimmten Zeitpunkt der Geschichte sind, sondern beim genaueren Hinschauen auch den Umgang Gottes mit uns heute zusammenfassen. In den Evangelien des Neuen Testaments wird uns nämlich eine ganz ähnliche Geschichte erzählt:

Auch wir waren einmal verloren. Und vielleicht hat es auch in unserem Fall tatsächlich niemanden interessiert, wie unser Leben weiterhin verlaufen würde. Möglicherweise wurden auch wir in unserem Leiden alleine gelassen. Doch dann hat Gott uns in unserem Schmerz gesehen und konnte es in der Barmherzigkeit, die seiner Heiligkeit entspringt, nicht ertragen, uns sterben zu lassen. Voller Liebe wusch er uns den Schmutz und den Schmerz unserer Sünde und Verlorenheit ab und schenkte uns neues Leben. Seine Liebe ging sogar noch weiter: Er machte uns zu einem Teil der Braut für seinen einzigen Sohn.

Hesekiels hört als Nächstes:

Und dein Ruf ging aus unter die Nationen wegen deiner Schönheit; denn sie war vollkommen durch meinen Glanz, den ich auf dich gelegt hatte, spricht der Herr, HERR. *Aber du vertrautest auf deine Schönheit, und du hurtest auf deinen Ruf hin und gossest deine Hurereien aus über jeden, der vorbeikam: Ihm wurde sie zuteil. Und du nahmst von deinen Kleidern und machtest dir bunte Höhen, und du hurtest auf ihnen, Dinge, die nie vorgekommen sind und was nie wieder geschehen wird.*

Hesekiel 16,14-16

In diesen drei Versen stecken gleich mehrere bedeutsame und bedauerliche Wahrheiten, die auch für uns heute relevant sind. Die Heiligkeit und Schönheit, die Gott uns schenkt, wird für andere Menschen sichtbar. Manchmal sage ich in Vorträgen den Satz „Mein Gott färbt ab". Damit meine ich dann genau das oben beschriebene Prinzip: Gottes Wesen prägt unsere eigene Persönlichkeit. Unsere eigene Heiligkeit kommt, wie schon beschrieben, nicht zuerst durch eine – wie auch immer geartete – Form von Anstrengung oder Bemühung, sondern wird uns in seiner Nähe und durch seine Liebe geschenkt. Doch im Hintergrund lauert die Gefahr, dass wir irgendwann anfangen zu glauben, diese Heiligkeit sei ein selbst erarbeitetes Stück unserer Persönlichkeit. Dann tragen wir sie vor uns her wie einen Besitz, den wir uns aus eigener Kraft erworben haben. Wir verlieren unsere Demut und vergessen, wie völlig abhängig wir in Wahrheit von Gott sind. Ohne die Nähe zum heiligen Gott fängt auch unsere Heiligkeit an, wieder geringer zu werden. Wir sind nur dann licht, wenn sein Licht auf uns fällt.

Als Redner und Autor kenne ich diese Gefahr gut. Deshalb ringe ich um meine Gebetszeiten. Sie sind fest in meinem Kalender eingetragen, und ich möchte sie mit derselben Verpflichtung berücksichtigen, wie ich das bei Terminen mit anderen Menschen tue. Ohne ein kontemplatives Leben in Gottes Nähe bleibt nicht viel, was ich anderen Menschen weitergeben könnte. Ich brauche – um mit Hesekiel 16 zu sprechen – seinen „Schmuck", damit in dem, was ich sage oder schreibe, seine Schönheit überhaupt sichtbar werden kann. Vielleicht könnte ich eine Weile lang so tun, als ob ich selbst noch immer etwas von ihr besitzen würde, aber zumindest diejenigen, die mich gut kennen, würden schnell bemerken, dass sie bereits verblasst und hinter der Fassade nicht mehr viel davon übrig ist.

Den Bewohnern Jerusalems wird in Hesekiel 16 genau dieser Vorwurf gemacht. Sie benutzen Gottes Geschenke, um sich selbst darzustellen und sich anderen Göttern anzudienen. An dieser Stelle kommt ein weiterer Aspekt der Heiligkeit Gottes ins Spiel: seine Eifersucht.

DER EIFERSÜCHTIGE HEILIGE

Eifersucht ist ein Begriff, der in der deutschen Sprache negativ belegt ist, nicht so allerdings in der Bibel. Dort meint das Verb קָנָא (qānā), welches mit „Eifersucht" übersetzt wird, vor allem, dass Gott sich für eine Sache oder Person mit großer Hingabe und von ganzem Herzen einsetzt. Dies tut er ausschließlich für Dinge oder Menschen, die ihm auf ganz besondere Art und Weise wichtig sind. So sagt Gott beispielsweise über sich selbst, dass er auch für seinen eigenen heiligen Namen eifert (Hesekiel 39,25).

Gottes Eifersucht ist ein weiterer schrecklich-schöner Teil seiner Heiligkeit. Schrecklich, weil Gott in seiner Liebe zu uns auch vor manchen drastischen Mitteln nicht zurückschreckt – wie wir an der biblischen Geschichte Gottes mit seinem Volk Israel sehen können –, und zugleich wunderschön, weil sie zum Ausdruck bringt, wie sehr er uns liebt. Er eifert wirklich um uns, wir sind ihm nicht egal. Seine Liebe ist voller Leidenschaft.

> Gottes Eifersucht ist ein weiterer schrecklich-schöner Teil seiner Heiligkeit.

An mehreren Stellen[31] der Bibel offenbart Gott seine feurige Liebe, exemplarisch möchte ich 5. Mose 4,24 aufführen, denn diese Aussage findet sich im selben Wortlaut auch im Neuen Testament, genauer: im Hebräerbrief (12,29). „Denn der HERR, dein Gott, ist ein verzehrendes Feuer, ein eifersüchtiger Gott!" Seine Liebe ist niemals lau, er liebt nie nur mit halbem Herzen. In seiner Liebe zu seinen Kindern brennt in ihm ein Feuer, das – wenn wir es zulassen – auch auf uns übergehen möchte, damit wir ihn ebenso brennend lieben.

Gott ist wahrhaftig vollkommen in seinem Wesen genauso wie in allem, was er sagt und tut. Er ist vollkommen in seiner Schönheit, vollkommen in seiner Hingabe und Liebe. Er macht uns nichts vor, sondern liebt uns von ganzem Herzen. Die Dreieinigkeit Gottes selbst ist geprägt von dieser vollkommenen Liebe: Der Vater liebt den Sohn und den Heiligen Geist über alle Maßen, ebenso liebt der Sohn den Vater und den Heiligen Geist und der Heilige Geist den Vater und den Sohn. Bei Gott gibt es nur ganze Hingabe – darauf können wir uns verlassen. Aber auch er wünscht sich von uns, dass wir ihn „von ganzem Herzen" lieben. Diese „Ganzherzlichkeit" hat für Gott die allergrößte Bedeutung, das wissen wir vom sogenannten „wichtigsten Gebot": „Du sollst den Herrn, deinen Gott, lieben mit deinem ganzen Herzen und mit deiner ganzen Seele und mit deinem ganzen Verstand" (Matthäus 22,37).

Als jemand, der vollkommen liebt, leidet Gott, wenn wir uns von ihm abwenden. Er liebt es, von uns geliebt zu werden, und er will uns unglaublich gerne seine Liebe schenken, die in der Lage ist, uns an seiner Heiligkeit und Schönheit teilhaben zu lassen. Er kann es nicht ertragen, wenn wir sie durch unsere Sündhaftigkeit verschwenden. Seine Liebe ist zu kostbar, denn sie ist ein Teil seiner selbst. Und wir sind ihm zu kostbar, als dass er zuschauen könnte, wie wir unsere Liebe an einen Götzen oder einen anderen Gott hängen. Er kann nur mit Eifersucht reagieren, wenn sein Herz verletzt wird oder das Subjekt seiner Liebe einen schädlichen Kurs einschlägt.

Wie schon erwähnt, ist die Eifersucht Gottes im biblischen Verständnis etwas durchaus Positives – das zeigt uns zum Beispiel ein Gebet des Propheten Jesaja, in dem er darum ringt, dass Gott seinem Volk gegenüber sowohl seinen Eifer als auch seine Barmherzigkeit zeigen möge. Das Fehlen des Eifers Gottes und das damit einhergehende Bewusstsein der Gottverlassenheit stellten für Jesaja einen nicht auszuhaltenden Zustand dar:

> *Blicke vom Himmel herab und sieh von der Wohnstätte deiner Heiligkeit und deiner Majestät! Wo sind dein Eifer und deine Machttaten? Die Regung deines Innern und deine Erbarmungen halten sich zurück mir gegenüber.*
>
> Jesaja 63,15

DER TREUE HEILIGE

Ohne heilig zu sein, hätte Gott keinen Anlass dazu, uns das eine zu geben, wovon wir restlos abhängig sind und worin wir selbst so oft versagen: Treue. Gott ist treu. Hat er einmal Ja gesagt, wird sich seine Zusage nicht mehr ändern. Er ist zuverlässig, weil er heilig ist. Er kann – und will – nicht über seinen Schatten springen. Wankelmütigkeit gehört überhaupt nicht zu seinen Eigenschaften.

Gott ist ein Bundesgott. Er liebt es, sich mit uns zu verbinden und eine feste, dauerhafte und erfüllende Bindung mit uns einzugehen. Hat er einmal einen Bund mit einem Menschen oder mit einem Volk geschlossen, wird er ihn nie mehr brechen – selbst dann nicht, wenn sein jeweiliger Bundespartner untreu wird. Ohne diesen besonderen Aspekt seiner Heiligkeit hätten wir keine Chance, in einer dauerhaften Beziehung zu Gott bleiben zu können, „denn wir alle straucheln oft" (Jakobus 3,2). Jede einzelne unserer Sünden führt eigentlich dazu, die Verbundenheit mit Gott abreißen zu lassen. Doch weil er heilig ist, kann er unsere Untreue in seiner Liebe vergeben und den Bund mit uns erneuern, wieder und wieder. Und obwohl Gott unsere Untreue schmerzt, gibt es bei ihm doch kein Ende der Geduld und Treue, weil er auch darin vollkommen ist. Seine Treue ist nicht abhängig von uns, sondern von ihm selbst.

Gott will mit uns verbunden bleiben. Er kann nicht anders, als uns treu zu sein. Im zweiten Brief an Timotheus schreibt Paulus, dass Gott sich selbst verleugnen müsste, wenn er uns untreu werden würde (2. Timotheus 2,13).

Kehren wir nun noch einmal zu Hesekiel 16 zurück. Im Anschluss an Gottes Wehklage über die Untreue seiner geliebten Stadt bricht es durch den Mund des Propheten einige Sätze später geradezu aus Gott heraus und sein Herz liegt offen vor uns:

> *Denn so spricht der Herr, HERR: Ja, ich will dir tun, wie du getan, die du den Eid verachtet, indem du den Bund gebrochen hast. Ich aber, ich will an meinen Bund denken, den ich mit dir in den Tagen deiner Jugend geschlossen habe, und will dir einen ewigen Bund aufrichten.*
>
> Hesekiel 16,59-60

Können Sie Gottes Schmerz nachempfinden? Er ist von der Untreue seines Volkes tief getroffen und weiß, dass er sein Bundesversprechen nun eigentlich ebenfalls brechen könnte, denn mit der Untreue einer der Partner ist der jeweilige Bund gebrochen und damit aufgelöst. Stattdessen erinnert sich Gott bewusst an die Schönheit der Zeit, in der der Bund zustande kam, und bringt zum Ausdruck, dass seine Treue zum Bund ewig bleibt. Weil er heilig ist, kann er nicht anders, als treu zu sein.

Mit den oben aufgeführten drei Aspekten der Heiligkeit Gottes wollte ich Ihnen einen etwas anderen Blickwinkel eröffnen. Ja, Gottes Heiligkeit ist gefährlich, radikal und kompromisslos und wir müssen ihr unseren Respekt zollen. Doch seine Heiligkeit ist auch unsere einzige Chance und Hoffnung. Ohne sie könnte Gott nicht Gott sein und ohne sie wären wir verloren in einer diffusen Hoffnung auf einen unberechenbaren, weil nicht heiligen Despoten.

Ich möchte Sie bitten, sich jetzt einige Minuten Zeit zu nehmen und über die verschiedenen Wesensarten Gottes nachzudenken, die Ihnen spontan in den Sinn kommen. Fragen Sie sich, ob es diese Eigenschaften Gottes überhaupt geben könnte, wenn er nicht heilig wäre. Spüren Sie ihnen bis zu ihrer Quelle nach. Ich hoffe und bete, dass es Sie in Staunen versetzen wird, wenn Sie erkennen, wie zentral und wunderschön Gottes Heiligkeit ist. Lassen Sie uns ehrfürchtig sein und zugleich dankbar.

> „Vater, ich erkenne, dass deine Heiligkeit für meine Beziehung zu dir und für mein Leben einen unschätzbaren Wert und eine tiefe Bedeutung hat. Von Herzen bete ich, dass dein Heiliger Geist mir das Wesen deiner Heiligkeit noch mehr aufschließt. Lass mich erleben, dass du eifersüchtig über mich wachst, und lass mich in den nächsten Tagen und Wochen persönlich erfahren und neu verstehen, dass dein Bund zu mir feststeht, weil du treu bist. Wecke du in mir Ehrfurcht und Staunen über dein so atemberaubendes Wesen. Amen."

Kapitel 9

Schreckliche Schönheit

Um Gott her ist schreckliche Herrlichkeit.

Hiob 37,22 (EÜ)

Seit Jahren schon fasziniert mich eine Passage aus der Heiligen Schrift besonders. Die intensive Auseinandersetzung mit den Worten aus dem vierten Kapitel der Offenbarung hat mein Verständnis von Anbetung verändert. Sie hat Einfluss auf mein Gottesbild und mich zum Staunen gebracht. Ich spreche von der Beschreibung der Geschehnisse rund um Gottes Thron.

Ich bin überzeugt davon, dass unsere Anbetung nicht mehr oberflächlich sein, sondern an Tiefe gewinnen wird, wenn wir uns vergegenwärtigen, was sich dort Tag und Nacht abspielt. Unsere Ehrfurcht vor Gott wird zunehmen, und in uns wird Dankbarkeit dafür geweckt werden, dass wir als Menschen dem dort beschriebenen, großartigen Gott begegnen dürfen.

Gerade habe ich das Buch der Offenbarung wieder einmal gelesen. Vieles davon ist mir noch immer fremd und unerklärlich, doch eines berührt mich zutiefst, nämlich die Anbetung der Engel, dieser so geheimnisvollen Wesen, und der Menschen angesichts der Heiligkeit Gottes und seines Sohnes. Es erscheint mir beim Lesen so, als ob in der Begegnung mit Gott die Kreatur mit unfassbarer Schönheit zusammenprallt.

Gott ist unfassbar schön. Tatsächlich ist seine Schönheit so groß, dass wir Menschen sie mit unseren Sinnen nicht annähernd erfassen oder mit unseren Worten beschreiben könnten. Sie kann uns einen Schrecken einjagen, weil sie unser Fassungsvermögen übersteigt und das Ausdrucksvermögen unseres Wortschatzes sprengt. Selbst der Apostel Johannes, der Jahre seines Lebens an der Seite des Sohnes

Gottes verbrachte und zahlreiche übernatürliche Geschehnisse mit eigenen Augen verfolgen durfte, findet keine adäquaten Worte, wenn er versucht, das Ausmaß von Gottes Schönheit zu schildern. Obwohl er dabei war, als Jesus auf einem Berg umgestaltet (oder verklärt) wurde und plötzlich in himmlischer Gestalt vor den Jüngern stand, ringt er später geradezu „hörbar" um Worte, um das Unfassbare, seine Sinne Übersteigende zu beschreiben.

In diese prachtvolle Szene vor Gottes Thron möchte ich Sie jetzt gerne mit hineinnehmen. Mein Wunsch dabei ist, dass die Augen Ihres Herzens sich ein Stück mehr öffnen und Sie das Staunen über Gottes heilige Schönheit neu entdecken können. Vielleicht haben Sie sich auf diese Weise noch nie einer biblischen Geschichte genähert und wissen nicht genau, wie das gehen soll. Lassen Sie mich es kurz erklären.

Die Praxis dieser Form von „betrachtendem Gebet" wird bereits sehr lange von vielen Christen angewandt und kann eine große Hilfe dafür sein, unseren Glauben zu stärken. Im 16. Jahrhundert entwickelte Ignatius von Loyola (1491-1556), ein ehemaliger Soldat, eine hilfreiche Form des kontemplativen Gebets[32], nämlich die sogenannten „Exerzitien" (von „exercitia spiritualia" = „geistliche Übungen"). Im Folgenden handelt es sich um die zweite von insgesamt vier Übungen, die ich Ihnen für Ihre Gebetszeiten im Alltag empfehle und bereits in „Brannte nicht unser Herz?" vorgestellt habe. Auch an dieser Stelle möchte ich betonen, dass im Unterschied zur Meditation in östlichen Religionen und der Esoterik die christliche Kontemplation nicht auf das „Nichts", sondern auf die Person Gottes ausgerichtet ist. Insofern ist sie ein „stilles, betendes, aufmerksames Betrachten" im Sinne von Psalm 27,4, wo David seinen Herzenswunsch zum Ausdruck bringt: „Eins habe ich vom HERRN erbeten, danach trachte ich: zu wohnen im Haus des HERRN alle Tage meines Lebens, um anzuschauen die Freundlichkeit des HERRN und nachzudenken in seinem Tempel." Auch an anderen Stellen der Bibel finden wir Aussagen, die uns ermutigen, über Gottes Wort und seine Taten nachzudenken und sie zu betrachten.[33]

Es geht bei unserer Übung darum, sich in der Stille in eine Person aus den biblischen Berichten zu versetzen, die eine Begegnung mit Jesus hatte. Auf diese Art sollen Sie „miterleben", wie dieser Mensch sich wohl gefühlt hat und wie es für ihn war, Jesus zu begegnen. Solch eine Innenbetrachtung einer biblischen Szene ist nicht gleichzusetzen mit Autosuggestion oder etwa einer esoterischen Geistreise. Vielmehr handelt es sich um eine stille, aber gleichzeitig aufmerksame Betrachtung dessen, was wir in der Heiligen Schrift lesen. Durch die Identifikation mit der Person, die im jeweiligen Bericht eine Begegnung mit Jesus hat, tauchen wir tiefer in das Geschehen ein und erleben so ein Stück weit nach, wie gnädig, herrlich und gut Jesus ist. Manche Handlung wird uns vielleicht noch skandalöser als zuvor erscheinen, wenn wir sie auf diese Weise miterleben.[34]

In unserem Fall beschäftigen wir uns im Folgenden nicht primär mit der Person Jesu, sondern mit Gott dem Vater und dem wundervollen Geschehen an dem Ort, von dem alle Schönheit ausgeht. Die Herangehensweise entspricht aber der oben zitierten. Wir schlüpfen in diesem Fall in die Rolle des Apostels Johannes. Lassen Sie uns beginnen. Werden Sie ein Teil der Geschichte und schauen Sie die Schönheit an, die Gott umgibt.

DER THRON GOTTES

Im Buch der Offenbarung beschreibt Johannes, wie er von einem Augenblick auf den nächsten in den Himmel versetzt wird.[35] Stellen Sie sich jetzt einmal vor, Sie wären Johannes, der vielleicht gerade betet und dann das Folgende erlebt:

Ganz unvermittelt geschieht etwas mit Ihnen, das Sie noch niemals zuvor erlebt haben. Sie tauchen in eine Realität ein, die Ihnen bis jetzt verborgen geblieben ist. Was Sie vor sich sehen, ist keine Einbildung, Sie wissen, dass der Heilige Geist Sie an diesen Ort geführt hat. Langsam heben Sie Ihren Blick und sehen etwas, wofür Ihr Verstand keine Referenz und keinen Vergleich findet. Die Szene ist anziehend und erschreckend zugleich. Sie ist geheimnisvoll und im selben Augenblick wunderschön. Sie schauen genauer hin.

Auf einer unendlichen, grenzenlos scheinenden Fläche steht inmitten des hellsten Lichtes, das Sie sich vorstellen können, ein Thron. Es ist kein hölzerner Thronstuhl, sondern ein mächtiges Gebilde aus Stein, gearbeitet aus etwas, das vielleicht Alabaster sein könnte. Sie können nicht mit Sicherheit sagen, ob der Thron auf einem festen Boden steht oder ob er mitten in dem reinen Weiß des alles ausfüllenden Lichtes schwebt. Doch wird Ihnen beim Anblick dieser Szene deutlich: Er befindet sich in einer anderen Dimension – dem Himmel.

Sie stehen etwas von dem gewaltigen Thron entfernt und erkennen, dass jemand darauf sitzt. Sie wissen, dass es Gott ist, doch können Sie ihn zwar sehen, aber nicht wirklich erfassen oder gar beschreiben. Er ist da, aber Sie haben keinen Vergleich und keine Worte, um zu schildern, was Sie wahrnehmen. Er ist wunderschön und strahlt etwas aus, das Sie denken lässt: „Ich schaue auf die perfekte, vollendete Schönheit." Am ehesten würden Sie ihn mit einem unbezahlbaren, überaus wertvollen, kristallhellen und zugleich lebendigen Edelstein vergleichen, obwohl Sie spüren, dass der Vergleich eines toten Objekts mit demjenigen, der auf dem Thron sitzt und von dem Sie sich sicher sind, dass er das Leben selbst in sich trägt, hinkt.

> „Ich schaue auf die perfekte, vollendete Schönheit."

Der leuchtende Thron ist umgeben von einem gewaltigen Regenbogen, der in allen Spektralfarben und in einer Klarheit leuchtet, wie Sie es auf der Erde niemals gesehen haben. Mit dem Thron im Zentrum öffnen sich Ihren Augen weitere erstaunliche Perspektiven. Nach und nach erkennen Sie, dass rundherum insgesamt vierundzwanzig weitere kleinere Throne stehen, auf denen vierundzwanzig Menschen sitzen. Ihre Schönheit reicht bei Weitem nicht an die Gottes heran, dennoch sind auch sie umgeben von einer Atmosphäre der Reinheit, Würde und des Friedens. Sie sind mit einer Art weißem Gewand bekleidet und jeder von ihnen trägt einen goldenen Kranz auf dem Kopf, wie sie früher den Siegern großer Wettkämpfe verliehen wurden. Irgendwie wissen Sie: Dort sitzen Menschen, die etwas Unfassbares erreicht haben und die zum Lohn dafür in der Nähe dessen sein dürfen, der auf dem Thron sitzt.

In die Ruhe der vor Ihnen liegenden Szene hinein bricht plötzlich eine Art Unwetter: Direkt aus dem gewaltigen Steinthron werden Blitze in die Atmosphäre geschleudert. Unfassbar lauter Donner grollt durch den Himmel und Sie hören etwas wie laute Stimmen, die scheinbar mit den Blitzen und dem Donner verbunden sind und ebenfalls vom Thron ausgehen. Davor tauchen sieben riesige Feuerfackeln auf, lodernd und – wie Sie mit einem Mal erkennen – lebendig. Im Licht dieser gewaltigen Feuerfackeln fällt Ihr Blick auf etwas wie ein Meer aus Glas, das weiter reicht, als Ihre Augen schauen können.

Auf einmal nehmen Sie eine Bewegung wahr: Vier geheimnisvolle Wesen mit gewaltigen Flügeln, von denen eines einem Löwen, das nächste einem Stier, das dritte einem Adler, das letzte einem Menschen ähnlich ist, schweben um den Thron. Diese Wesen sind über und über und selbst in ihrem durchscheinenden Inneren mit Augen bedeckt. Doch nicht nur das, sie bewegen sich sogar durch den Thron hindurch. Die Grenzen der uns Menschen bekannten Physik sind aufgehoben, nichts von dem, was Sie sehen, kann von Ihrem Verstand wirklich analysiert oder kategorisiert werden.

Beim genaueren Hinschauen wird Ihnen klar, dass jedes einzelne der unzählbaren Augen der vier himmlischen Wesen auf den gerichtet ist, der auf dem Thron sitzt: Gott. Sie verstehen plötzlich, dass die Wesen deshalb so viele Augen haben, weil die Schönheit und Herrlichkeit Gottes zu groß ist, als dass man sie mit nur zwei Augen überhaupt erfassen könnte. Diese vier Gestalten sind offenbar dafür geschaffen, Gott zu bestaunen.

Doch die Wesen tun auf ihrem Weg durch und um den Thron herum noch etwas anderes, als nur zu schauen: Sie rufen! Als Reaktion auf Gottes Schönheit können sie ganz deutlich erkennbar nicht anders, als immer wieder und ohne Unterbrechung, bei Tag und Nacht, auszurufen: „Heilig, heilig, heilig, Herr, Gott, Allmächtiger, der war und der ist und der kommt!"

Bei jedem dieser Ausrufe der Ehrerbietung und Anbetung der geheimnisvollen Wesen reagieren die würdevollen Ältesten: Sie erheben sich von ihren Thronen, werfen ihre Siegeskränze vor Gott nieder und fallen vor ihm auf die Knie. Ihnen wird deutlich: Die Ältesten haben angesichts der Gewalt des Geschehens gar keine andere Wahl, als auch das noch vor Gott hinzuwerfen, was er selbst ihnen verliehen hat. Sie werfen nicht nur ihre Kronen nieder, sondern ihr ganzes Sein.

Zu schön, zu schrecklich, zu erhaben ist Gott auf seinem Thron, als dass irgendjemand vor ihm gelassen bleiben und sich nicht vor ihm niederwerfen könnte. Aus dem Mund der vor dem Thron Gottes liegenden Ältesten hören Sie Worte der Anbetung: „Du bist würdig, unser Herr und Gott, die Herrlichkeit und die Ehre und die Macht zu nehmen, denn du hast alle Dinge erschaffen, und deines Willens wegen waren sie und sind sie erschaffen worden" (Offenbarung 4,11).

> Zu schön, zu schrecklich, zu erhaben ist Gott auf seinem Thron, als dass irgendjemand vor ihm gelassen bleiben und sich nicht vor ihm niederwerfen könnte.

Lassen Sie uns die Betrachtung an dieser Stelle beenden. Sie können sie gerne zu einem anderen Zeitpunkt wiederholen oder fortführen. Mein Ziel war es, anhand dieser Geschichte aufzuzeigen, dass Gott wunderschön ist. Er ist in seiner Heiligkeit sogar zu schön, als dass wir ihn beschreiben könnten. Selbst dem Apostel Johannes, der zur Zeit dieser außergewöhnlichen Erfahrung schon sehr lange gläubig war und die Wunder Jesu hautnah miterlebt hatte, fehlten die adäquaten Worte, obwohl er mit seinen eigenen Augen sehen konnte, was wir noch nicht sehen. Diese Schönheit ist es, die auf uns alle wartet. Sie ist atemberaubend, absolut fesselnd und höchst faszinierend. Fraglos ist Gott nicht langweilig, er ist überwältigend.

Wie geht es Ihnen bei dem Gedanken, Sie könnten diese Szene persönlich beobachten? Würden Sie sich gelangweilt abwenden oder Ihren eigenen Gedanken nachhängen, wenn Sie sehen könnten, was Johannes damals gesehen hat? Oder würden Sie zu Boden fallen und sich fragen, was Sie in der unmittelbaren Gegenwart Gottes eigentlich verloren haben und wie es sein kann, dass die absolute Reinheit der Szene Sie in ihrer befleckten Kreatürlichkeit nicht einfach verzehrt und umbringt? Würde Ihnen etwas anderes einfallen, als ihn anzubeten und mit König David auszurufen: „Ehrfurchtgebietend bist du, o Gott, in deinem Heiligtum" (Psalm 68,36; NGÜ)?

AN SEINE HEILIGKEIT GEWÖHNT?
Während ich diese Fragen aufschreibe, steigen Tränen in meine Augen. Denn alle Engel und die seltsamen Wesen sowie die geheimnisvollen Ältesten reagieren in Gottes Nähe ausschließlich mit Ehrfurcht und Anbetung. Denken Sie jetzt im Vergleich dazu noch einmal an unsere Gottesdienste. Wir behaupten zwar, dass wir Gott dort begegnen, doch scheint diese Begegnung wenig Ehrfurcht, Kapitulation oder echte Herzensanbetung in uns zu wecken. Das Staunen über die Heiligkeit Gottes ist uns verloren gegangen. Gott ist uns zum Gewohnten geworden. Oder ist es vielleicht gar nicht Gott, an den wir uns da gewöhnt haben?

Die Serafim vor dem Thron hören Tag und Nacht nicht auf, Gott anzubeten (Offenbarung 4,8); ganz offenbar reichen ihre vielen Augen nicht aus, um sich an seiner Schönheit sattsehen zu können. Nicht einmal sie gewöhnen sich an Gott, weil er in seiner Heiligkeit unfassbar und unendlich schön ist. Könnten wir doch nur sehen, was sie sehen!

Eine traurige Armut und Hilflosigkeit liegen über so manchen Kirchengemeinden. Programme und Aktivitäten können das staunende Erleben der Heiligkeit Gottes einfach nicht ersetzen. Das Kopieren der neuesten Trends führt nicht unbedingt zum gleichen Ergebnis. Jeder Einzelne von uns und jede Gemeinde muss sich selbst aufmachen, Gott zu suchen. Wir alle brauchen Gottes heilige Gegenwart. Haben nicht auch Sie den Wunsch, dass unsere Gottesdienste diesen Gott und seine unfassbare Größe, Schönheit und Herrlichkeit widerspiegeln? Dass wir aus aufrichtiger Ergriffenheit auf die Knie fallen, dass wir nicht anders können, als – auch ohne Aufforderung – immer wieder mit den Engeln und Ältesten zu sagen: „Heilig, heilig, heilig"?! Dafür brennt mein Herz, das möchte ich in unseren Kirchen wieder neu erleben. Aber auch unsere individuellen, persönlichen Zeiten mit Gott sind oftmals zu einer Art Ritual geworden. Wir tun zwar die richtigen Dinge, wie in der Bibel zu lesen, anzubeten und Fürbittegebete zu sprechen, doch unser Herz und unsere Gedanken sind oftmals zur gleichen Zeit fern von Gott.

Ich bin zutiefst der Auffassung, dass nur und allein in dieser echten, lebensverändernden und wiederkehrenden Begegnung mit dem heiligen Gott eine dauerhafte Belebung unseres persönlichen Glaubenslebens initiiert wird und allein darin auch die Antwort liegt, die wir Christen auf die weltumspannenden sozialen und ideologischen Veränderungen geben können. Wenn die christliche Kirche nicht weiter in den Hintergrund gedrängt werden will, muss eine Bewegung des Suchens nach Gott beginnen. Die persönliche Erfahrung der Heiligkeit Gottes hat mich geprägt. Bestimmte Dinge möchte ich nicht mehr tun, weil mir seine Heiligkeit so kostbar ist. Und es fällt mir schwer, wenn ich sehe, dass durch ein gut gemeintes, doch aus meiner Sicht falsches Verständnis von Gottes Wesen manche Gottesdienste zu einer Art frommem Happening werden, in denen Gott abwechselnd wie ein zu feiernder Rockstar und ein schulterklopfender Kumpel behandelt wird.

Die Gegenwart des heiligen Gottes, von dem die Bibel spricht, ist das Schönste und Größte, das ein Mensch erleben kann. Gottes Heiligkeit wirkt auf uns ein, wenn wir sie suchen und zulassen, dass sie uns verändert. Sie ist in der Lage, unser Leben zu einem Zeugnis für die Menschen um uns herum zu machen. Die Schönheit seiner Heiligkeit ist erschreckend und attraktiv zugleich – ich glaube, wenn sie in unsere Kirchen zurückkehrt, werden auch die Menschen zurückkommen, denn wir alle werden angezogen vom Übermächtigen, das zu groß und herrlich für uns ist. Ein unbekannter Dichter hat es einmal so zum Ausdruck gebracht: „Vor dem mir graut – zu dem mich drängt."

Gottes Heiligkeit ist schrecklich und schön zugleich. In der Begegnung mit ihr fallen unsere Masken ab, und wir werden dazu herausgefordert, unseren Lebenswandel zu überdenken. Doch zugleich sind wir in der Nähe des heiligen Gottes auch umgeben von einer so gewaltigen und strahlenden Schönheit, dass sich immer wieder ein Teil davon in unsere Herzen schleicht und uns Jesus ähnlicher werden lässt.

Warum beten wir nicht an dieser Stelle?

> „Vater, ich erkenne, dass auch mein persönliches Gespräch und meine Beschäftigung mit deinem Wort manchmal von Langeweile geprägt sind. Ich habe mich an das Bild, das ich von dir habe, gewöhnt und

bin dabei stehen geblieben. Von Herzen bitte ich dich, dass du mir begegnest und in mir ein Feuer der Liebe für dich anzündest, wie es in deinem Herzen für mich brennt. Bitte befreie mich von der Langeweile und lass mich dir begegnen. Ich bitte dich, mich in deine Gegenwart zu ziehen und mich täglich daran zu erinnern, welche Schönheit mich dort erwartet. Amen."

DEM HEILIGEN BEGEGNEN

Vielleicht fragen Sie sich mittlerweile, wie man dem Heiligen konkret begegnen kann. Martin Luther hat es im Großen Katechismus gut auf den Punkt gebracht: „Einen Gott haben ist nichts anderes denn ihm von Herzen trauen." Begegnen wir Gott, hat das durchaus mit einem Erschrecken zu tun, aber dabei bleibt es nicht. Könnten wir Jesaja, Hesekiel oder Johannes danach fragen, wie sie ihre Begegnung mit dem heiligen Gott im Nachhinein beschreiben würden, würde wohl keiner beim Eindruck seiner Furcht stehen bleiben. Ich stelle mir vor, dass sie eher so antworten würden: „Zuerst habe ich mich sehr gefürchtet, aber dann hat er zu mir gesagt, ich bräuchte mich nicht zu fürchten. Er hat mein Gesicht zu sich gehoben, und was ich dann gesehen habe, kann ich nicht beschreiben. Er ist wunderschön."

Der Schrecken der Konfrontation mit dem Heiligen, wenn wir Gott in unserem Alltag begegnen, wird durch das große „Fürchte dich nicht" Jesu zum lebensverändernden Staunen über seine Schönheit. Wer diese Schönheit einmal wahrgenommen hat, wird die Begegnung mit dem Heiligen immer wieder suchen, obwohl im Licht von Gottes Heiligkeit die eigene Unheiligkeit umso stärker sichtbar wird. Doch die Schönheit seiner Heiligkeit ist so unvergleichlich anziehend, dass der Mensch nicht anders kann, als mehr von ihr zu wollen, und dies gilt nicht nur für die besonderen Momente des Gebets, sondern auch für das Alltagsleben.

> Der Schrecken der Konfrontation mit dem Heiligen wird durch das große „Fürchte dich nicht" Jesu zum lebensverändernden Staunen über seine Schönheit.

Wie ich weiter oben geschrieben habe, werden wir nur in der Nähe unseres Gottes umgestaltet und verändert, „geheiligt". Paradoxerweise ist dies zugleich der Ort, der eigentlich am gefährlichsten für uns Sünder sein müsste. Doch Gott ruft uns in seine Nähe, um uns heilig, um uns heil zu machen. Seine Heiligkeit färbt sozusagen auf uns ab. Paulus hat dies so beschrieben: „Wir alle aber schauen mit aufgedecktem Angesicht die Herrlichkeit des Herrn an und werden so verwandelt in dasselbe Bild von Herrlichkeit zu Herrlichkeit, wie es vom Herrn, dem Geist, geschieht" (2. Korinther 3,18).

Gott sagt uns fest zu, dass er derjenige ist, der uns heiligt. In Paulus' Worten zeigt uns der Heilige Geist den einen Weg zur Heiligung, der vor allen anderen steht, die ich später noch thematisieren werde. Wenn wir die Aussage Martin Luthers noch einmal heranziehen und auf den obigen Vers anwenden, wird deutlich, was für ein Angebot Gott uns macht. Es ist fast zu groß, um es mit dem Verstand erfassen zu können: Gott lädt uns in unserer Unheiligkeit ein, ohne Masken und in kindlichem Vertrauen zu ihm in seine heilige Gegenwart zu kommen, um dort transformiert zu werden. Frommes Gehabe ist ihm völlig unwichtig. Er will *uns* begegnen und nicht dem polierten Heiligenbild unserer selbst, das wir so gerne vor uns hertragen. Wir dürfen und sollen echt vor ihm sein.

Wenn Paulus vom „aufgedeckten Angesicht" schreibt, bedeutet dies, dass wir ohne Scham vor Gott stehen dürfen – trotz unseres immer wieder neuen Versagens. Wir dürfen ihn offen anblicken. Der Zugang zum heiligen Gott basiert – wie Luther unterstreicht – auf Vertrauen. Noch genauer gesagt, auf dem Vertrauen darauf, dass er uns aufgrund der Tatsache, dass wir ein für alle Mal durch das Blut seines Sohnes gerechtfertigt sind, nicht ablehnen, sondern unser Gesicht zu sich aufheben und uns die Worte zusprechen wird, die uns ganz entlasten: „Fürchte dich nicht."

Gott ist heilig, doch gerade aus diesem Grunde kann er auch barmherzig sein. Er lebt in der Fülle von Schönheit, Gerechtigkeit und Reinheit. Statt am Ende dieses Kapitels zu beten, hören Sie einmal hin, was er Ihnen sagt:

„Schau mich genau an. In meinen Augen und an meinem ganzen Wesen sollst du erkennen, dass es Vollkommenheit tatsächlich gibt. Bleib in meiner Nähe stehen, denn hier wird dein eigenes Wesen verändert werden. In meiner Gegenwart schenke ich dir etwas von meiner eigenen Heiligkeit. Hier bei mir ist der Ort, an dem auch du heil wirst. Und was du siehst, ist die Zukunft, die vor dir liegt. Wenn du einmal ganz bei mir sein wirst, wirst auch du völlig heilig sein. Es wird kein Fallen, keine Sünde, keine Schmerzen und keine Tränen mehr geben – nur noch Schönheit."

Kapitel 10

Das menschliche Angesicht des heiligen Gottes

Ich glaube, ein Teil der Mission Jesu auf dieser Erde bestand darin, uns das menschliche Angesicht des himmlischen Vaters zu offenbaren.

David Wilkerson[36]

Immer wieder einmal tauchen in mir Fragen an Gott auf. Manchmal kann ich nicht nachvollziehen, was er sagt oder tut, und es gibt Zeiten, da kann ich ihn nicht verstehen. In diesen Phasen tue ich jeweils ein und dasselbe: Wenn ich den unfassbaren, ewigen und geheimnisvollen Gott nicht fassen kann, wende ich mich den Evangelien zu. In diesen Momenten brauche ich es, den Sohn Gottes anzuschauen, ihm zuzuhören und in seinem Handeln zu beobachten. Ich richte dann mein Augenmerk ganz besonders auf den „Gott zum Anfassen", der sich in Jesus Christus gezeigt hat.

Was von David Wilkerson treffend formuliert wurde, hat Jesus mit den folgenden schlichten und zugleich revolutionären Worten zum Ausdruck gebracht: „... wer mich sieht, sieht den, der mich gesandt hat" (Johannes 12,45).

Jesus ist Gottes Abbild und er ist völlig eins mit dem Vater. Wenn auch Sie Phasen in Ihrem Glaubensleben kennen, in denen Sie verunsichert sind, schauen Sie Jesus genau an und beobachten Sie während des Lesens der Evangelien sein Verhalten im Umgang mit den Menschen. Unsere Fragen zu Gottes Denken, Sprechen und Handeln finden immer wieder aufs Neue ihre Antwort in Jesus, selbst wenn sich nicht alle Unsicherheiten auflösen lassen. Denn auch Jesus hat geheimnisvolle oder überraschende, manchmal sogar verstörende Dinge gesagt oder getan. Doch beruhigen seine Worte und sein Umgang mit den Sündern jedes Mal mein Herz, wenn ich mich mit ihnen beschäftige. Sehen wir auf ihn, sehen wir zugleich Gottes Angesicht. Wir sehen außerdem seine unfassbar tiefe Liebe zu Gott und zu uns Menschen.

Jesu Leben ist das herausragendste Beispiel dafür, was es heißt, ein heiliges Leben zu führen. Auch unter diesem Blickwinkel lohnt es sich, die Evangelien einmal durchzulesen. Er war während seines irdischen Lebens ganz im Hier und Jetzt. Die aus himmlischer Sicht und im Licht der Ewigkeit betrachtet so kleinen Probleme der Menschen haben ihn, der ewig ist und durch den alles geschaffen wurde, dennoch wirklich berührt und nicht kaltgelassen. Zugleich aber war er stets fest mit dem heiligen Gott verbunden. Jesus lebte ein abgesondertes Leben und seine absolute Priorität war die tiefe Verbundenheit mit seinem Vater. Erinnern Sie sich nur an die Geschichte des zwölfjährigen Jesus, der seinen Eltern erklärte, er müsse im Haus des Vaters sein (Lukas 2,39-52).

Jesus lebte in der gleichen Spannung, in der wir als seine Nachfolger leben. Vergessen wir nicht, dass er mit denselben Versuchungen zu kämpfen hatte wie wir. Dennoch hat er sich immer wieder neu dafür entschieden, nicht den Weg der Sünde zu gehen, sondern heilig zu leben. Das beeindruckt mich zutiefst, und ich stelle mir die Frage, wie er als Mensch solch ein Leben führen konnte. Wenn ich mir sein Leben dann genauer anschaue, fällt mir auf, dass seine Beziehung zum Vater und die Liebe, die er Gott gegenüber empfunden hat, offenbar viel größer waren, als es meine sind. Diese Beobachtungen lassen mich erneut zu dem Schluss kommen, dass der Versuch, ein heiliges Leben zu führen, umso erfolgreicher ist, je besser wir Gott kennen und lieben. Je näher wir Gott in unserem Alltag sind, desto leichter wird es uns fallen, nicht zu sündigen.

Ein heiliges Leben entsteht aus der Intimität mit Gott, zu der wir uns allerdings entscheiden und die wir suchen müssen – so wie Jesus es getan hat. Er wusste um die unfassbare Schönheit Gottes, die uns die Bibel immer wieder beschreibt. Ich kann mir vorstellen, dass ihm in jeder Versuchung der Gedanke an den Vater und dessen Liebe dabei geholfen hat, zu überwinden und anstelle der Sünde die Nähe zum Vater zu wählen. Hierin liegt für mich der Schlüssel eines heiligen Lebens im Alltag, über das wir im dritten Teil dieses Buchs ausführlicher sprechen werden. Wenn Jesus die Sünde dadurch überwinden konnte, dass er ganz in Gottes Nähe gelebt hat, dann ist dies auch der Weg für uns Christen heute.

Sein Lebensstil hat sich so deutlich von dem der Menschen im damaligen Palästina unterschieden, dass sein eigener Jünger Petrus irgendwann aus tiefstem Herzensgrund bekennen musste: „Und wir haben geglaubt und erkannt, dass du der Heilige Gottes bist" (Johannes 6,69).

Irgendwann kam im Leben der Jünger der Moment, an dem sie erkannten: Der Rabbi Jesus von Nazareth ist nicht einfach nur ein Prophet und Wundertäter, er ist auch nicht nur ein heiliger Mann, wie es beispielsweise Elia war, sondern er ist ganz und gar außergewöhnlich. Er ist völlig anders als alle, die zuvor im Namen oder Auftrag Gottes zu Israel gekommen sind. Er ist direkt mit Gott verbunden und er hat Anteil an dessen Heiligkeit. Ja, Jesus ist der Heilige selbst.

Mit dem Kommen Jesu bricht das eigentlich völlig Unmögliche und Unfassbare in unsere Welt hinein, das jedoch prophetisch schon bei den Begegnungen Jesajas oder Hesekiels mit dem heiligen Gott angeklungen ist: Gott kommt in seiner Heiligkeit persönlich auf die Erde, um das Unheilige, Kranke und Schwache zu berühren und es durch diese Berührung zu reinigen und zu heilen. Seine Heiligkeit führt dazu, dass Menschen heil werden. Und dass Menschen sich heiligen lassen und von der Sünde Abstand nehmen.

HEILIG LEBEN

Jesus lebte nicht nur selbst ein heiliges Leben, sondern lehrte auch darüber, wie wir dies tun können. Das vielleicht berühmteste Beispiel dafür finden wir in der Bergpredigt. Die Worte Jesu, die er vor einigen Tausend Zuhörern und unter freiem Himmel gesprochen hat, gehören wohl zu den herausforderndsten Aussagen im Neuen Testament. Es ist faszinierend und frustrierend zugleich, sich ihnen zu stellen. Vielleicht reagieren Sie beim Lesen der Bergpredigt wie ich und denken: So ein Leben kann ich nicht führen, das schaffe ich nie! Und tatsächlich ist es wahr: Aus unserer eigenen Kraft werden wir nie ein heiliges Leben führen können.

Ist Ihnen schon einmal der folgende Gedanke gekommen: Könnte es sein, dass Jesus seinen Zuhörern ganz bewusst die Diskrepanz zwischen dem für Menschen Machbaren und dem Heiligen vor Augen geführt hat? Wollte er in den damals Anwesenden möglicherweise genau die Reaktion wecken, die auch in uns aufsteigt, wenn wir das fünfte Kapitel des Matthäusevangeliums lesen? Wollte er gar die entscheidende Erkenntnis hervorrufen, die uns Menschen ein heiliges Leben erst ermöglicht, nämlich dass es ohne Gottes Hilfe völlig unmöglich ist?

Ich bin auf einen interessanten Zusammenhang gestoßen, der diese These stützt: Nachdem Jesus seine Predigt beendet hat, tut er etwas, das wie eine Weiterführung der Bergpredigt erscheint und ausdrückt, dass für uns Menschen ein heiliges Leben aus eigener Kraft unmöglich ist:

Als er aber von dem Berg herabgestiegen war, folgten ihm große Volksmengen. Und siehe, ein Aussätziger kam heran und warf sich vor ihm nieder und sprach: Herr, wenn du willst, kannst du mich reinigen. Und er streckte die Hand aus, rührte ihn an und sprach: Ich will. Sei gereinigt! Und sogleich wurde sein Aussatz gereinigt.

Matthäus 8,1-3

Der heilige Mensch und Lehrer der Gerechtigkeit Jesus Christus tut das für die damaligen Menschen Undenkbare, Verbotene: Er berührt einen mit Aussatz bedeckten Menschen. Er, der rein ist, berührt den Unreinen und befreit ihn von seiner Unreinheit, von der er sich selbst nicht befreien kann. Nicht die Unreinheit geht auf den reinen Menschen über, wie es eigentlich zu erwarten wäre, sondern das Gegenteil geschieht. Das Heile berührt das Kranke und macht es gesund.

Gehen wir noch einmal zur Bergpredigt zurück: Jesu Worte vom rechten Halten des Gesetzes, über das Töten, Ehebrechen, Schwören, Vergelten und die Feindesliebe, das Geben von Almosen, das Beten und Fasten, über das Schätzesammeln und Sich-Sorgen-Machen, das Richten und Tun des göttlichen Willens lassen die Hörer möglicherweise mit dem Gefühl zurück, einem Heiligen gelauscht zu haben, der Unmenschliches von ihnen verlangt. Wohl jeder der Versammelten fühlte sich überfordert und innerlich so unrein und aussätzig, wie es der Kranke, den Jesus anschließend heilte, äußerlich war. Im Matthäusevangelium wird die Reaktion der Zuhörer auf die Worte Jesu folgendermaßen beschrieben: „Und es begab sich, als Jesus diese Rede vollendet hatte, dass sich das Volk entsetzte über seine Lehre" (Matthäus 7,28; LUT84).

Im direkten Anschluss an seine Worte und noch unter dem Eindruck der eigenen Unreinheit sehen sie dann wenig später erstaunt zu, wie dieser Heilige etwas völlig Unerwartetes tut: Er berührt das Unreine. Ein Wort von Jesus hätte – wie es bei ähnlichen Heilungen der Fall war – völlig genügt. Er hätte den wegen seines Aussatzes aus der Gemeinschaft der Gesunden ausgestoßenen Mann nicht berühren müssen, aber er tat es trotzdem. In diesem Moment berührt das Vollkommene das Zerbrochene, das Heile trifft auf das Kranke, das Heilige auf das Unreine.

Aus Jesu Leben und Handeln lässt sich ableiten, dass gerade das Heilige die Tendenz hat, seine Heiligkeit an diejenigen weiterzugeben, denen sie am meisten fehlt. Gott verschenkt sich in Jesus und lässt uns Anteil an seiner Heiligkeit haben. An Jesus erkennen wir, dass die Aussage Gottes „Seid heilig" auch als Zuspruch und Hinweis auf ein heiles Leben verstanden werden kann. Wenn das Heilige das Unreine berührt, geschieht Heilung – äußerlich, aber auch innerlich. Stellen Sie sich einmal vor, mehr und mehr Menschen würden in Berührung mit Gottes Heiligkeit kommen und dadurch selbst heil(ig) werden. Würde dann nicht auch in ihnen das Verlangen entstehen, andere Menschen zur Heiligkeit zu führen? Welche Auswirkungen könnte dies auf unsere Gesellschaft haben?

Vielleicht wollte Jesus seinen Zuhörern damals gerade deutlich machen, dass er auch ihre innere Unreinheit und Unfähigkeit, ein heiliges Leben zu führen, heilen möchte. Denn wir können aus uns selbst heraus nicht heilig leben, wir brauchen die Berührung des Heiligen. Nur der Sohn Gottes kann uns rein machen. Alle Selbstversuche, ein heiliges Leben zu führen, werden scheitern, nur die Hinwendung an den Heiligen Gottes selbst kann uns helfen. Diesen Weg sollten wir beschreiten.

Ich möchte Sie gerne wieder in ein Gebet hineinführen. Denken Sie vorher noch einmal über Ihre Versuche nach, heilig zu leben, ohne dies aus der Gnade Gottes heraus getan zu haben. Bringen Sie Jesus Ihre gute Absicht und Ihr Scheitern. Er hat alle diese Versuche gesehen und schätzt sie so sehr. Doch jetzt ist er da und möchte Sie unterstützen und begleiten. Er kann auch die Blockaden lösen, die Sie immer wieder über die gleichen Sünden stolpern lassen. Jesus kann Sie heilen und auf den Weg echter Heiligung führen.

„Jesus, wenn ich mein Verhalten in meinem beruflichen oder familiären Alltag betrachte, könnte durchaus ein bitteres, manchmal sogar sarkastisches Lachen in mir aufsteigen. Ich könnte mich mit so einigen Attributen beschreiben, doch ‚heilig' würde in meiner Liste nicht unbedingt auftauchen. Was mir bleibt, ist, mich wie der Aussätzige in der Geschichte an dich zu wenden und zu sagen: ‚Wenn du willst, kannst du mich reinigen.' Ich strecke dir mein unreines, unheiliges Herz entgegen, bitte heile es. Bitte heilige mich. Amen."

GELIEBTE GOTTES

Der Versuch, aus eigener Entscheidung und menschlicher Stärke heilig zu handeln, birgt eine große Gefahr in sich: die Gefahr der Gesetzlichkeit. Wenn sich unser Handeln nicht aus unserem Sein als Geliebte Gottes speist, sind wir allein von unseren persönlichen und menschlichen Kräften sowie von unserem eigenen Willen abhängig. Doch unsere Kraft und unser Wille sind jeden Tag unterschiedlich stark. Mal kann es uns durchaus gelingen, den Anschein von Heiligkeit an den Tag zu legen, doch schon am nächsten Tag stehen wir vielleicht mit schlechter Laune auf und reagieren bereits beim Frühstück ganz unheilig auf eine Bemerkung eines unserer Familienmitglieder. Wahre, aus dem Sein gespeiste Heiligkeit ist stabiler als Leben aus eigener Kraft. Selbst dann, wenn wir schlechte Laune haben, werden wir doch so reagieren können, wie Jesus es in der betreffenden Situation getan hätte, auch wenn unsere „Trefferquote" niemals die hundert Prozent erreichen wird.

Schauen wir noch einen weiteren Bericht an, der zeigen soll, wie Jesus sich für den Weg der Heiligkeit entschied, statt seine eigenen Bedürfnisse in den Vordergrund zu stellen. Selbst in einer ungeplanten Stresssituation wurde das Heilige in Jesus so angerührt, dass es sein Handeln bestimmte und er sich ganz verschenken konnte. Jesus und seine Jünger hatten intensive Tage hinter sich. Einige Zeit zuvor war Johannes der Täufer gefangen genommen und schließlich von Herodes, der damals über Galiläa herrschte, enthauptet worden. Der Schmerz über den Tod seines Cousins war sicher groß. Dazu kamen die Jünger gerade von ihrer ersten Predigtreise zurück und wollten ihm all die erstaunlichen Geschichten erzählen, die sie erlebt hatten. Und ständig strömten Menschen zu Jesus, um von ihm geheilt zu werden!

> *Und die Apostel versammeln sich zu Jesus; und sie berichteten ihm alles, was sie getan und was sie gelehrt hatten. Und er sprach zu ihnen: Kommt, ihr selbst allein, an einen öden Ort und ruht ein wenig aus! Denn diejenigen, die kamen und gingen, waren viele, und sie fanden nicht einmal Zeit, um zu essen. Und sie fuhren in einem Boot allein an einen öden Ort; und viele sahen sie wegfahren und erkannten sie und liefen zu Fuß von allen Städten dorthin zusammen und kamen ihnen zuvor. Und als Jesus aus dem Boot trat, sah er eine große Volksmenge und wurde innerlich bewegt über sie; denn sie waren wie Schafe, die keinen Hirten haben. Und er fing an, sie vieles zu lehren. Und als es schon spät am Tag war, traten seine Jünger zu ihm und sagen: Der Ort ist öde, und es ist schon spät am Tag. Entlass sie, damit sie auf die umliegenden Höfe und in die Dörfer gehen und sich etwas zu essen kaufen! Er aber antwortete und sprach zu ihnen: Gebt ihr ihnen zu essen! Und sie sagen zu ihm: Sollen wir hingehen und für zweihundert Denare Brot kaufen und ihnen zu essen geben? Er aber spricht zu ihnen: Wie viele Brote habt ihr? Geht hin, seht nach! Und als sie es festgestellt hatten, sagen sie: Fünf und zwei Fische. Und er befahl ihnen, dass sie sich alle nach Tischgemeinschaften auf dem grünen Grase lagerten. Und sie lagerten sich in Gruppen zu je hundert und je fünfzig. Und er nahm die fünf Brote und die zwei Fische, blickte auf zum Himmel, dankte und brach die Brote und gab sie den Jüngern, da-*

mit sie ihnen vorlegten; und die zwei Fische teilte er unter alle. Und sie aßen alle und wurden gesättigt. Und sie hoben auf an Brocken zwölf Handkörbe voll und von den Fischen. Und diejenigen, die die Brote gegessen hatten, waren fünftausend Männer.

Markus 6,30-44

Jesus, der Heilige Gottes, war ganz Mensch und trug deshalb keine unerschöpflichen Kraftreserven in sich. Auch er wurde müde, auch er kannte Erschöpfung und hatte das Bedürfnis zu schlafen. Doch obwohl eine hochemotionale und anstrengende Zeit hinter Jesus und seinen Jüngern lag und Jesus ihnen eine Auszeit gönnen wollte, können wir beobachten, dass sein Sein letztlich über seine eigenen Bedürfnisse und Befindlichkeiten triumphierte. Dies erwartete er offenbar auch von seinen Jüngern. Als er nämlich mit ihnen auf dem Weg in eine ruhigere Umgebung war, wo sie zu neuen Kräften kommen sollten, geschah etwas so Bedeutsames, dass er seine eigenen und ihre Bedürfnisse hintenanstellte: Er wurde „innerlich bewegt über sie; denn sie waren wie Schafe, die keinen Hirten haben". Jesus konnte die geistlich Hungrigen nicht stehen lassen und für ein paar Tage in die Ferien fahren. Er brachte es nicht fertig, die verlorenen Schafe sich selbst und ihrem Hunger zu überlassen.

Obwohl es wichtig und gut ist, sich Zeiten der Ruhe zu gönnen, gibt es Momente, in denen Dinge geschehen, die dringendes Handeln erfordern und wichtiger sind als unser berechtigtes Bedürfnis nach Erholung. Aus eigener Kraft mag nicht mehr viel möglich sein, doch der Heilige Geist in uns kann uns in solchen Situationen dazu befähigen, über unsere Grenzen hinauszugehen und heilig – also ganz anders – zu handeln, als unser natürliches Menschsein es uns nahelegen würde. Unser Sein als heilige Menschen, die dem heiligen Sohn Gottes folgen, steht tatsächlich über unserem persönlichen Wohlbefinden. Doch das heißt nicht, dass wir uns einfach zusammenreißen, um noch leistungsfähiger zu sein. Es bedeutet, dass wir lernen, ein heiliges Leben aus der Kraft Gottes heraus zu führen.

Ich kann mir ausmalen, wie damals die Vorstellung der Jünger von einer Zeit der Erholung mit ihrem Meister und ihre Vorfreude auf

Ruhe wie eine Seifenblase zerplatzten. Wenn ich ehrlich bin, wäre ich in dieser Situation vielleicht sogar verärgert gewesen und hätte Gedanken gehabt wie: „Erst sagt er, wir sollen uns gemeinsam ausruhen, und nun redet er seit Stunden zu diesen vielen Menschen!" Was ich gedacht hätte, als Jesus schließlich auch noch ein Picknick für fünftausend Männer mit ihren Frauen und Kindern einberief, obwohl es vor Ort kaum etwas zu essen gab, mag ich mir gar nicht vorstellen. Statt Ruhe bricht nämlich der größtmögliche Stress aus und die Jünger finden sich in einer völlig irrationalen Situation wieder, aus der es keinen Ausweg zu geben scheint. Doch dann geschieht das Unerwartete: In den Händen dessen, der seine persönlichen Bedürfnisse denen der geistlich und physisch hungernden Massen unterordnet, geschieht ein Wunder. Wieder begegnet die Welt des heiligen Gottes dem Profanen, Irdischen. Was dem Menschen unmöglich, ist, macht die Verbindung zu ihm möglich und die Heiligkeit triumphiert über die Gesetzmäßigkeiten der geschaffenen Welt.

> Unser Sein als heilige Menschen, die dem heiligen Sohn Gottes folgen, steht tatsächlich über unserem persönlichen Wohlbefinden.

Was meinen Sie: Hatten die Jünger im Anschluss an diese Geschehnisse das Gefühl, etwas verpasst zu haben, weil aus der angekündigten Ruhe und Erholung nichts geworden war? Oder waren ihre Seelen vielleicht in viel größerem Maß satt geworden, da sie Anteil an einem so gewaltigen Wunder haben durften? Ich vermute, sie waren voller Adrenalin: Immerhin hatten sie zugesehen, wie unter ihren Händen Brot vermehrt wurde!

Immer wieder zeigt sich: Jesus brach angesichts überraschender und menschlich kaum zu lösender Situationen nicht in Panik aus. Er ruhte in seinem Vater und im Vertrauen darauf, dass dieser ihn leiten und ihm die Kraft zur Bewältigung der jeweiligen Herausforderung geben würde. Auch darin zeigt sich Jesu Heiligkeit, denn er reagiert völlig anders (eben: heilig), als wir es vielleicht tun würden. Wir sind wahrscheinlich alle noch weit davon entfernt, ebenso entspannt und vertrauensvoll zu sein wie er, doch stellen Sie sich einmal vor, wie es wäre, wenn wir das sein könnten. Der Blick auf den heiligen Gott, der zugleich unser fürsorglicher Vater ist, würde unser Leben auch an dieser Stelle bereichern und uns helfen, über uns selbst hinauszuwachsen.

Jesus gibt der Heiligkeit Gottes ein menschliches Gesicht. Immer und immer wieder handelt er völlig anders, als es die Menschen um ihn herum erwarten. Egal ob sie religiös sind oder nicht, ob sie ihm gegenüber feindlich gestimmt sind oder zum Kreis seiner Nachfolger gehören – er überrascht sie alle mit seiner Andersartigkeit. Die Heiligkeit Gottes, die so ganz anders ist als jegliches menschliche Kalkül, brennt so stark in ihm, dass er über seine eigenen Grenzen hinausgehen kann. Er als Sohn Gottes war „nicht von dieser Welt", doch auch wir als seine Jünger sind das nicht. Wie er haben auch wir einen Zugang zur göttlichen Kraft, die aus der Heiligkeit Gottes strömt.

Diese Kraft ist in der Lage, uns zu helfen, Dinge in unserem Leben zu überwinden, die uns bisher unüberwindbar erschienen oder die so tief in uns verwurzelt sind, dass sie immer wieder „automatisch" aus uns heraustreten. Das Suchen, Annehmen und Anwenden dieser Kraft liegt ganz bei uns. An anderer Stelle habe ich einmal geschrieben, dass ich an einen Gott glaube, der „abfärbt". Je mehr Zeit wir also in seiner heiligen Nähe verbringen, desto mehr geht sein Wesen auf uns über. Je mehr Raum wir ihm in unserem Leben zur Verfügung stellen, desto mehr prägt er uns von innen und leuchtet aus unseren Augen, Worten und Taten. Eine tief greifende Transformation findet statt, die ich in drei Schritten beschreiben möchte:

Am Anfang steht eine Erkenntnis, oder zumindest Neugier: Die Kraft, die uns befähigt, ein immer heiligeres Leben zu führen, liegt in der Erkenntnis, dass dies das schönste, beste und fruchtbarste Leben ist, das ein Mensch führen kann.

Der Erkenntnis folgt ein Erwachen von Sehnsucht: Die authentische Sehnsucht nach einem heiligen Leben treibt uns unweigerlich zu Gott, der uns heiligen möchte.

Der Sehnsucht, die in der Begegnung mit dem heiligen Gott ihre Erfüllung findet, folgen innere Entscheidungen, die durch die Kraft Gottes im Alltag umgesetzt werden können: Die Begegnung mit der Heiligkeit Gottes offenbart uns eine Schönheit, die wir nie mehr verlieren möchten.

UNSERE REAKTION

Die Jünger reagierten jeweils ganz unterschiedlich auf das plötzlich aufblitzende Göttliche in ihrem Lehrer und Freund Jesus. Erinnern Sie sich an die Geschichte, als Jesus den Sturm auf dem See Genezareth stillte? Die Zwölf baten ihren Meister um Hilfe, doch anstatt in menschlicher Art und Weise zu reagieren und mitzuhelfen, das Boot vor dem Kentern zu bewahren, handelte Jesus abermals völlig unerwartet. Er gebot dem Sturm, sich zu legen. So etwas hatten die Jünger nicht erwartet, denn sie reagierten „mit großer Furcht" (Markus 4,41) auf sein Handeln. Sie fragten sich, wer dieser Jesus eigentlich war, der so anders als alle anderen Menschen war und dem sogar der Wind gehorchte. Anstatt Freude über die Rettung zu empfinden, ergriff die Jünger eine schreckliche Furcht. Ihnen wurde bewusst, dass sich in Jesus das Übernatürliche, das außerhalb der Welt Stehende, das Heilige manifestierte. Der Jesus, den sie meinten, schon zu kennen, entpuppte sich als eine Art „Außerirdischer". Er weckte in ihnen die Furcht vor dem Fremden, dem Unerhörten und Außergewöhnlichen, denn den Jüngern fehlte der Vergleich, also sozusagen die „Schublade", in die sie Jesus einordnen konnten.

Ganz automatisch nämlich teilen wir alle Menschen, denen wir begegnen, in eine bestimmte Kategorie ein. Das haben auch die Jünger getan. Zum ersten Mal aber stoßen die Zwölf in der obigen Szene auf einen Menschen, für den es keine Kategorie gibt – und sind völlig schockiert. Der Grund ihrer Furcht lag in dem ganz Anderen, das Jesus verkörperte: in seiner Heiligkeit. Was ich weiter oben beschrieben habe, bestätigt sich auch hier: Die Begegnung mit Gottes Heiligkeit löst nicht zuallererst Freude oder Begeisterung in uns aus, sondern die Erkenntnis, dass wir dem Heiligen gegenüber eigentlich nicht bestehen können. Es übersteigt unser Fassungsvermögen. Unsere eigene Kleinheit wird in einem einzigen Moment des Aufblitzens der Größe Gottes aufgedeckt.

Im Lukasevangelium finden wir einen weiteren Bericht darüber, welche Reaktion die Begegnung mit der Heiligkeit Jesu auslösen kann. Achten Sie beim Lesen des folgenden kurzen Abschnitts besonders darauf, wie Simon Petrus auf das erstmalige Hereinbrechen des Heiligen in sein Leben reagiert:

Als er aber aufhörte zu reden, sprach er zu Simon: Fahre hinaus auf die Tiefe, und lasst eure Netze zu einem Fang hinab! Und Simon antwortete und sprach zu ihm: Meister, wir haben uns die ganze Nacht hindurch bemüht und nichts gefangen, aber auf dein Wort will ich die Netze hinablassen. Und als sie dies getan hatten, umschlossen sie eine große Menge Fische, und ihre Netze rissen. Und sie winkten ihren Gefährten in dem anderen Boot, dass sie kämen und ihnen hülfen; und sie kamen, und sie füllten beide Boote, sodass sie zu sinken drohten. Als aber Simon Petrus es sah, fiel er zu den Knien Jesu nieder und sprach: Geh von mir hinaus! Denn ich bin ein sündiger Mensch, Herr. Denn Entsetzen hatte ihn erfasst und alle, die bei ihm waren.

Lukas 5,4-9

Petrus war entsetzt – und mit ihm seine Freunde und Arbeitskollegen. Interessant ist, dass Jesus zu der Zeit noch gar nicht über Sünde, Umkehr und Vergebung gepredigt hatte, er gab nur Anweisungen, wo Petrus und die anderen ihre Netze auswerfen sollten. Die Reaktion des künftigen Menschenfischers Petrus deckt sich mit derjenigen der anderen Menschen aus der Bibel, die Gott und seiner Heiligkeit begegneten. Jesaja sagte: „Wehe mir, ich bin verloren!" (Jesaja 6,5). Daniel, Paulus und auch der Apostel Johannes fielen zu Boden wie tot (Daniel 8,17; Apostelgeschichte 22,7; Offenbarung 1,17), die römischen Soldaten unter Jesu Kreuz fürchteten sich bei seinem Tod und den damit einhergehenden Naturwundern (Matthäus 27,54), die Wachen an seinem Grab bebten bei seiner Auferstehung und wurden „wie Tote" (Matthäus 28,4). Wenn das Heilige und das Profane aufeinandertreffen, kann das Gewöhnliche nur mit Erschütterung reagieren. Reinheit trifft auf Aussatz, Gerechtigkeit auf Unterdrückung, Wahrheit auf Betrug und Lüge, völlige Hingabe auf Eigennutz, Schönheit auf die Fratze der Sünde.

> Wenn das Heilige und das Profane aufeinandertreffen, kann das Gewöhnliche nur mit Erschütterung reagieren.

Wer Jesus wirklich begegnen will, muss auch mit solchen Erschütterungen und der Konfrontation mit der eigenen Sündhaftigkeit rechnen. Doch bei der Erschütterung alleine bleibt es nicht, konfrontiert wird nur die Sünde in uns. Denn wenn wir seiner Heiligkeit begegnen, schauen wir zugleich direkt ins Gesicht der größten und reinsten Liebe des Universums. Dann wird unser Herz erfüllt von Dankbarkeit darüber, dass dieser unfassbar reine Mann Jesus Christus sein Leben für uns gegeben hat, um uns Anteil an seiner Heiligkeit zu geben. Die Begegnung mit ihm wirft Licht auf die Möglichkeit einer veränderten Zukunft, die der Mensch dann findet, wenn er dem Heiligen gegenüber kapituliert und demütig annimmt, was Jesus ihm geben möchte. Wir müssen in Gottes Gegenwart nicht vergehen, sondern dürfen fest mit seiner Gnade rechnen. Vielleicht wären auch wir schockiert, wenn wir Jesus einmal so in seiner Macht erleben würden, wie es den Jüngern und anderen widerfuhr. Doch solche Begegnungen haben stets einen heilsamen und lebensverändernden Charakter. Gerade weil Jesus der Sohn Gottes ist, dürfen wir ihn uns nicht als ein langhaariges Blumenkind vorstellen. Er ist der menschliche Ausdruck der göttlichen Vollkommenheit und der Inbegriff des Heiligen. Und zugleich ist der Sohn Gottes die einzige Hoffnung auf Herrlichkeit für uns.

WENN DAS UNHEILIGE HEILIG WIRD

Als letztes Beispiel möchte ich eine Geschichte aus Matthäus 17 betrachten. Dort wird uns von einer Begebenheit berichtet, bei der wir wohl alle gerne zugegen gewesen wären. Jesus nimmt drei seiner Jünger mit auf einen Berg, als plötzlich etwas Eigenartiges geschieht: Vor den Augen der Jünger verwandelt sich ihr Rabbi. Eben noch sah er aus wie immer und im nächsten Augenblick beginnt sein Gesicht zu leuchten wie die Sonne und seine Kleider werden lichtweiß. Aus dem Nichts heraus erscheinen die längst verstorbenen Propheten Mose und Elia und sprechen mit Jesus, der auf einmal so fremd wirkt. Als sich schließlich noch eine Stimme aus dem Himmel zum Sohn bekennt, wird es den Jüngern zu viel: Sie fallen auf ihr Angesicht und fürchten sich sehr. Erst als Jesus sie berührt und ihnen sagt, dass sie sich nicht zu fürchten brauchen, beruhigen sie sich wieder (Matthäus 17,1-13).

Wieder wird deutlich, dass die Begegnung mit dem Heiligen für den gewöhnlichen Menschen eigentlich zu viel ist. So viel Schönheit und Reinheit kann er nicht ertragen. Was Jesus durch sein Kommen, sein Leiden und Sterben für uns getan hat, ist in der ganzen Tiefe seiner Bedeutung nicht fassbar für uns Menschen. Doch mithilfe solcher Berichte wie den oben aufgeführten, die seine Andersartigkeit und Heiligkeit aufzeigen, können wir ein wenig erahnen, welch gewaltige „Leistung" er erbracht hat, als er das Undenkbare getan hat: die gesamte Unheiligkeit und Sündhaftigkeit der ganzen Menschheit durch die Demut der Heiligkeit zu verschlingen.

Die Evangelien sind Schriften, die uns Jesus, und damit Gott, zeigen. Sie beschreiben ihn und enthüllen das vielen Menschen noch verborgene Angesicht Gottes. Wenn wir sie wieder und wieder mit offenem Herzen lesen, werden wir davor bewahrt, die grandiose Offenbarung Gottes in Jesus und die Versöhnung des Menschen als selbstverständlich hinzunehmen. Denn wenn das Blut Jesu nicht für immer den Graben zwischen uns und Gott gefüllt hätte, wären wir angesichts der Heiligkeit Gottes für immer verloren. Unheiligkeit und Heiligkeit lassen sich nicht vermischen. Doch durch das Blut des Sohnes Gottes wird selbst das Unheilige heilig.

Wenn wir als Kirche die Ehrfurcht vor der Heiligkeit Gottes verlieren und uns der gewaltigen Größe dessen, was Jesus für uns Menschen getan hat, nicht mehr bewusst sind, geraten wir in Gefahr, zu aufgeblasenen und selbstgefälligen Pharisäern der Moderne zu werden. Ohne die Hoffnung auf seine verändernde Gnade allein bleibt uns nur die Scheinheiligkeit. Dann geben wir nach außen den Gerechten, während unser Inneres wie ein Grab aussieht. Selbstgerechtigkeit führt zu Stolz und Überheblichkeit, doch die Ehrfurcht vor Gott und seinem Wirken weckt Demut und Dankbarkeit in uns und lässt uns für Gottes Gnade empfänglich bleiben.

> **Ohne die Hoffnung auf seine verändernde Gnade allein bleibt uns nur die Scheinheiligkeit.**

Denken Sie einmal daran, dass die größten Feinde Jesu zu seinen Lebzeiten nicht die Sünder waren. Nicht diejenigen, deren Lebensführung am weitesten von seiner Heiligkeit entfernt war, haben ihn ans Kreuz geschlagen. Im Gegenteil: Es waren die, die nach außen besonderen Wert darauf legten, als heilig zu gelten. Sie hassten Jesus, denn in seiner Gegenwart wurde ihre eigene Heiligkeit als das entlarvt, was sie tatsächlich war: Scheinheiligkeit.

Wir als „die Frommen von heute" müssen uns fragen, ob wir uns der Heiligkeit Jesu stellen wollen oder nicht. Wollen wir ihr dadurch Rechnung tragen, dass wir uns unsere Verlorenheit und Unheiligkeit eingestehen und einzig auf seine Gnade hoffen? Oder doch lieber als große Heilige auftreten, die den Anschein erwecken, alles im Griff zu haben? Scheinheilig zu sein, ist extrem anstrengend und trennt uns von Gott. Echte Heiligkeit hingegen ist heilsam und führt uns in Gottes Nähe.

DEN ECHTEN JESUS SEHEN

Jesus ist das menschliche Angesicht Gottes. Er selbst ist der Heilige. Er ist bestaunenswert und anbetungswürdig. Seine Schönheit ist überragend, seine Liebe ohne Grenzen, seine Macht hat kein Ende und vor ihm zittern alle Dämonen. Lassen Sie uns unser Gottesbild durch die Beobachtung des biblischen Jesus prägen. Schauen wir ihn an, wenn wir Gott verstehen wollen. Und verkündigen wir ihn, den heiligen Jesus.

Im Rahmen einer Pastorenkonferenz sagte R.C. Sproul, ein reformierter Pastor und Professor für Systematische Theologie aus den USA, Folgendes über die Verkündigung Jesu in der heutigen Zeit:

> *Welchen Jesus predigen wir? Möchtet ihr nur einen gesegneten Jesus – sanft und mild? Oder wollt ihr Jesus, den Fremden, und Jesus, den Herrscher über die Naturgewalten? Wollt ihr Christus die Klauen stutzen und ihn bändigen? Das brauchen die Menschen nicht. Sie müssen ihn in der Fülle seiner Herrlichkeit, in der Größe seiner Kraft und in seiner Autorität erkennen. Nichts weniger wird eine sterbende Welt retten als ein Erlöser, der völlig heilig ist. Ich liebe die Heiligkeit Gottes, denn sie ist meine einzige Hoffnung. Ohne seine Gnade und Heiligkeit würde meine Boshaftigkeit kein Halten kennen.*[37]

Lassen Sie auch uns den echten Jesus suchen. Verlangen wir nicht nur nach seinen Händen und dem, was er uns geben kann. Wagen wir den

Blick in sein heiliges Angesicht, denn er wird unser Leben verändern. Meistens mag es zwar mehr ein Erahnen als ein klares Erkennen sein, doch ich will Sie bitten, nicht aufzugeben. Schon die Ahnung der heiligen Gegenwart Gottes ist schöner und ergreifender als alle Versprechungen der Welt. Der Blick auf Jesus lässt uns Gott sehen und neu staunen.

> *Wer ... die Erfüllung und den Abschluss schaut, ... diese gewaltige Gestalt, diese umwandend in Gott sich gründende Persönlichkeit, diese Unbeirrbarkeit und aus geheimnisvoller Tiefe stammende Sicherheit und Gewissheit ihrer Überzeugung und ihres Handelns, diesen geistigen seligen Gehalt, diesen Kampf, diese Treue und Hingabe, dieses Leiden und schließlich diesen Siegertod, der muss urteilen: Das ist gottgemäß, das ist das Heilige. Gibt es einen Gott und wollte er sich offenbaren, gerade so musste er es tun.*[38]

„Jesus, du bist das menschliche Angesicht des heiligen Gottes. Ich möchte gern meinen Blick neu auf dich richten und den Vater in dir erkennen. Verzeih mir, dass ich dich in meinem bisherigen Leben oft hauptsächlich als Helfer in der Not gesehen habe und weniger als den, der du vor allem anderen bist: der Heilige Gottes. Ich möchte dich in deiner Heiligkeit kennen- und wieder staunen lernen. Über dich und deine Schönheit. Bitte hilf mir, dich zu erkennen. Amen."

Teil 3
Geheiligtes Leben

Kapitel 11

Berufen zur Heiligkeit

Ich richte meinen Blick auf dich
und ich schau dich an
denn der einz'ge Ort der Veränderung ist hier
vor dem Löwen und dem Lamm.

Rainer Harter, aus dem Lied „Löwe und Lamm"

Immer wieder ruft uns Gott in den biblischen Texten dazu auf, heilig zu werden und ein heiliges Leben zu führen. Insgesamt achtmal finden wir diese Worte als direkten Aufruf in der Heiligen Schrift, fünfmal im Alten Testament und dreimal im Neuen.[39] Darüber hinaus gibt es zahlreiche Beispiele in den apostolischen Briefen, dass wir aufgerufen sind, in unserem Alltag heilig zu leben.[40] Die Anzahl der Wiederholungen macht die Aussage zu einer der häufigsten der ganzen Bibel. Für manchen mögen die Aufrufe zu persönlicher Heiligkeit stark in der Spiritualität des Alten Testaments gegründet sein. Doch die Texte des Neuen rufen ebenfalls mehr als deutlich zu einem heiligen Leben auf. Gott möchte eine Gemeinde, die so heilig, so vollkommen ist wie er selbst, denn eine heilige Kirche hat eine gewaltige Strahlkraft und zeigt anhand des Lebens ihrer Glieder, dass ein anderes, heiliges und damit heiles Leben möglich ist.

Was wie eine unmögliche Aufgabe klingt, ist auch so: unmöglich für uns Menschen. Ich bin mir ziemlich sicher, dass auch Sie schon an dem Punkt waren, an dem Sie sich gesagt haben: „Ich schaffe das nicht." Wir strengen uns an und versuchen es beim nächsten Mal noch härter, aber es gelingt uns nicht. Schließlich rufen auch wir verzweifelt mit Paulus aus: „... denn nicht, was ich will, das tue ich, sondern was ich hasse, das übe ich aus. Denn das Gute, das ich will, übe ich nicht aus, sondern das Böse, das ich nicht will, das tue ich. Ich elender Mensch!" (Römer 7,19.24).

Ich möchte versuchen, eine Antwort auf die Frage zu geben, warum Gott möchte, dass wir heilig leben. Fangen wir beim wichtigsten Punkt an: Die Grundlage für ein heiliges Leben als Geliebte Gottes wurde uns sozusagen in die Wiege gelegt. Der Mensch war von Beginn an als ein heiliges Wesen gedacht, denn er wurde nach dem Bilde des heiligen Gottes geschaffen.

Heilig zu leben, heißt also zuallererst: unserem Wesen und unserer Bestimmung entsprechend zu leben. Als ich diese Wahrheit entdeckt habe, stieg von meinem Herzen ein großer Seufzer der Erleichterung zum Himmel auf. Ich muss nicht heilig sein, um Gott zu gefallen, sondern ich darf ein heiliges Leben finden, um so glücklich zu sein, wie Gott es ist. Lassen Sie sich diese Wahrheit einmal auf der Zunge zergehen!

Gott ist glücklich. Er lebt in vollkommener Gemeinschaft. Der Vater, der Sohn und der Heilige Geist lieben einander. In der Dreieinigkeit gibt es keinen Neid, keine Missgunst und keinen Streit. Gott ist glücklich mit Gott. Als Menschen sind wir dazu auserschen, Anteil an dieser Perfektion von Liebe und Gemeinschaft zu haben. Deswegen hat Gott uns in seinem Bild geschaffen – er weiß, was Glück ist, und möchte uns Anteil daran geben. Denken Sie noch einmal daran, dass man sprachgeschichtlich das Wort „heilig" mit „heil" (also „ganz") in Verbringung bringen kann. Heilig zu sein, bedeutet, in der Vollkommenheit dessen leben zu dürfen, was Gott für Sie und mich geplant und vorgesehen hat. Heilig zu leben, bedeutet, ein wahrhaft erfüllendes Leben zu führen.

Alles beginnt mit der Liebe Gottes, die die größte Motivationskraft im Universum darstellt. Unsere Partnerschaft mit Gott und unsere Zusammenarbeit mit ihm sind ebenfalls durch Liebe motiviert: Gott liebt uns und wir lieben ihn. Ein Streben nach Heiligkeit, welches aus einer anderen Motivation oder einem falschen Verständnis darüber, warum wir heilig leben sollen, entspringt, führt letztlich zu Gesetzlichkeit und einem schrecklich anstrengenden Glauben, der großen Schaden bei uns oder anderen Menschen anrichten kann. Hingegen setzt das Bewusstsein, dass Gott uns zur Heiligkeit aufruft, weil sie uns „heil" werden lässt, Freude und eine Liebe zu Gott frei, die uns mit aller Kraft unser eigentliches, nämlich das heilige Leben suchen und verfolgen lässt. Der Wunsch und das Streben nach Heiligung sind in Folge eine natürliche Reaktion des Menschen, der verstanden hat, dass Gott gut ist und es wirklich gut mit ihm persönlich meint. Leistungsorientierung verschwindet, wo man nicht mehr muss, sondern aus Liebe nicht mehr anders kann.

Diesen Gedanken sollten Sie tief in Ihr Inneres aufnehmen. Heiligkeit ist kein Ergebnis von krampfhafter Anstrengung, sondern die liebende Reaktion des Menschen auf das Angebot eines heilen Lebens durch den liebenden Gott. Werden Sie bitte eine kurze Zeit still und bedenken Sie diese Aussage. Schließen Sie dabei die Augen und atmen Sie auf: Gott ruft Sie gerade jetzt in ein heil(ig)es Leben. Warum nehmen Sie das nicht einfach an?

Weil dieser Punkt so bedeutsam ist, möchte ich an dieser Stelle mit Ihnen innehalten und beten:

> „Vater, zum ersten Mal wird mir klar, dass die Aufforderung zu einem heiligen Leben eigentlich deine Einladung an mich ist, heil zu werden. Dafür will ich dir danken. Mit ganzem Herzen strecke ich mich danach aus! Ich möchte heil werden, ich möchte zu dem Leben finden, das du für mich vorgesehen hast. Ich sage Ja zu persönlicher Heiligkeit und vertraue mich jetzt der Leitung deines Heiligen Geistes an, der mich in meine Bestimmung führen wird. Amen."

DEN KOPF IM HIMMEL, DIE FÜSSE AUF DER ERDE

Die Bibel spricht davon, dass wir Christen durch unsere Verbindung mit Jesus Christus in einen anderen Stand, ja sogar in eine neue Realität versetzt wurden. Neben den Herausforderungen und Segnungen der irdischen Welt sind wir plötzlich ganz real konfrontiert mit den Herausforderungen und Segnungen der himmlischen Welt – wie dem Aufruf zur Heiligkeit, der Realität von Engeln, der Existenz von Ewigkeit und der faszinierenden Möglichkeit, sich durch Gebet an Gott persönlich zu wenden.

Wir befinden uns in der spannenden Zeit zwischen dem Königreich Gottes, das zwar schon nahe herbeigekommen ist, dessen umfassende Gegenwärtigkeit zugleich aber noch auf sich warten lässt. Wir leben sozusagen mit dem Kopf im Himmel und mit den Füßen auf der Erde. Das Leben in dieser Übergangsphase ist nicht immer einfach, aber das hat Jesus auch nie gesagt. Er hat von wunderbaren Segnungen gesprochen, die wir in unserer Nachfolge erleben dürfen, gleichzeitig wies er aber auch immer wieder auf die Schwierigkeiten hin, mit denen wir wegen unseres Glaubens rechnen müssen.

Die Herausforderung der Heiligung ist bedeutsam für ein authentisches Leben als Christ, gerade auch aus dem Grunde, dass Gott uns einen besonderen Auftrag gegeben hat. Ein möglichst heiliges Leben zeugt nicht nur von Integrität, sondern kleidet die uns von Gott verliehene Aufgabe in ein würdiges Gewand. Paulus sagt dazu: „So sind wir nun Gesandte an Christi statt" (2. Korinther 5,20).

> Ein möglichst heiliges Leben zeugt nicht nur von Integrität, sondern kleidet die uns von Gott verliehene Aufgabe in ein würdiges Gewand.

Jeder Christ ist ein Repräsentant Christi. An unserem Leben sollen andere Menschen sehen können, was es bedeutet, als Christ zu leben und Jesus nachzufolgen. Unsere Worte und Handlungen weisen auf den König hin, zu dessen Königreich wir gehören. Ein gängigerer Begriff für einen Repräsentanten, der von seinem König, Kanzler oder Präsidenten ausgesandt wurde, ist der des Botschafters. Als wir uns entschieden haben, Jesus nachzufolgen, sind wir Gottes Kinder geworden, aber auch Teil seines sichtbaren Leibes hier auf Erden. Wer uns beobachtet, soll dadurch eine Vorstellung unseres Gottes bekommen. Wir sind quasi zu Botschaftern befördert worden.

Ich bin sicher, dass Sie in den Medien schon einmal Botschafter beobachten konnten, die im Ausland für ihr Herkunftsland tätig sind. Sie sind Repräsentanten ihres jeweiligen Heimatlandes, vertreten dessen Interessen und sind Ansprechpartner für die Regierungsvertreter des Landes, in das sie abgesandt wurden. Niemand kann sich selbst zum Botschafter machen. Erst nach sorgfältiger Prüfung wird man berufen und mit den für die repräsentativen Aufgaben notwendigen Vollmachten ausgestattet. Der Botschafter besitzt das Vertrauen seiner Regierung und darf in ihrem Namen sprechen. Er lebt in einem fremden Land, aber sein Zuhause befindet sich ganz woanders; für ihn gelten vor allem anderen die Interessen seines Heimatlandes. Interessanterweise ist es sogar so, dass die Amtsgebäude, in denen der Botschafter im Ausland seinen Geschäften nachgeht, faktisch gesehen nicht zum Territorium des jeweiligen Staates, sondern zum Staatsgebiet seines Heimatlandes gehören.

Wir als Christen sind Botschafter des Königreiches Gottes. Der König selbst hat uns auserwählt, seine Interessen auf Erden zu vertreten. Er traut uns zu, dass wir in kontinuierlicher Rücksprache mit ihm (wir nennen das Gebet) und in Kenntnis der Statuten und Gesetze seines Reiches (wir nennen das Bibelkenntnis) in dieser Welt seine Repräsentanten sind. Ehrlich gesagt demütigt mich dieses Vertrauen Gottes in uns und manchmal kommt mir der Gedanke, dass ich an seiner Stelle den Menschen nicht so eine hohe Stellung in dieser Welt eingeräumt hätte, denn ich meine, dass wir als Kirche unsere Aufgabe als Botschafter Christi in den letzten zweitausend Jahren nicht unbedingt immer glänzend ausgeführt haben. Immer wieder treffe ich Menschen, die sich aufgrund von schwierigen Erfahrungen mit der Kirche nicht nur von der jeweiligen Glaubensgemeinschaft, sondern ganz von Gott abgewandt haben. Natürlich machen sie den Fehler, Gott und Kirche gleichzusetzen, obwohl es doch gravierende Unterschiede gibt. Ein Botschafter ist nicht die Person, die ihn gesandt hat. Er versucht zwar, deren Interessen bestmöglich zu vertreten, wird dabei jedoch auch den ein oder anderen Fehler machen. Gott hat dies sicher einkalkuliert, als er beispielsweise einen wankelmütigen Mann wie Simon Petrus einen Felsen nannte, auf den er seine Kirche bauen würde. Umso mehr sehne ich mich danach, in meinem Alltagsleben die mir von unserem König anvertrauten Aufgaben möglichst in seinem Sinne und zunehmend besser auszuführen. Ich möchte sein Vertrauen nicht enttäuschen, sondern ein guter Repräsentant sein. Das gelingt mir mal mehr und mal weniger gut.

Nun ist unserem König natürlich bewusst, dass wir neben dem herausfordernden Mandat, an seiner Stelle (!) Botschafter in dieser Welt zu sein, auch Autorität und Weisheit benötigen, um diese Aufgabe gut auszuführen – und an dieser Stelle kommen wir wieder zurück zum Thema Heiligkeit:

Wir sind Repräsentanten nicht irgendeines Regenten, sondern von einem, der im Kern seines Wesens heilig ist. Wie ich versucht habe, deutlich zu machen, fließen alle anderen Eigenschaften Gottes aus diesem Kern. Daraus können wir schließen, dass auch wir als seine Botschafter zuallererst diese Haupteigenschaft nach außen tragen sollten. Deshalb ist es so wichtig, zu verstehen, was es bedeutet einen heiligen Gott zu haben. Wir können nämlich nur repräsentieren, aufzeigen oder vorstellen, was wir erkannt und verinnerlicht haben. In unserem Falle sollte die Erkenntnis sogar so weit gehen, dass wir nicht nur auf der kognitiven Ebene eine Ahnung von Gottes Heiligkeit haben, sondern ihr wirklich begegnet sind.

LEBEN IN SEINER HEILIGEN NÄHE

Anknüpfend an unsere Berufung als Botschafter möchte ich mich einer weiteren Aussage der Heiligen Schrift zuwenden, die uns zeigen soll, wie sehr uns Gott zu einem Leben in seiner heiligen Nähe einlädt – hier auf Erden. Obiger Vergleich umschreibt nämlich noch nicht den gesamten Umfang der Tiefe und Schönheit des Lebens, zu welchem Gott uns ausersehen hat. Die ganze Dimension finden wir in der erstaunlichen Aussage aus dem Römerbrief: „Denn die er (Gott) vorher erkannt hat, die hat er auch vorherbestimmt, dem Bilde seines Sohnes gleichförmig zu sein" (Römer 8,29).

Sollten Sie noch auf der Suche nach ihrer Bestimmung sein: Hier ist sie. Wir sind nicht allein Gesandte, die die Gedanken und Sichtweisen des Sendenden kennen und seine Worte nach außen vertreten können. Gott geht viel weiter, indem er uns dazu bestimmt hat, seinem Sohn Jesus gleich zu sein. Dies bedeutet letztlich, dass überall dort, wo wir uns aufhalten, Jesus gesehen werden soll. Wo wir auch sind, soll Heiligkeit sichtbar werden, weil Jesus in uns lebt und er selbst der Heilige Gottes in Person ist. Wer uns begegnet, soll Jesus begegnen.

> **Wer uns begegnet, soll Jesus begegnen.**

Ich vermute, dass es Ihnen beim Lesen dieser Worte ähnlich geht wie mir, während ich sie schreibe. Im ersten Moment fühlen die Aussagen sich nicht wie das Liebesgeschenk eines großartigen Gottes an, sondern wie eine unlösbare und für uns viel zu große und schwere Aufgabe. Man ist versucht zu denken, dass dies alles zwar wünschenswert wäre, doch gleichzeitig scheint es unerreichbar, allzu idealistisch oder sogar völlig unmöglich zu sein.

Wenn Sie sich so oder so ähnlich fühlen, dann heiße ich Sie sozusagen herzlich willkommen im Club derer, die ebenfalls an dem Punkt angekommen sind, wo sie erkannt haben, dass sie ohne Gott und aus eigener Kraft überhaupt nichts hinbekommen. In diesem speziellen Verein finden sich jedoch ganz besondere Menschen. Obwohl sie alle Sünder sind, versuchen sie dennoch, Gott beim Wort zu nehmen. Sie setzen alle Hoffnung auf seine Gnade und auf die so gewaltige und entlastende Aussage, die wir zum Beispiel in 3. Mose 20,8 finden: „Ich bin der HERR, der euch heiligt."

Diese Worte aus dem Munde Gottes, die sowohl unsere Erwählung als seine Kinder als auch die Befähigung eines Lebens in und für ihn zum Ausdruck bringen, erleichtern ungemein. Wenn sie nicht in der Bibel stünden, wäre der christliche Glaube eine überaus anstrengende Sache. Wir sind berufen, ein heiliges Leben zu führen, doch die Kraft und Befähigung dazu kommen von Gott. Ich lade Sie am Ende dieses Kapitels wieder zu einem Gebet ein.

> „Vater, du kennst mein Herz ganz genau, und deshalb weißt du auch, dass ich ein heiliges Leben oft genug für unmöglich gehalten habe.
> Ich habe es versucht, wieder und wieder, aber ich bin meistens schon nach kurzer Zeit gescheitert. Ehrlich gesagt bin ich frustriert. Dennoch will ich nicht aufgeben. Ich will die Berufung zu einem heiligen Leben annehmen. Und ja: Ich kapituliere erneut und möchte künftig lieber von dir lernen und mich von dir erfüllen lassen, statt eine Heiligkeit aus mir herauszupressen, die gar nicht da ist. Bitte befreie mich von Scheinheiligkeit und mach du mich heilig. Amen."

Kapitel 12

Nicht von dieser Welt

Mein Reich ist nicht von dieser Welt.

Johannes 18,36

Menschen, die Jesus nachfolgen, werden im Neuen Testament entweder Jünger, Christen[41] oder Heilige[42] genannt. Mit dem Ausdruck „Heilige" will uns die Bibel klarmachen: Wir sind durch die Entscheidung zur Nachfolge und durch den Glauben an Jesus Christus vollkommen anders geworden. Etwas völlig Neues hat begonnen, denn durch die Gnade Gottes sind wir fähig geworden, ein neues, anderes Leben zu führen als bisher. Im berühmten Gebet für seine Jünger spricht Jesus klar aus, dass wir Christen tatsächlich „Menschen von einer anderen Welt" sind: „Sie sind nicht von der Welt, wie ich nicht von der Welt bin" (Johannes 17,16).

Der Apostel Paulus unterstreicht diese bedeutsame Wahrheit in seinen Texten, so zum Beispiel im Brief an die Gemeinde in Philippi: „Wir dagegen haben unsere Heimat im Himmel. Von dort erwarten wir auch Jesus Christus, unseren Retter" (Philipper 3,20; HFA).

Wir sind per se nicht mehr „von dieser Welt", denn wir gehören einer anderen Realität an. Wundern Sie sich nicht darüber, dass auch Sie manchmal vielleicht wie ein Außerirdischer behandelt werden. Obwohl wir „in der Welt" leben und von den Geschehnissen um uns herum betroffen sind wie alle anderen, bricht unsere Welt nicht zusammen, wenn „die Welt" zusammenbricht. Denn sie ist nicht unsere Heimat und unsere Lebenswurzeln gründen sich nicht im Materiellen, sondern sind in einer Person verankert: dem heiligen Gott.

Je mehr Sie in Jesu Bild umgestaltet werden, je heiliger Sie also werden, desto deutlicher wird der Unterschied zwischen einem im System der Welt verwurzelten, gefangenen Menschen und Ihnen. Viele

Nichtchristen werden beeindruckt, andere jedoch auch ablehnend auf Sie reagieren. Auf jeden Fall aber wird Ihre Heiligkeit sichtbar und eine Reaktion hervorrufen. So war es immer. Ich wünsche mir für mein Leben sehr, dass so viele Menschen wie möglich durch meine Andersartigkeit auf Jesus Christus hingewiesen werden, den König der anderen, ewigen und im Wortsinne „heilen" Welt.

SIE SIND EIN HEILIGER!
Haben Sie sich schon einmal Gedanken darüber gemacht, dass Sie im biblischen Sinne ein Heiliger sind? Das mag Ihnen wie eine große Verantwortung oder auch schlicht unglaublich vorkommen, aber vergessen Sie nie, dass Sie nicht heilig sind, weil Sie sich gut benommen haben, sondern weil Sie geheiligt wurden und Ihnen die verändernde Gnade Gottes dabei hilft, ein heiliges Leben zu führen.

Tatsächlich ist der heilige Mensch der Mensch, den Gott sich gedacht hat. Er ist ein Individuum mit einer persönlichen Beziehung zu seinem Schöpfer, er hat besondere Begabungen und Fähigkeiten und ist berufen, Dinge zu tun, die ein anderer nie so tun könnte wie er. Nur der heilige Mensch ist wahrhaft frei, er selbst sein zu dürfen, und muss keine Kopie anderer Menschen sein. Der Heilige ist vom Diktat des Zeitgeistes, der jeweiligen geistlichen Mode oder Norm befreit, ganz einfach deshalb, weil seine Identität in Gott gegründet ist. Er ist vollkommen anders – so wie sein Gott.

Auf der Basis des unermesslich wertvollen Geschenkes, geheiligt zu sein, das heißt, sich Gott nähern und mit ihm leben zu dürfen, wächst das Verlangen, tatsächlich ein heiliges Leben zu führen. Wer daran glaubt, dass er in Gottes Augen so wertvoll und geliebt ist, dass Gott selbst in der Person seines Sohnes für ihn gestorben ist, um ihn zu heiligen, will gerne heilig leben – also ganz anders, als es seine Kultur, sein Wesen oder die Menschen um ihn herum vielleicht von ihm erwarten. Praktisch heißt dies, Jesus und seinen Worten zu folgen – von ganzem Herzen.

Heilige kennen den Schmerz darüber, dass Gottes Reich bereits angebrochen ist, aber der Wille Gottes noch nicht gänzlich auf dieser Welt umgesetzt wurde. Sie können Lauheit nicht ertragen; eine Kirche, die sich nicht völlig hingibt, ist für sie wie eine eiternde, schmerzhafte Wunde. Umgekehrt ist für einen gewöhnlichen Menschen der Heilige ein Stein des Anstoßes – so, wie es Jesus für seine Zeitgenossen war. Der, dem wir unser Leben anvertraut haben, wurde sogar von seiner eigenen Familie für verrückt erklärt:

> *Jesus ging nach Hause, und wieder versammelte sich eine Menschenmenge bei ihm, sodass er und seine Jünger nicht einmal Zeit zum Essen fanden. Als seine Angehörigen das erfuhren, machten sie sich auf, um ihn mit Gewalt zurückzuholen. Sie waren überzeugt, dass er den Verstand verloren hatte.*
>
> Markus 3,20-21 (NGÜ)

Die Prioritäten Jesu waren ganz auf Gott und die verlorenen Menschen gerichtet. Ich kann mir gut vorstellen, wie seine Verwandten zueinander sagten: „Er achtet überhaupt nicht mehr auf sich, jetzt isst er nicht einmal mehr richtig!" Sie konnten das Feuer in seinem Herzen nicht verstehen, ein Feuer, welches auch heute noch in manchen Menschen brennt. Ihre Leidenschaft und ihr Eifer gelten nicht mehr den Dingen der Welt, sondern vor allem dem Reich Gottes. Das verzehrende Feuer, von dem Psalm 69,10 spricht, hat sie ergriffen.

Der Heilige hat erkannt, dass die Kategorie „heilig" keine sittliche Kategorie ist, sondern tatsächlich etwas „Überweltliches". Er hat verstanden, dass Gott nicht nur allen Lobes und aller Hingabe wert ist, weil er das Recht und den Machtanspruch besitzt, sondern weil er „der Andere", der Heilige, ist und wahres Leben nur bei ihm zu finden ist. Deshalb hat er sich entschieden, ganz für Gott zu leben. Und er geht sogar noch einen Schritt weiter. Ihm geht es immer weniger darum, was Gott für ihn tun kann, sondern immer mehr darum, wer Gott ist.

WER „HEILIG" IST

Im folgenden Kapitel möchte ich Ihnen einige Menschen vorstellen, die ich als große Heilige bezeichne – Menschen, die nicht nur heilig im grundlegenden Sinne ihrer Errettung waren, sondern durch die Sehnsucht nach einem Leben mit und für Gott einen ganz besonders heiligen Lebenswandel geführt haben. Zuvor ist es jedoch wichtig, dass ich diesen Begriff näher erläutere, damit Sie verstehen, wovon ich spreche. Ein Zitat des großen dänischen Theologen und Philosophen Sören Kierkegaard kann einen ersten Lichtschein darauf werfen, was einen Heiligen ausmacht: „Es gilt, Gott so nah zu kommen wie möglich."

Wie der Begriff „Heiliger" von einem Christen verstanden wird, ist tatsächlich sehr stark von der Theologie abhängig, der er durch die konfessionelle Verbundenheit mit seiner Kirche anhängt. Auf die Frage nach der Definition würden ein evangelischer, ein katholischer, ein orthodoxer und ein evangelisch-freikirchlicher Christ wahrscheinlich ziemlich unterschiedliche Antworten geben. Dasselbe gilt auch für die Begriffe „Heiligung" und „Heiligkeit", die sich je nach Verständnis unterschiedlich auf unser Leben auswirken. Der rumänisch-orthodoxe Erzbischof und Metropolit für Zentraleuropa, Serafim Joantă hat einmal gesagt: „Die Art und Weise, wie jede christliche Konfession die Heiligung und die Heiligkeit versteht, bestimmt das praktische geistliche Leben der Gläubigen."[43]

Dieses Zitat zeigt, welche Auswirkungen unser Verständnis und unser Denken über bestimmte biblische Inhalte auf unser Leben mit Gott im Alltag haben. Ich glaube, dass es sich auch auf die Definition eines Heiligen übertragen lässt. Was für die einen vielleicht ein weltfremder Exot ist, weil er seine Zeit vor allem im Gebet verbringt, ist für den anderen ein Heiliger, weil er seine Zeit ganz Gott hingibt. Während der eine einen Heiligen ablehnt, kann sich der andere dazu entschließen, seinem Beispiel zu folgen.

> Durch diese Begegnung wurde er [der Heilige] quasi ruiniert dafür, sich mit einem irdischen Leben zufriedenzugeben.

Lassen Sie mich also versuchen zu beschreiben, was einen Heiligen für mich ausmacht, damit wir diejenigen, deren Leben wir im Anschluss etwas genauer anschauen wollen, alle aus demselben Blickwinkel betrachten.

So, wie Gott durch das Wesen seiner Heiligkeit der völlig andere ist, ist es auch der Mensch, den wir im Folgenden „heilig" nennen: Er ist völlig anders als eine durchschnittliche Person. Sein Herz steht geradezu in Flammen, weil er dem Heiligen selbst begegnet ist, dem Gott also, der sich ein verzehrendes Feuer nennt. Durch diese Begegnung wurde er [der Heilige] quasi ruiniert dafür, sich mit einem irdischen Leben zufriedenzugeben. Alles, was er will, findet letztlich seine Erfüllung in Gott allein. Der Ort, an dem ein Heiliger leben will, ist das Zentrum des Feuers selbst – Gottes Herz. Der Heilige ist also derjenige, der anders ist, weil er in dem Anderen (dem heiligen Gott) lebt.

Ich möchte Sie bitten, beim Lesen der unten folgenden Lebensbilder alle konfessionsspezifischen Definitionen einmal beiseitezulegen und die Beschreibung für einen Heiligen zugrunde zu legen, die ich gerade formuliert habe. Dies sollte helfen, den Kopf frei von Unsicherheiten gegenüber anderen Glaubensgemeinschaften zu machen, wenn Sie gleich von Menschen lesen, die in der einen Konfession große Bedeutung haben und in anderen nicht. Der konfessionelle Blick hilft an der Stelle nicht weiter. Es geht nicht um Menschen, die „heiliggesprochen" wurden, sondern die der Heiligen Schrift gemäß ein Leben führten, welches die Bibel „heilig" nennt. Schauen Sie auf seine oder ihre Liebe zu Jesus und das daraus resultierende Leben.

Ein großer Heiliger kann uns irritieren, herausfordern, ermutigen, verärgern, ja sogar abstoßen – doch niemals lässt er uns kalt. Unweigerlich ruft er heftige Reaktionen in uns hervor, weil er nicht in unser Denkschema, in unser Welt- und Menschenbild und auch nicht unbedingt in unsere Vorstellung der Nachfolge passt. Wir stoßen und reiben uns an ihm und müssen uns für eine innere Reaktion auf den Affront entscheiden, den sein Leben im Blick auf unser eigenes bedeutet. Denken Sie noch einmal an Jesus: Er war für viele ein „Stein des Anstoßes" (Römer 9,33). Niemand konnte ihm gegenüber gleichgültig bleiben. Entweder wurde der Rabbi aus Nazareth gehasst oder er wurde verehrt und geliebt. Jesus war sich seiner Wirkung auf die Menschen um ihn herum völlig bewusst, deshalb sagte er beispielsweise, dass derjenige glückselig sei, der sich nicht an ihm ärgere (Matthäus 11,6).

Es geht mir hier nicht um Menschen, die wir uns mit einem ewig verzückten Gesichtsausdruck vorstellen müssen oder die immerzu „auf Wolke sieben" schweben. Vergessen Sie für den Moment einmal alle Bilder von Heiligen, die in Ihnen aufsteigen mögen. Vergessen Sie die seltsam entrückten Blicke, mit denen sie dargestellt werden, oder die ätherischen Wesen, als die sie uns auf Bildern begegnen. Die große Mehrzahl der Menschen, die auf dem Weg ihrer Heiligung so weit fortgeschritten waren, dass sogar säkulare Medien sie „Heilige" nannten, mussten um ihre Heiligkeit mit zäher Ausdauer ringen. Ihr Weg hatte weniger mit süßlicher Romantik zu tun als mit Selbstverleugnung. Wenn wir Berichte über sie lesen, begegnet uns in der Regel immer der große Kampf, den sie gegen Versuchung und Sünde geführt haben. Es geht daher vielmehr um Christen, die mitten im Leben gestanden haben, die vielfach mit der eigenen Sündhaftigkeit zu kämpfen hatten, die von ihrer Umwelt oft nicht verstanden wurden und die dennoch eines wollten: Gott nahe sein.

Es geht mir darum, Menschen zu beschreiben, die uns zeigen sollen: Es ist möglich, ein anderes, ein heiliges Leben zu führen. Es sind Frauen und Männer, die in ihrer Hingabe an Jesus radikale Entscheidungen getroffen haben und aus diesem Grund auch ein radikal anderes Leben führen konnten. Tatsächlich ist es so, dass der Prozess des „Heiligwerdens" ein gradueller ist, der mit der Dauer unserer Beziehung zu Jesus zunehmen sollte. Diesen Gedanken finden wir in dem Aufruf aus Hebräer 12,14. Der Autor des Briefs fordert uns alle heraus, uns auf eine lebenslange Jagd zu machen. Heiligung ist ein Weg, der uns durch unsere grundsätzliche Heiligung (also Sündenvergebung und Wiedergeburt) eröffnet wurde und den wir kraft der verändernden Gnade Gottes gehen können, um Gott näher zu kommen und ihm bei jedem Schritt ähnlicher zu werden.

> Es ist möglich, ein anderes, ein heiliges Leben zu führen.

Auch wenn Sie und ich vielleicht nie das hohe Maß an Heiligkeit erreichen werden, die diese Jesus so sehr liebenden Frauen und Männer erreicht haben, lassen Sie uns dennoch inspiriert und herausgefordert werden, während wir ihr Leben betrachten. Lesen Sie die kurzen Berichte über ihr Leben mit der Frage im Herzen, wie Sie in Ihrem Lebenskontext „anders" leben und damit die Menschen in Ihrem Umfeld durch Ihre Andersartigkeit auf Jesus hinweisen können. Ärgern Sie sich nicht, wenn Ihnen etwas fremd oder übertrieben vorkommt.

Stattdessen staunen Sie lieber über die Auswirkungen, die die Leben dieser Jesusnachfolger hatten.

In seinem zur Einführung in die Welt der Heiligen hervorragend geeigneten Buch „Große Heilige"⁴⁴ schreibt der evangelische Theologe Walter Nigg über den Verlust der Beschäftigung mit den Heiligen:

> *Als ein tragisches Verhängnis ohnegleichen muss der Prozess der Verdämmerung der grandiosen Heiligenwelt bezeichnet werden. Das Christentum büßte dadurch die Kenntnis von seinen überragenden Vertretern ein. Es kam um das Salz, das seine Speise kräftig machte. Das Faszinierende in der Kirchengeschichte sind jene Gestalten, welche über die menschliche Kleinheit und Schwäche hinausgingen, die das Evangelium auf eine kühne Art vertraten und von heiligem Wahnsinn ergriffen waren.*

Im Laufe der Kirchengeschichte begegnen uns immer wieder solche herausragenden Persönlichkeiten, deren Gottesglaube sie ein wahrhaft radikales Leben führen ließ. Es gab sie zu jeder Zeit. Manche davon wurden niemals einem größeren Kreis von Menschen bekannt, über andere ist bestenfalls Legendenhaftes überliefert. Ich persönlich liebe es sehr, Biografien solcher Glaubenshelden zu lesen, denn ich werde dabei immer neu ermutigt und herausgefordert, es ihnen gleichzutun. Doch nicht nur das. Ich erkenne in ihren Lebensbeschreibungen auch, dass sie mit ähnlichen Herausforderungen und Versuchungen zu kämpfen hatten wie ich. Das tröstet mich und zeigt mir, dass ein heiliges Leben eben nicht durch besondere menschliche Fähigkeiten möglich wird, sondern durch Gottes Kraft.

Noch einmal: Auch wenn manches von dem, wie die Personen ihren Glauben gelebt haben, für uns schwer zu verstehen sein mag oder uns sogar merkwürdig, eigenartig oder übertrieben erscheint – lassen Sie uns hinter diese Vordergründigkeiten schauen und uns fragen, was diese Menschen zu dem gemacht hat, was sie waren und was sie noch heute so faszinierend erscheinen lässt. Heilige werden immer polarisieren. Alle jedenfalls hatten sie eines gemeinsam: Sie waren von einem großen Hunger nach Gott erfüllt und gaben ihr ganzes Leben hin. Vorbilder wie sie braucht auch die Kirche von heute. Es geht nicht darum, dass wir sie eins zu eins nachahmen; ihre Geschichten sollen uns vielmehr dazu ermutigen, unseren persönlichen Weg der Heiligkeit mit Gott zu finden. Sie sind herausragende Repräsentanten des Königreiches Gottes oder – wie der lutherischer Theologe und Erzbischof von Uppsala, Schweden, Nathan Söderblom einmal feststellte: „Heilige sind Menschen, durch die es anderen leichter wird, an Gott zu glauben."

Bevor wir in die bewegenden Lebensberichte eintauchen, möchte ich wieder mit Ihnen beten.

> „Vater, ich möchte jetzt ganz bewusst annehmen, dass ich anders bin. Manchmal leide ich unter meiner Andersartigkeit, denn hin und wieder erlebe ich, dass ich abgelehnt oder ausgegrenzt werde. Doch du hast mich dazu bestimmt, ein anderes, ein heiliges Leben zu führen, und ich nehme diese Berufung heute von Herzen an. Bitte hilf mir, dass ich ‚anders' im Sinne deines Sohnes Jesu lebe und nicht im Sinne einer einengenden und abstoßenden Religiosität. Durch mein Leben sollen meine Mitmenschen auf deine vollkommene Andersartigkeit, auf deine bedingungslose Liebe, deine Vergebungsbereitschaft und deine Größe hingewiesen werden. Bitte hilf mir, meiner Berufung als Heiliger würdig zu leben und darin täglich zu wachsen. Amen."

Kapitel 13

Heilige Vorbilder

Die Menschen haben keine Vorstellung davon, was ein einziger Heiliger bewirken kann: Heiligkeit ist stärker als die gesamte Kraft der Hölle.

Thomas Merton

FRANZ VON ASSISI (1181/82-1226)[45]

Franz von Assisi kennt noch heute fast jeder, zumindest hat man seinen Namen schon einmal gehört, nicht zuletzt, seit sich der 266. Bischof von Rom diesen Namen gegeben hat. In der Welt der Heiligen ist er ein Gigant, der das Christentum bis heute tief greifend beeinflusst. Der österreichische Theologe Adolf Holl schreibt in seinem Buch „Der letzte Christ" über ihn:

> *Ein letztes Mal, bevor der Wagen des Fortschritts endgültig losdonnerte, hat einer die Antriebskräfte für die gewaltige Bewegung geprüft und verworfen: Franz [...]. Wie kein anderer nach ihm hat er sich körperlich, durch seine Lebensführung, gegen die Kräfte der neuen Zeit abgearbeitet. Was er den Menschen vermitteln wollte, war keine neue Theorie, sondern eine alte Praxis – die des Jesus Christus.*[46]

Ich möchte in meiner Betrachtung des Mannes aus Assisi in Mittelitalien, der ohne Zweifel zu den bedeutendsten Gestalten des Mittelalters gehört und von vielen als „der größte Heilige" bezeichnet wird, das romantische Bild des „Bruder Immerfroh", „Troubadour Gottes", „Vogelprediger" oder „Wolfsbesänftiger" beiseitelassen und Ihnen stattdessen etwas von seiner weniger legendenhaften, menschlichen Seite zeigen.

Franziskus, wie er im Deutschen auch heißt, wird im Jahr 1181 oder 1182 als Sohn des wohlhabenden Tuchhändlers Pietro Bernadone aus Assisi geboren und auf den Namen Giovanni getauft, jedoch wird schnell „Francesco" zu seinem Rufnamen. Ich nenne ihn im Folgenden schlicht Franz. Er wächst zu einem jungen Mann heran, der die weltlichen Vergnügen liebt und bald zu einem Anführer der Stadtjugend von Assisi wird.[47] Mit vollen Händen gibt er das Geld seines Vaters aus und genießt das Leben bei rauschenden Festen. Er soll einmal in die Fußstapfen seines Vaters treten und das elterliche Unternehmen übernehmen. Franz träumt vom sozialen Aufstieg in die feudale Adelswelt und einem ritterlich-glanzvollen Leben, doch plötzlich gerät er mit zwanzig Jahren in eine tiefe Identitätskrise, die sieben Jahre andauert.

Im Jahr 1202 nimmt er am Krieg seiner Heimatstadt Assisi gegen das benachbarte Perugia teil und gerät in Gefangenschaft, aus der er nach einem Jahr gegen Lösegeld schwer krank entlassen wird. Nach der Rückkehr weiß Franz nicht mehr, was er mit seinem Leben anfangen soll, und vernachlässigt seine Aufgaben im elterlichen Geschäft immer mehr. In dieser Phase seines Lebens denkt er zum ersten Mal darüber nach, sich Gott zuzuwenden und ein „frommes" Leben zu führen. Doch das Sprichwort „Not lehrt beten" bewahrheitet sich im negativen Sinne, denn nach seiner Gesundung verwirft Franz seine Überlegungen wieder. Er entscheidet sich stattdessen im Jahr 1205, unter der Führung des Grafen Walter III. von Brienne am Kreuzzug des päpstlichen Heeres gegen die staufische Herrschaft teilzunehmen, um auf diese Weise den ersehnten Ritterschlag zu erwerben.

Doch nach der Lebensbeschreibung seines Biografen Thomas von Celano (1190-1260) hat er während des Kreuzzugs einen Traum, der sein ganzes weiteres Leben in eine neue Richtung lenkt. Gott spricht zu ihm die folgenden Worte: „Welchem Herren willst du dienen, einem geringen oder dem größten?" Unter dem starken Eindruck des Traums gibt Franz den Wunsch, Ritter zu werden, und das Engagement im Dienst weltlicher Machtpolitik auf. Bereits am nächsten Morgen verlässt er das Heer, und nachdem er sich auf eine Wallfahrt nach Rom begeben hat, kehrt er schließlich nach Assisi zurück.

Ein weiteres einschneidendes Erlebnis für Franz ist die Begegnung mit einem Aussätzigen, die er in seinem Testament beschreibt, welches er in den letzten Wochen seines Lebens (September/Oktober 1226) einem Mitbruder diktiert:

> *So hat der Herr mir, dem Bruder Franziskus, gegeben, das Leben der Buße zu beginnen: Denn als ich in Sünden war, kam es mir sehr bitter vor, Aussätzige zu sehen. Und der Herr selbst hat mich unter sie geführt, und ich habe ihnen Barmherzigkeit erwiesen. Und da ich fortging von ihnen, wurde mir das, was mir bitter vorkam, in Süßigkeit der Seele und des Leibes verwandelt. Und danach hielt ich eine Weile inne und verließ die Welt.*[48]

In seinem Testament schreibt er später: „Der Höchste selbst hat mir geoffenbart, dass ich nach der Form des heiligen Evangeliums leben sollte."

Es gelingt dem sensiblen Ästheten aus gutem Haus, seinen aufsteigenden Ekel und den inneren Widerwillen dem Kranken gegenüber zu überwinden. Ganz plötzlich kann Franziskus echtes Mitgefühl empfinden und tut etwas, das er sich früher nicht einmal hätte vorstellen können: Er umarmt den entstellten Kranken und küsst ihn schließlich sogar, weil er ganz vom Verlangen danach erfüllt ist, es Jesus gleichzutun, dessen Handeln er aus dem Bericht des Matthäusevangeliums kennt:

> *Und siehe, ein Aussätziger kam heran und warf sich vor ihm nieder und sprach: Herr, wenn du willst, kannst du mich reinigen. Und er streckte die Hand aus, rührte ihn an und sprach: Ich will. Sei gereinigt! Und sogleich wurde sein Aussatz gereinigt.*
>
> Matthäus 8,2-3

Zur Zeit Jesu war es, wie schon weiter oben dargestellt, durch das mosaische Gesetz untersagt, einen Aussätzigen zu berühren. Wer dies tat, wurde selbst als aussätzig angesehen und zumindest für eine Zeit aus der Gemeinschaft der Gesunden ausgestoßen. Die Aussätzigen mussten damals außerhalb der Ortsgrenzen leben und mit dem Ausruf „Aussätzig, aussätzig" auf sich aufmerksam machen, wenn sich ihnen jemand näherte. Was Jesus tat, war skandalös in den Augen der Schriftgelehrten und Pharisäer. Was Franz tat, war ebenfalls völlig ungewöhnlich, denn niemand wollte freiwillig die Gefahr der Ansteckung in Kauf nehmen, geschweige denn einen Aussätzigen mit den Lippen berühren. Ob Franz den Aussätzigen heilen konnte, wissen wir nicht, doch er gab ihm etwas, was dem Kranken völlig vorenthalten worden war: Würde und Zugehörigkeit.

So überwindet Franz sich selbst und damit auch seine bisherigen Wertvorstellungen. Er verleugnet seine persönlichen Gefühle und setzt alles daran, so zu handeln wie der, dem zu folgen er sich entschlossen hat. Sein restliches Leben ist von dieser Haltung geprägt. Er trägt zwar kein Armband, auf dem „What Would Jesus Do?" steht, doch er handelt nach dieser Frage. Für ihn gilt ganz praktisch der Vers aus dem Galaterbrief: „... und nicht mehr lebe ich, sondern Christus lebt in mir; was ich aber jetzt im Fleisch lebe, lebe ich im Glauben, und zwar im Glauben an den Sohn Gottes, der mich geliebt und sich selbst für mich hingegeben hat (Galater 2,20).

> „... und nicht mehr lebe ich, sondern Christus lebt in mir ..."

Im Falle seines Umgangs mit den aus der Gesellschaft Ausgestoßenen geht er sogar noch einen Schritt weiter: Er erkennt in ihnen Jesus selbst; indem er die Armen und Kranken liebt, liebt er ihn selbst (siehe Matthäus 25,31-46).

Nach diesem prägenden Erlebnis wird Franz klar, dass er ganz mit dem Wertesystem der Welt brechen und sich völlig nach dem Evangelium ausrichten muss. Er kann nicht mehr zurück in sein altes Leben. Beeindruckt von einem Gott, der in die Welt „herunterkommt" und in Jesus Christus Mensch wird, will er diesen „Abstieg" nachvollziehen und Jesus in seiner Demut und Armut nachfolgen. Das führt ihn zu den armen, ausgegrenzten und kranken Menschen seiner Stadt, denen er teure Stoffe aus dem väterlichen Geschäft schenkt. 1206 kommt es deshalb zum Bruch mit dem Vater, der den Lebensstil seines Sohnes nicht akzeptieren will und ihn schließlich sogar vor Gericht verklagt. Es folgt eine dramatische Szene: Vor den Augen des Bischofs und des Volkes von Assisi zieht Franz seine eigenen, edlen Kleider aus und gibt sie dem Vater mit den Worten „Ab heute will ich nicht mehr sagen ‚Vater Pietro Bernadone', sondern ‚Vater im Himmel'" zurück.

Ab sofort kleidet er sich mit einem einfachen Gewand aus brauner Wolle und zieht sich in einsame Höhlen und abgelegene, zerfallene Kapellen zurück. Etwa drei Jahre später fängt Franz an, das Evangelium vom Königreich Gottes zu verkündigen und als herumziehender Bettler zu leben. In der Folge geschieht etwas Unerwartetes: Obwohl zur Feudalzeit des Hochmittelalters das Gegenteil zu erwarten gewesen wäre, schließen sich Franz schnell weitere Männer an. Erstaunlicherweise sind es viele Wohlhabende und Gebildete, die alles verschenken, um für Gott und mit den Armen zu leben. Im Laufe weniger Jahre wächst die Gemeinschaft von einer kleinen Gruppe von zwölf Freunden zu einer Gemeinschaft von fünftausend Männern an. Die „minderen Brüder", wie sie sich nennen, ziehen als Wanderprediger umher und verdienen sich ihren Lebensunterhalt durch Hilfsarbeiten. Sie sind arm, aber fröhlich und verkünden – mehr durch ihr Leben als durch ihre Worte – den Frieden und die Frohe Botschaft Gottes.

Lassen Sie uns kurz innehalten und den Weg von Franz bedenken: Da entscheidet sich ein einzelner Mann für die kompromisslose Nachfolge Jesu, deren Umsetzung uns vielleicht völlig fremd erscheint. Doch Tausende weiterer Männer beginnen, angezogen von seiner Leidenschaft und seinem Lebensstil, seinem Beispiel zu folgen. Warum nur? Was ist das Geheimnis von Franziskus, der über diejenigen, die sich ihm anschließen, sagt: „Und jene, die kamen, Leben zu empfangen, gaben alles, was sie haben mochten, den Armen. Und sie waren zufrieden mit einem Habit, innen und außen geflickt, samt Gürtelstrick und Hosen. Und mehr wollten wir nicht haben."?

Obwohl die folgende Schilderung erst in dem im späten vierzehnten Jahrhundert entstandenen „Fioretti di San Franscesco"[49] eines anonym gebliebenen Autors zu finden ist und ihre Historizität damit durchaus infrage gestellt werden kann, fasst sie sehr gut zusammen, welchen Reiz Franziskus durch seine extreme Lebensweise auf andere ausgeübt hat:

Einer der ersten Franziskaner, Bruder Masseo, stellt Franz eines Tages genau diese Frage: „Warum dir, warum dir, warum dir?" Franziskus entgegnet ihm: „Was willst du denn eigentlich damit sagen?" Bruder Masseo erwidert: „Ich frage, warum alle Welt dir nachläuft, warum jedermann dich sehen will und auf dich horchen und dir gehorchen will. Du bist kein schöner Mann, du bist nicht sehr gelehrt, du bist nicht edel. Was ist es denn, dass alle Welt dir nachläuft?" In seiner Demut antwortet Franz, anders, als wir es vielleicht erwarten würden: „Du willst wissen, warum gerade mir? Warum gerade mir, warum gerade mir alle nachlaufen? Dieses wurde mir zuteil, weil die heiligen Augen Gottes unter allen Sündern keinen erblicken konnten, der niederträchtiger und unzulänglicher oder ein größerer Sünder gewesen wäre als ich."

Während eine säkular gesinnte Gesellschaft oftmals diejenigen zu Stars erhebt, die sich in der Welt des Glamours und Reichtums bewegen, zog Franziskus gerade durch das Gegenteil die Massen an. Statt ein feudales Leben des Genusses zu führen, entschied er sich für den Weg der Armut und folgte auch dadurch Jesus nach, der sich selbst so tief erniedrigt hat wie niemand je zuvor.[50] Franz war ein Antiheld und gerade sein dem damaligen Ideal diametral entgegengesetzter Lebensstil war es, der so viele erkennen ließ: Nicht Ruhm, Geld oder Selbstverwirklichung sind die höchsten Werte, sondern ein Leben der Hingabe an Gott. Er setzte buchstäblich um, was Jesus in den Evangelien immer wieder gesagt hat und was uns Christen heute fast wie eine unmögliche Anforderung vorkommt: „Wenn du vollkommen sein willst, so geh hin, verkaufe deine Habe und gib den Erlös den Armen! Und du wirst einen Schatz im Himmel haben. Und komm, folge mir nach!" (Matthäus 19,21).[51]

Bei Franz von Assisi finden sich die klassischen Merkmale eines Heiligen. Ungeachtet der nur schwer nachzuweisenden Zeichen und Wunder, die er gewirkt haben soll, wird eines sehr deutlich: Sein Geheimnis lag in seiner völligen Hingabe an Jesus Christus. Franz war für die Menschen seines Jahrhunderts ein Mann aus einer anderen Welt. Er war völlig „anders", und gerade das machte seine Faszination aus. Nicht die Werte und Maßstäbe der Welt hatten für ihn Bedeutung, sondern Christus allein. Franziskus *kannte* Jesus, er war ganz auf ihn fokussiert. Seine Gabe bestand darin, seine Mitmenschen an Jesus zu erinnern. Der evangelisch-reformierte Theologe Walter Nigg nennt Franz von Assisi den „stärksten jesuszentrischen Menschen, der in der Geschichte aufgetreten ist"[52].

Im Alter von etwa dreiundvierzig Jahren wird Franz, der schon seit Langem an Malaria leidet und mittlerweile erblindet ist, sehr krank. Es geht ihm nicht nur körperlich schlecht. In tiefer Depression verfasst er den berühmten „Sonnengesang". Darin formuliert er seinen Dank und sein Vertrauen gegenüber Gott, dem Schöpfer. Im Jahr 1226 stirbt er im Kreise zahlreicher Mitbrüder, die er noch einmal segnet.

Die Beschäftigung mit Franz von Assisi lässt in mir die Frage aufsteigen, wie vielen Menschen ich selbst ein Beispiel gebe, dem sie gerne folgen, weil es authentisch und „anders" – also heilig – ist. Wie sehr ist mein eigenes Leben geprägt von dem Wunsch, Jesus ähnlicher zu werden?

Stellen Sie sich einmal vor, es würden heute fünftausend Frauen und Männer die Entscheidung treffen, Jesus in derselben Radikalität zu folgen und ein heiliges Leben zu führen, wie es der Mann aus Umbrien getan hat. Wenn ihrem Beispiel wiederum jeweils fünftausend andere Menschen folgen würden, wären das schon fünfundzwanzig Millionen Heilige. Welches Potenzial wäre das für eine Revolution der Liebe Gottes in unserer Kirche und Welt!

THÉRÈSE VON LISIEUX (1873-1897)[53]

„Meine Berufung ist die Liebe."

Uns heute ist der Wunsch vieler junger Christen der vergangenen Jahrhunderte, ein klösterliches Leben zu führen, eher fremd und wir können ihn kaum nachvollziehen. Doch beobachte ich heute in meinem direkten Umfeld als Leiter eines Gebetshauses eine durchaus ähnliche Entwicklung: Junge Menschen spüren in sich den Ruf zu einem kontemplativen Leben in einer Gemeinschaft von gleichgesinnten Betern. Sie wollen ihr Leben ganz in den Dienst für Gott stellen. Während früher das Kloster fast die einzige Möglichkeit war, so ein Leben zu führen, gibt es heutzutage eine große Anzahl christlicher, oft bewusst überkonfessionell ausgerichteter Gemeinschaften, die teilweise auch miteinander leben. Die weltweit stark wachsende Gebetshausbewegung ist in meinen Augen ebenfalls eine Art „neoklösterliche" Bewegung. Auch wenn es keine Ordensregeln gibt, auch wenn die zu den Gebetshäusern gehörenden Menschen noch immer in ihren ursprünglichen Konfessionen verbleiben und meist in ihren privaten Wohnungen leben, ist der Wunsch, einer kontemplativen, fortlaufend betenden Gemeinschaft anzugehören, der Sehnsucht ähnlich, die in früheren Zeiten Menschen ins Kloster geführt hat.

Schon seit vielen Jahren beschäftigt und bewegt mich die jung verstorbene Karmelitin Thérèse von Lisieux, eine Frau, die das Verlangen in sich spürte, ihr Leben ganz Gott hinzugeben. Obwohl ihr Frömmigkeitsstil sich in vielem von meinem unterscheidet, übt sie eine Faszination auf mich aus, der ich mich nicht entziehen kann. Immer wieder inspiriert mich ihr Leben und fordert mich heraus. Sie zählt für mich zu den „großen Heiligen", weil sie so auf die eine Sache fokussiert war, die auch ich für die größte halte und nach der ich strebe: Jesus mit einer authentischen und tiefen Liebe zu lieben. Außerhalb der katholischen Kirche ist Thérèse wenig bekannt, obwohl beispielsweise ihre Biografie[54] zu den meistgelesenen der Welt gehört und in über fünfzig Sprachen übersetzt wurde. Lassen Sie uns also einen Blick auf ihr Leben werfen.

Im Jahr 1873 als Marie-Françoise Martin in der Normandie geboren, wird sie durch den frühen Tod der Mutter bereits im Alter von vier Jahren zur Halbwaise. Thérèse wächst mit dem Vater und vier älteren Schwestern in einem frommen Haushalt auf, wo sie einerseits eine strenge und fordernde religiöse Erziehung erhält, andererseits aber als jüngstes von neun Kindern (vier ihrer Geschwister sind bereits im Kindesalter gestorben) auch sehr verwöhnt wird. Bereits ihre zwei älteren Schwestern Pauline und Marie entscheiden sich für das Klosterleben im Karmel von Lisieux, und im zarten Alter von neun Jahren kennt auch Thérèse nur noch den Wunsch, ebenfalls in die klösterliche Gemeinschaft einzutreten, um Jesus so nah wie nur irgend möglich zu sein.

Ihrer Sehnsucht nach einem klösterlichen Leben steht jedoch ihr Alter im Weg. Alle ihre Versuche, Zugang zum Kloster der Karmelitinnen in Lisieux zu erhalten, scheitern. Aber Thérèse gibt nicht auf, denn zu groß ist ihre Leidenschaft dafür, ein Leben mit und für Jesus führen zu dürfen. Schließlich unternimmt sie, zusammen mit ihrem Vater, im November 1887 eine Pilgerfahrt nach Rom, wo es ihr gelingt, bei einer Audienz Papst Leo XIII. persönlich um Aufnahme ins Kloster zu bitten. Doch der Papst antwortet der mittlerweile Vierzehnjährigen ausweichend. Thérèse ist furchtbar enttäuscht. Zurück in Lisieux erhält sie nach einer Zeit der Unsicherheit und des Wartens dann endlich doch noch die Zusage durch den für ihren Fall zuständigen Bischof von Bayeux und tritt im April 1888 im Alter von fünfzehn Jahren in das Kloster der Karmelitinnen ein.

Thérèse ist von einem Verlangen nach der Nähe Jesu erfüllt, das so stark ist, dass es all ihr Denken und Handeln völlig durchdringt. Allerdings ist das Leben im Kloster ungewohnt und wird von ihr als hart empfunden. Die für sie neue Gemeinschaft der vierundzwanzig Schwestern, die Kälte in den klösterlichen Räumlichkeiten und die neuen Essgewohnheiten sind eine Herausforderung für sie. Täglich verbringen die Schwestern zwei Stunden in betrachtendem und mehr als vier Stunden in liturgischem Gebet. Thérèse empfindet die Gebetszeiten als trocken und gerät in eine tiefe Glaubenskrise. Dennoch liefert sie sich immer wieder neu der Liebe Gottes aus und will ihrerseits Gott lieben, wie er noch niemals zuvor geliebt worden ist. Eines ihrer berühmtesten Zitate zeugt von der einen, größten Sehnsucht in ihrem Leben: „Ich will lieben, bis ich vor Liebe sterbe."

> „Ich will lieben, bis ich vor Liebe sterbe."

Die Ordensschwestern halten Thérèse für eingebildet und machen ihr das Leben schwer, selbst ihre Priorin behandelt sie mit großer Strenge. Um die Besonderheit der Hingabe von Thérèse und ihr Verlangen danach, Jesus so sehr zu lieben, zu verstehen, muss man wissen, dass zur damaligen Zeit die klösterliche Theologie geprägt war vom Bild eines Rächergottes. Sie jedoch sehnt sich nach dem Gott der Liebe. Von Herzen möchte Thérèse ein heiliges Leben für Jesus führen, merkt aber bald, dass sie dazu als Mensch nicht in der Lage ist. Eines Tages aber erkennt sie beim Lesen in der Bibel, dass es doch einen Weg gibt, um zum Ziel der Heiligkeit zu gelangen: Sie übergibt sich ganz den liebenden Armen Jesu. Sie versteht, dass Heiligkeit geschenkt wird und in der Gegenwart Gottes zu finden ist.

So bleibt Thérèse bei ihrem besonderen Lebensstil, den ihre Mitschwestern nicht nachvollziehen können. Sie lebt ganz nach den Prinzipien des von ihr so bezeichneten „kleinen Wegs", der die geistliche Armut des Menschen erkennt; dieser steht immer mit leeren Händen vor dem stets liebenden und sich verschenkenden Gott. Sie betrachtet den Menschen als Geschenk Gottes und als jemanden, der aus dem dankbaren Empfangen selbst zu einem Gebenden wird. Ihr „kleiner Weg" ist für jeden Menschen gangbar. Thérèses Leitbild ist es nicht, das „Außergewöhnliche" zu tun, sondern das „Gewöhnliche" außergewöhnlich gut zu vollbringen. Es ist ein Weg des Vertrauens und der Hingabe an den Willen des Vaters, der geistlichen Kindschaft.

„Ich wollte mich selbst vergessen, um anderen Freude zu machen. Von da an war ich glücklich."

Obwohl ihr Glaube sich von dem ihrer Mitschwestern teilweise stark unterscheidet, rebelliert sie nicht, sondern ordnet sich den Autoritäten des Klosters unter. In ihren Aufzeichnungen schreibt sie dazu: „Ich wollte mich selbst vergessen, um anderen Freude zu machen. Von da an war ich glücklich."

Sie erkennt weiter, dass das Wort Jesu vom „letzten Platz" (Lukas 14,10) tatsächlich eine befreiende Wahrheit in sich trägt. Wer freiwillig den letzten Platz wählt, braucht nicht mehr um einen der vorderen Plätze zu kämpfen. So ziehen Ruhe und Gelassenheit in ihr Leben ein. „Das Einzige, um das uns niemand beneidet, ist der letzte Platz, darum gibt es auf diesem Platz weder Eitelkeit noch Herzeleid."

Im Alter von dreiundzwanzig Jahren erkrankt Thérèse an Tuberkulose. Die Krankheit schreitet unaufhaltsam fort und führt schließlich zu ihrem Tod. In ihren Aufzeichnungen berichtet sie von ihrem Wissen um das bevorstehende Sterben: „Jetzt bin ich krank und werde nicht mehr gesund. Nichtsdestoweniger bleibe ich im Frieden. Seit Langem schon gehöre ich mir nicht mehr an. Ich bin Jesus vollständig ausgeliefert. Nicht der Tod wird mich holen kommen, sondern der liebe Gott."

Eines Nachts wird sie in ihrer dunklen Zelle wieder einmal von heftigem Husten überwältigt und spürt, dass ihr Taschentuch ganz feucht wird. Doch erst am nächsten Morgen und bei Tageslicht entdeckt sie, dass die Feuchtigkeit vom Blut stammt, das sie nachts ausgehustet hat. Dies versteht Thérèse als deutlichen Hinweis auf den nahenden Tod und als Zeichen dafür, dass sie bald bei ihrem himmlischen Bräutigam sein darf. Es beginnt eine letzte, schwere Lebensphase, während der sie viel leidet, weint und betet. Trotz allem versucht sie noch, ihre Schwestern durch kleine Späße von dem Leid abzulenken, dem diese zusehen müssen.

Auch bei der Beschreibung von Thérèses Leben möchte ich kurz innehalten, um einen Gedanken zu formulieren. Die meisten Christen, die ich kenne, würden angesichts von Leid und Krankheit eher damit anfangen, durch Gebet alles in Bewegung zu setzen, um gesund zu werden. Auch ich würde das tun. Warum hat Thérèse anders gehandelt? Wie konnte sie angesichts des nahenden Endes davon sprechen, dass nicht der Tod, sondern Gott sie holen würde? Spricht aus ihren Worten die blanke Naivität oder steckt mehr dahinter? Welche Art von Hingabe lässt sie mitten im Sterbeprozess nicht völlig verzweifeln, sondern befähigt sie im Gegenteil dazu, das Sterben als Geschenk Gottes anzusehen, um bald bei Jesus sein zu dürfen? Unser Verstand stößt bei der Betrachtung der jungen Nonne aus Lisieux an seine Grenzen. Ähnlich wie bei Franziskus können wir beim Gedanken an die Verschwendung eines so jungen Lebens vielleicht sogar ärgerlich reagieren. Doch denken wir einmal an die Geschichte einer der größten Verschwendungen, von denen uns das Neue Testament berichtet, und wie Jesus auf die Empörung der Anwesenden reagiert, als eine Frau seinen Kopf mit Salböl im Wert eines Jahresgehaltes übergießt (Markus 14,3-9).

Eine Verschwendung aus Liebe wird Jesus niemals abweisen. Könnte es also möglich sein, dass er das Geschenk des in unseren Augen vielleicht verschwendeten Lebens von Thérèse im Kloster ebenso angenommen hat wie das Salböl im Haus des Simon?

Bevor Thérèse an den Folgen der Tuberkulose schließlich stirbt, schreibt sie dem Missionar Abbé Maurice Bellière, mit dem sie eine Gebetsfreundschaft verbindet: „Ich sterbe nicht, ich trete ins Leben ein."

Als sie schließlich stirbt, geschieht dies nach langer und schlimmer Leidenszeit. Doch so besonders ihr Leben in all seiner Schlichtheit war, ist es auch ihr Tod. Am 30. September 1897 erlebt sie sterbend und umgeben von ihren wachenden Mitschwestern eine so tiefe Begegnung mit der Liebe Gottes, dass sie ihr Leben mit den Worten „Mein Gott, ich liebe dich" beschließt.

Thérèse von Lisieux ist in meinen Augen eine Heilige, weil auch sie so „anders" war. Selbst unter „Profichristen" in Kirchen, Gemeinden und Klöstern ist es eher ungewöhnlich, dass Jesus derart uneingeschränkt die erste Priorität im Alltagsleben hat und das höchste Gebot aus Markus 12,28-29 so ernst genommen wird. Obwohl sie, wie wir heute, fast den ganzen Tag mit praktischer Arbeit im Kloster beschäftigt war, lebte sie dennoch in einer innigen und fortwährenden Liebesbeziehung zu Jesus. Ihre Hingabe hat in Millionen von Menschen die Saite der in uns allen verwurzelten und tiefsten Sehnsucht zum Klingen gebracht: die Sehnsucht nach der Liebe Gottes und danach, ihn wiederzulieben. Wie ich oben angedeutet habe, kannte auch sie die Erfahrung von Gottesferne und Zweifel. Jedoch bekämpfte sie diese und andere Herausforderungen immer hartnäckig mit der gleichen Herzenshaltung: Jesus zu lieben, wie er niemals zuvor geliebt wurde. Was für ein Vorbild!

„Jesus, wenn ich ehrlich bin, liebe ich so viele Dinge neben dir. Auf die Idee, dich mit einer ganz besonderen Liebe zu lieben, wie es Thérèse getan hat, bin ich bisher noch gar nicht gekommen. Von Herzen bete ich, dass du mein Herz berührst und darin Liebe für dich weckst. Eine Liebe, die in den Stürmen meines Lebens trägt und die bleibt, bis auch ich dich von Angesicht zu Angesicht sehen werde. Wecke in mir die Sehnsucht, in deiner Nähe zu leben. Amen."

GERHARD TERSTEEGEN (1697-1769)[55]

Vielleicht ist Ihnen bislang wenig bis nichts über das Leben von Gerhard Tersteegen bekannt, doch ich bin mir ziemlich sicher, dass Sie zumindest eines seiner schönsten Lieder kennen. Er veröffentlichte es im Jahr 1729:

> *Gott ist gegenwärtig, lasset uns anbeten*
> *und in Ehrfurcht vor ihn treten!*
> *Gott ist in der Mitte, alles in uns schweige*
> *und sich innigst vor ihm beuge!*
> *Wer ihn kennt, wer ihn nennt,*
> *schlagt die Augen nieder, kommt ergebt euch wieder.*

Gerhard Tersteegen ist das siebte von acht Kindern in einer von reformierter Frömmigkeit geprägten Familie. Als er gerade einmal sechs Jahre alt ist, stirbt sein Vater. Dadurch wird die Familie vor so große finanzielle Herausforderungen gestellt, dass es dem Jungen unmöglich gemacht wird, nach der Schule ein Studium zu beginnen. Stattdessen geht Gerhard als Sechzehnjähriger bei seinem Schwager in die Kaufmannslehre und eröffnet anschließend sein eigenes Geschäft.

Als junger Mann macht er die Bekanntschaft mit Christen, die eine Lebendigkeit in sich tragen, die er so noch nicht kennt. Durch diese Menschen lernt er die Schriften der großen Mystiker wie Thomas von Kempen, Teresa von Ávila oder Johannes vom Kreuz kennen. Begeistert liest er von deren Erfahrungen mit der Gegenwart Gottes. Auch der Gedanke vom Loslassen des egozentrischen Selbstbilds oder dem Ertragen von Leiden als geistlicher Übergangsstationen zur Vereinigung mit Gott berührt ihn tief.

Bereits zu dieser Zeit hat er ein großes Verlangen nach Gottes Nähe und so teilt er seinen Tagesablauf in eine Folge von Arbeit und Gebet ein: Von morgens sechs bis um elf Uhr arbeitet er, um anschließend für eine Stunde zu beten. Von dreizehn bis achtzehn Uhr setzt er seine Arbeit fort, der wieder eine Stunde des Betens folgt. Doch immer noch hat er Sehnsucht nach mehr, nach einem wirklich anderen Leben. Er will sich zurückziehen, will geistliche Literatur studieren und mehr Zeit für das Gebet haben. So gibt er im Jahr 1719 sein eigenes Geschäft auf und wird zur Finanzierung seines Lebensunterhalts Seidenbandweber. Zurückgezogen und aufgrund seines geringen Einkommens nur mit dem Nötigsten ausgestattet, hat er jetzt endlich mehr Zeit, sich mit seinen Büchern zu beschäftigen. In seinem Leben beginnt eine Phase des regelrechten Ringens um Gottes Nähe. Innere Niedergeschlagenheit wechselt sich mit stiller Zufriedenheit ab. Zeiten visionärer und ekstatischer Zustände gehen über in existenzielle Zweifel. Ähnlich wie die Wüstenväter des dritten Jahrhunderts, die sich in die Einöden zurückzogen, um Gott zu suchen, hat Gerhard mit großen Anfechtungen zu kämpfen. Doch er will die für ihn größtmögliche Nähe zu Gott erreichen und gibt nicht auf. Endlich macht er fünf Jahre später eine Erfahrung, die er „mein Bekehrungserlebnis" nennt. Im Erleben der liebenden Gegenwart Gottes findet er plötzlich tiefen Frieden. Es ist für ihn ein inneres Ankommen bei Gott, sein Suchen hat endlich ein Ende. Die Erfahrung des in ihm wohnenden Gottes ist ihm so kostbar, dass er sich ganz Jesus verschreibt. Für heutige Menschen schwer nachzuvollziehen, verfasst er den folgenden Text mit seinem eigenen Blut:

Meinem Jesu! Ich verschreibe mich dir, meinem einzigen Heiland und Bräutigam Christo Jesu, zu deinem völligen und ewigen Eigentum. Ich entsage von Herzen allem Recht und Macht ... Von diesem Abend an sei dir mein Herz und ganze Liebe auf ewig zum schuldigen Dank ergeben und aufgeopfert! ... Befehle, herrsche und regiere in mir![66]

Mit einunddreißig Jahren bricht Gerhard schließlich ganz mit seiner bürgerlichen Existenz: Er gibt seinen Beruf auf und wohnt in einfachsten Verhältnissen in einer Art Hütte. Dort lebt er nach seinem Vorsatz „Die Einsamkeit ist die Schule der Gottseligkeit".

Der eigenartige Mensch Gerhard Tersteegen erregt trotz aller Zurückgezogenheit die Aufmerksamkeit der Menschen. Sie wollen ihn, der offenbar so viel Zeit mit Gott verbringt, hören, denn wenn er zu ihnen spricht, spüren sie, dass da etwas Besonderes am Werk ist. Seine Nähe zu Gott prägt ihn und verleiht seinen Worten Gewicht. Er predigt schließlich in Kreisen der protestantischen Erweckungsbewegung und legt in Scheunen und Schuppen die Bibel aus. Nur ein einziges Mal in seinem Leben spricht er von der Kanzel einer Kirche. Den Pastoren der Evangelischen Landeskirche ist der seltsame Wanderprediger unheimlich: Sie beschweren sich bei ihren Vorgesetzten über ihn und wollen ihn loswerden, doch die zuständige Kirchenbehörde kann an seiner Lehre nichts Anstößiges finden.

Neben dem Misstrauen der Pastoren weckt Tersteegen jedoch in anderen Menschen sehr positive Regungen. Sie sind fasziniert von ihm, weil er Gott so nah zu sein scheint und es mit seiner Gottessuche ganz offensichtlich ernst meint. Immer mehr pilgern zu seiner Hütte, um Rat zu finden oder ihm zuzuhören. Sie stehen in den Nebenräumen des überfüllten Häuschens und stellen Leitern an die Fenster, nur um seinen Worten zu lauschen, die auf die persönliche Heiligung der Zuhörer abzielen. Das Aufsehen um seine Person ist ihm selbst nicht recht, doch er sieht ein, dass er den Menschen etwas zu geben hat, das sie näher zu Gott führt:

> *Was mich betrifft, so gestehe ich, dass ich ganz anders leben würde, wenn ich die Wahl hätte; ich muss reden, schreiben, mit Menschen umgehen und möchte gerne nach meinem Wunsche beinahe immer schweigen, mich verbergen und nur an Gott denken.*[57]

Seine Sehnsucht ist es, der Christenheit wieder die Stille vor Gott groß zu machen. Mit nachstehenden Worten erklärt er, wie er das Beten versteht: „Beten ist, den allgegenwärtigen Gott ansehen und sich von ihm besehen lassen."[58]

An dieser Stelle möchte ich erneut innehalten und einen Kommentar einflechten. In vielen meiner eigenen Vorträge verwende ich den Satz „Autorität kommt aus der Intimität". Ich glaube fest, dass nicht Programme, Strukturen oder Dienste, ja nicht einmal die so wichtige Beschäftigung mit der Theologie an der ersten Stelle unserer Nachfolge stehen sollten, sondern – um es ein wenig poetisch zu formulieren – der Blick auf Gott selbst. Was Tersteegen im oben erwähnten Satz zum Ausdruck bringt, enthält die Kernbotschaft der Nähe zu Gott aus dem so revolutionären Evangelium von Jesus Christus und weist zugleich auf den Weg zu einem heiligen Leben hin. In „Brannte nicht unser Herz?" habe ich genauer darüber geschrieben, wie wir Gott anschauen und dadurch Jesus ähnlicher werden können. Gott anzusehen, ist keine verschwendete Zeit, sondern nach Paulus' Worten das Geheimnis der persönlichen Umgestaltung in das Bild Jesu (2. Korinther 3,18).

Wer Jesus im stillen Gebet anschaut, wird vom Heiligen Geist verändert. Das war sicher eines der großen Geheimnisse Gerhard Tersteegens, darin liegt sein Einfluss begründet, der bis in die heutige Zeit hineinreicht. Dieser Weg zur Heiligkeit steht uns allen offen. Das Einzige, was er uns abverlangt, ist die Zeit, die wir uns nehmen müssen, um Gott anzuschauen.

Doch es geht nicht nur ums Ansehen. Der zweite Teil von Tersteegens Aussage berührt mich zutiefst: sich von Gott besehen lassen. Das drückt ein grandioses Gottvertrauen und eine tiefe Freundschaft mit Gott aus. Ich weiß nicht, wie viele von uns sich Zeit dafür nehmen, um vor Gott zu sein, um sich von ihm anschauen zu lassen. Vielleicht ist der Gedanke daran einigen sogar unangenehm, denn Gott könnte ja Dinge in unserem Herzen entdecken, die ihm missfallen. Doch Gottes Blick auf uns ist nicht kontrollierend oder fordernd, sondern wohlwollend und liebend.

> **Wer Jesus im stillen Gebet anschaut, wird vom Heiligen Geist verändert.**

Wenn ich meine eigenen Kinder betrachte, die mittlerweile alle erwachsen sind, spüre ich in mir Liebe und Zuneigung aufsteigen. Ich liebe sie, weil sie meine Kinder sind, und nicht, weil sie etwas für mich tun. So ergeht es Gott mit uns: Wenn er seine Kinder ansieht, geht ihm das Herz auf. Gerhard Tersteegens Gebetsleben bestand aus einem gegenseitigen Anschauen. Dr. Johannes Hartl, der Gründer des Gebetshauses Augsburg, hat diese Form des Betens in einem Lied mit den folgenden Worten umschrieben: „Dein Blick auf mir, mein Blick auf dir. Und das genügt."

Tersteegens Predigten, die sich aus seiner Beziehung zu Gott speisen, richten viele Menschen auf; die Zahl seiner Antwortbriefe an Ratsuchende und Freunde geht in die Tausende. Er ermutigt die Zweifelnden, stärkt die Entmutigten und gibt Nahrungsmittel, die man ihm schenkt, an Bedürftige weiter. 1729 veröffentlicht er unter dem Titel „Geistliches Blumengärtlein inniger Seelen" eine Sammlung von Liedern, die zum Teil noch heute Gemeingut in evangelischen Gemeinden sind. „Ich bete an die Macht der Liebe" ist eines der bekanntesten.

Die lokalen Pastoren stellen sich gegen seinen Predigtdienst, und obwohl seine Versammlungen nie zeitgleich zu den regulären Gottesdiensten stattfinden, wird ihm das Predigen schließlich 1740 von der bergischen Regierung verboten. Zehn Jahre hält sich Tersteegen an das Predigtverbot. Doch sein reger, seelsorgerlicher Briefwechsel mit Fragenden bleibt auch während dieser Zeit bestehen und auf diese Weise prägt er weiterhin sehr viele Menschen. Sein Rat ist so gefragt, dass er ohne Weiteres als einer der größten Seelsorger aller Zeiten bezeichnet werden darf.

Wenn er dann einmal alleine in seiner Hütte ist, studiert und übersetzt er geistliche Bücher oder verfasst Biografien von insgesamt sechsundzwanzig Glaubensvorbildern, darunter Franz von Assisi und Teresa von Ávila. Er ist fasziniert von diesen großen Heiligen. In seinen „Auserlesenen Lebensbeschreibungen Heiliger Seelen" schreibt er: „Die Lebensbeschreibungen, Worte, Werke und Leiden der Heiligen müssen in uns immer wieder ihre Erfüllung finden." Damit macht er deutlich, dass das Lesen von Biografien geistlicher Vorbilder aus seiner Sicht den Sinn hat, uns zu ihren Nachahmern zu machen. Wie sie Gott gefolgt sind, soll uns dazu anreizen, ihm ebenfalls vertrauensvoll unser ganzes Sein hinzugeben. Im Vorwort des ersten der drei zwischen den Jahren 1733 und 1754 erschienen Bände heißt es:

Dieses wünschte ich, lieber Leser, dass diese teuren Zeugen der Wahrheit, durch Gottes Mitwirkung, in dein und mein Herz Folgendes eindrücken und bestätigen möchten: erstens, dass das wahre Christenleben allerdings ein genaues und inwendiges sei; zweitens, dass auch, durch Gottes Gnade, ein solches Leben und Wesen, zu üben und zu erfahren, in dieser Zeit möglich sei; und zwar (drittens) in allen Ständen, worin wir uns von außen, nach Gottes Willen, befinden möchten. Es sei ferne, dass ihre Heiligkeit uns sollte bestürzt machen oder abschrecken; vielmehr sollte unser Glaube mächtig gestärkt werden, wenn wir an ihrem Beispiel sehen, welch ein gewünschtes Ende alle diese dunklen Wege der Demütigung und Läuterung nehmen und wie endlich eine friedsame Frucht der Gerechtigkeit aus der Dürre hervorwächst. Ja, wir können an ihnen sehen, was die Gnade vermag, wo man sich ihrer treuen Führung unbedingt überlässt, und dass wir nicht immerdar in unseren klagenden Anfängen dürfen hangen bleiben, sondern dass wir wissen sollen, welches da sei die Hoffnung unserer Berufung.

Tersteegen stellt dem Leser in seinen Büchern Beispiele vor Augen, die belegen, dass sich der manchmal dunkle Weg unseres Lebens lohnt, weil es eine mächtige Kraft gibt, die uns heiligen und uns zum Ziel unseres Lebens führen kann: die uns befähigende Gnade Gottes. Mit diesem Thema werden wir uns im weiteren Verlauf dieses Buches noch intensiv beschäftigen.

In seinem „Kurzen Bericht von der Mystik"[59] aus dem Jahr 1768 erfahren wir, wie wir uns sein eigenes Leben vorstellen können: „Mystiker reden wenig, sie tun und sie leiden vieles, sie verleugnen alles, sie beten ohne Unterlass, der geheime Umgang mit Gott ist ihr ganzes Geheimnis."

Am 3. April 1769 stirbt Gerhard Tersteegen im Alter von neunundsiebzig Jahren in Mülheim an der Ruhr. Sein Erbe, das heute noch viele Christen herausfordert, inspiriert und segnet, ist gewaltig. Tersteegen war ein Heiliger, dessen Einzigartigkeit aus seiner Gottessuche entsprungen ist. Er hat nicht nachgelassen, sich nach Jesus auszustrecken. Er hat – um Gott näher zu kommen – die Schriften derer durchgearbeitet, die ihm ein Stück voraus waren, und sich an ihrem Beispiel orientiert. Sein Ruf an uns heute ist der Ruf in ein heiliges Leben.

MUTTER TERESA (1910-1997)[60]

Kommen wir mit unseren Beispielen noch ein Stück näher an unsere heutige Zeit heran und betrachten als Letztes eine Heilige, die so prominent wurde, dass sie sogar über die christliche Kirche hinaus weltweite Bekanntheit erlangte.

Am 26. August 1910 wird in Üsküp, dem heutigen Skopje in Mazedonien, ein Mädchen namens Agnes Gonxhe Bojaxhiu geboren. Sie wächst in den Wirren des Ersten Weltkriegs auf und hat schon damals ein großes Herz für die Armen; so verschenkt sie beispielsweise immer wieder Essen aus dem väterlichen Lebensmittelgeschäft an bedürftige Menschen.

Als ihr Vater stirbt, wird sie im Alter von neun Jahren zur Halbwaise. Mit zwölf steht für Agnes fest: Sie will unbedingt Ordensschwester werden. Durch Zufall trifft sie eines Tages eine Nonne und hört durch sie von einer Gemeinschaft von Schwestern, die anderen Menschen helfen. Von einer solchen Hingabe fasziniert, bittet sie mit achtzehn Jahren die Gemeinschaft der sogenannten Loretoschwestern um Aufnahme als Novizin. Agnes wird angenommen und verlässt ihr Zuhause. Ihr Noviziat verbringt sie im Mutterhaus der Schwesternschaft in Irland, wo sie ihren Ordensnamen Maria Teresa nach der uns schon bekannten Thérèse von Lisieux erhält. Bereits im Jahr zuvor hat Teresa von der großen Armut Indiens gehört und ihren geistlichen Leitern gegenüber den Wunsch geäußert, dorthin gehen zu dürfen. Und schon im Dezember 1928 erfüllt sich ihr Wunsch; sie wird tatsächlich nach Indien entsandt und kommt im Januar 1929 in Kalkutta an, der Stadt, deren Name wohl für immer mit dem ihren verbunden sein wird. Teresa erhält dort eine Lehrerausbildung und wird 1937 Leiterin einer höheren Schule für bengalische Mädchen. Im gleichen Jahr legt sie die ewigen Gelübde ab und wird nach eigenen Worten zur „Braut Jesu für alle Ewigkeit".

Obwohl sie bereits längere Zeit im missionarischen Dienst steht, erlebt sie nach fast zehn Jahren etwas, das sie selbst ihre Berufung innerhalb ihrer Berufung nennt. Auf eine Weise, die sie selbst nicht erklären kann, spürt sie plötzlich das Verlangen Jesu nach den verlorenen Menschen. Daraufhin wird die Sehnsucht, dieses Verlangen ihres Herrn zu stillen, für Teresa zur treibenden Kraft ihres Lebens. Sie fühlt sich von Jesus gerufen, ein Licht unter den Verlorenen und insbesondere unter den von der Gesellschaft verachteten Armen zu sein. Sie selbst drückt es so aus: „Ich möchte eine Heilige werden, indem ich das Dürsten Jesu nach Liebe und nach Seelen stille."[61]

> „Ich möchte eine Heilige werden, indem ich das Dürsten Jesu nach Liebe und nach Seelen stille."

Teresa möchte eine neue Glaubensgemeinschaft gründen, die sich dem Dienst an den Ärmsten der Armen widmet, muss jedoch noch zwei Jahre warten, bevor sie von ihren Vorgesetzten die Erlaubnis erhält, ihr neues Werk zu beginnen. Im August 1948 trägt sie zum ersten Mal den weiß-blauen Sari, den später die ganze Welt kennen wird, und verlässt das Konvent der Loretoschwestern, um ganz in die Welt der Armen Kalkuttas einzutreten.

Für ihre sich im Aufbau befindliche Mission wird ihr von einem Christen ein Stockwerk in einem Haus mitten in Kalkutta zur Verfügung gestellt. 1950 ist es so weit: Sie gründet die Gemeinschaft der Missionarinnen der Nächstenliebe. Die Schwestern besitzen jeweils nur zwei Saris, eine Tasche mit einfachen Kleidungsstücken und ein einziges Paar Schuhe. Mit kaum mehr Mitteln als ihrer Barmherzigkeit ausgestattet, sind sie in den Straßen Kalkuttas auf der Suche nach sterbenden Menschen, um deren Leid zu mildern. Schon 1952 eröffnet Teresa ein „Kranken- und Sterbehaus", um die Ärmsten von der Straße zu holen. Dort finden in den kommenden Jahrzehnten Zehntausende Menschen Hilfe. Mehr als die Hälfte überleben dank der Pflege der Schwestern, die anderen dürfen zumindest in Würde sterben.

Teresa erlebt großartige finanzielle Versorgung, während sie persönlich kaum Geld besitzt. Mithilfe von Spenden entstehen Nahrungsverteilungszentren für Kinder an unterschiedlichen Orten und 1957 dann das bekannte Heim für Leprakranke in Kalkutta. Doch trotz der Größe, den der Dienst der Missionarinnen der Nächstenliebe mittlerweile angenommen hat, kümmert sie sich noch immer persönlich um die ihr anvertrauten Menschen, sie pflegt und wäscht sie. Aus ihren Notizen wird ersichtlich, wie sie mit dem sie umgebenden Leid umgeht: „Leiden, Schmerz, Versagen – ist nichts anderes als ein Kuss von Jesus, ein Zeichen dafür, dass du Jesus am Kreuz so nahe gekommen bist, dass er dich küssen kann."[62]

Wie Franziskus so viele Jahrhunderte zuvor erkennt Teresa in dem, was die Welt ablehnt, die Gegenwart Gottes, der mit den Leidenden leidet und mit den Weinenden weint – durch uns.

1960 dann beginnt Teresa, Mitschwestern in andere Teile der Erde und schließlich in die gesamte Welt zu senden, damit auch dort dem

Elend der Armen begegnet werden kann. So entstehen zwischen 1965 und den Neunzigerjahren des zwanzigsten Jahrhunderts auf jedem einzelnen Kontinent der Erde Häuser der Missionarinnen der Nächstenliebe; sogar in kommunistischen Staaten wie Albanien, Kuba oder der ehemaligen Sowjetunion dürfen die Schwestern arbeiten. Die Welt nimmt Mutter Teresa wahr. Unzählige Auszeichnungen bis hin zum Friedensnobelpreis, den sie 1979 erhält, nimmt sie zur Ehre Gottes und im Namen der Armen entgegen. 1997 übergibt sie die Ordensleitung, im September desselben Jahres verstirbt Teresa im Alter von siebenundachtzig Jahren. Zu dieser Zeit gibt es fast viertausend Mitschwestern und sechshundertzehn Niederlassungen in einhundertdreiundzwanzig Ländern der Erde.

Zehn Jahre nach ihrem Tod erscheint 2007 ein Buch, in dem ihre persönlichen Aufzeichnungen veröffentlicht werden. Es enthält Überraschungen, von denen niemand etwas ahnte. Zum ersten Mal gelangen Informationen über eine unbekannte Seite Teresas an die Öffentlichkeit. In berührenden, manchmal auch erschreckenden Worten beschreibt sie, welche tiefen Phasen des Zweifelns und der geistlichen Dunkelheit sie in ihrem Leben durchlitt. Selbst ihre engsten Vertrauten wussten nichts davon, dass sie sich über eine sehr lange Zeit hinweg von Gott getrennt, ja sogar abgelehnt fühlte, während gleichzeitig das Verlangen nach seiner Liebe immer stärker wurde. Ihre Worte zeigen den Schmerz der Einsamkeit, den sie in dieser Zeit ihres Lebens durchlitt: „Die Einsamkeit des Herzens, das nach Liebe verlangt, ist unerträglich."[63]

„Leiden, Schmerz, Versagen – ist nichts anderes als ein Kuss von Jesus"

Wer in besagtem Buch die ebenfalls enthaltenen Beschreibungen der mystischen, tiefen Vereinigung mit Gott überliest, ist schockiert und befremdet von Teresas Aussagen über ihre quälenden Empfindungen der Gottesferne. Doch ihre persönlichen Aufzeichnungen zeigen wiederum, dass auch die von vielen Bewunderern überhöhte Persönlichkeit Mutter Teresa ein Mensch aus Fleisch und Blut war – so wie unsere anderen Beispiele. Sie selbst nennt die Erfahrung, die sie so gut vor allen verbarg, „die Dunkelheit". Ihr inneres Leid währte nicht nur kurz, sondern dauerte vom Beginn ihrer Arbeit unter den

Armen bis zu ihrem Lebensende. Was ihr dabei half, nicht aufzugeben, war ihre Entscheidung, ihren eigenen Durst mit dem Durst Jesu nach der Liebe der Menschen zu verbinden. Auf diese Weise konnte sie in ihrem eigenen Leid Anteil an dem ihres Herrn haben und ihre Arbeit fortsetzen.

Mutter Teresa erstaunt mich. Ihre Biografie ist deshalb so berührend, weil sie über Jahrzehnte immer weitergemacht hat, obwohl sie sich immer wieder von Gott getrennt fühlte. Sie hat an den Erfahrungen der Vergangenheit festgehalten und ihr eigenes Leid und ihre persönliche Einsamkeit mit dem Leiden Jesu in Beziehung gesetzt. In ihrer Hingabe, trotz Jahrzehnten voller existenzieller Zweifel, ist sie ein großes Vorbild für mich. Eine mit so großer Verantwortung betraute Leitungspersönlichkeit und ein lebendiger Hinweis auf Jesus Christus im Alltag zu sein und gleichzeitig den persönlichen Schmerz im eigenen Herzen zu behalten, übersteigt die Vorstellungskraft.

An ihrem Leben wird deutlich, was Hingabe um jeden Preis bedeutet. Auch sie hat Gott ihr eigenes Sein völlig hingelegt, ihr Kreuz auf sich genommen und ist ihrem Heiland täglich in den Menschen begegnet, denen sie gedient hat.

VORBILDER WIE WIR

Vielleicht haben Sie nach der Lektüre der Porträts dieser vier Heiligen den Gedanken, dass Sie selbst niemals ein Leben führen könnten, wie es Franz von Assisi, Thérèse von Lisieux, Gerhard Tersteegen oder Mutter Teresa geführt haben – denn schließlich waren das ja ganz besondere, herausragende und auf einzigartige Weise begabte Menschen. Doch waren sie das wirklich? Hatten Sie beim Lesen der kurzen Biografien nicht auch den Eindruck, zerbrochenen Persönlichkeiten zu begegnen, die großes innerliches Leid kannten? Ihr Weg zu einem heiligen Leben führte zwar zu großer Popularität und gab ihnen die Möglichkeit, vielen anderen Menschen zum Vorbild zu werden, doch sie kannten auch innere Einsamkeit und ein Kämpfen gegen ihre Schatten. Der helle Feuerschein der großen Heiligen strahlte oftmals aus der tiefsten Dunkelheit eines zerbrochenen Herzens.

Ich bin überzeugt: Diese großen Vorbilder waren Menschen wie wir. Vielleicht sogar haben Sie und ich noch nie mit so großer Dunkelheit zu kämpfen gehabt, wie sie uns im Leben von Thérèse von Lisieux, Gerhard Tersteegen und Mutter Teresa begegnet. Und doch vermute ich, dass auch Sie Zeiten erleben, in denen Gott trotz aller Gebete fern zu sein scheint, sodass Sie manchmal fast den Boden unter den Füßen verlieren und sich verunsichert fragen, ob Gott noch bei Ihnen ist. Manchmal fühlen Sie sich möglicherweise völlig disqualifiziert bei dem Gedanken daran, ein Leben zu führen, das „anders", das „heilig" genannt werden kann.

Ich persönlich finde Trost, wenn ich beispielsweise von Mutter Teresas Kampf lese, denn das zeigt mir, dass ein heiliger Mensch eben nicht übermenschlich ist und irgendwo über dem Boden schwebt. Der heilige Mensch ist derjenige, der sich ganz Gott anvertraut – egal ob er Gottes Nähe spürt oder nicht. Er ist im wahrsten Sinne des Wortes ganzheitlich, denn er hat sein ganzes Sein Gott überantwortet und nichts mehr für sich selbst zurückbehalten. Seine Sicherheit speist sich nicht primär aus guten Empfindungen seiner Seele, sondern aus den Zusagen der Heiligen Schrift. Diese Dinge machen ihn aus, nicht aber eine geistliche Abgehobenheit, die ihn für menschliche Seelenschmerzen und Herausforderungen unerreichbar machen würde. Er ist anders, aber er ist noch immer Mensch.

> Der heilige Mensch ist derjenige, der sich ganz Gott anvertraut – egal ob er Gottes Nähe spürt oder nicht.

Es zeichnet die Heiligen in unseren Beispielen ganz besonders aus, dass sie an Jesus und seinen Worten festhielten, unabhängig von ihrem inneren Empfinden. Die tiefe und für ihr ganzes Leben gültige Entscheidung, Jesus treu zu bleiben, hat sie in die Lage versetzt, das zu tun, was sie getan haben. Sie lebten nicht „aus dem Schauen", sondern vor allem aus dem Glauben (2. Korinther 5,7). Ihre Hingabe war so radikal, dass sie ihr eigenes Leben nicht für das Wichtigste hielten, sondern Christus im Zentrum ihres ganzes Seins stand. Nicht mehr ihr Ego war ihnen heilig, sondern der heilige Gott selbst – und dadurch wurden sie zu Heiligen. In ihrem Leben lässt sich eine Ähnlichkeit zu Jesus erkennen, die beeindruckend ist. Sie ahmten ihn nach, sie wollten ihn durch sich leben lassen. Wie er gaben sie ihre eigene Position auf, um Gott durch sich in die Welt hinein wirken zu lassen.

In den Worten über die Hingabe Jesu aus Philipper 2,5-9 finden wir Aussagen, die zumindest teilweise auch auf die Heiligen zutreffen:

> *Habt diese Gesinnung in euch, die auch in Christus Jesus war, der in Gestalt Gottes war und es nicht für einen Raub hielt, Gott gleich zu sein. Aber er machte sich selbst zu nichts und nahm Knechtsgestalt an, indem er den Menschen gleich geworden ist, und der Gestalt nach wie ein Mensch befunden, erniedrigte er sich selbst und wurde gehorsam bis zum Tod, ja, zum Tod am Kreuz. Darum hat Gott ihn auch hoch erhoben und ihm den Namen verliehen, der über jedem Namen ist.*

Paulus ruft uns Christen dazu auf, eine ganz bestimmte Lebenshaltung einzunehmen, nämlich all das, was wir sind und haben, nicht festzuhalten, sondern loszulassen und uns ganz Gott zu unterstellen. Wenn wir das tun, kann Gott durch uns bedeutsam in diese Welt hinein wirken. Denken Sie daran, dass Jesus nach dem Lukasevangelium selbst gesagt hat, dass derjenige erhöht wird, der sich erniedrigt (Lukas 14,11). Die großen Heiligen sind erhöht worden und haben einen bekannten Namen erlangt, weil sie sich um Gottes Willen selbst aufgegeben haben.

> „Vater, ich bin beeindruckt vom Leben der vier Menschen aus der Kirchengeschichte, über deren Leben ich gerade etwas erfahren habe. Auch wenn ich nicht alles nachvollziehen kann, was sie gesagt oder getan haben, sehne ich mich doch auch nach der besonderen Entschiedenheit, mit der sie Jesus gefolgt sind. Bitte erwecke eine solche Leidenschaft und Hingabe auch in meinem Leben. Lass auch mich dir selbst dann treu bleiben, wenn ich durch Zeiten gehe, in denen ich dich nicht mehr spüre oder Zweifel mich quälen. Amen."

Kapitel 14

Heilig werden

> *Wie wenig wissen die Menschen, die denken, dass Heiligkeit langweilig sei. Wenn einer erst einmal das einzig Wahre erlebt hat ... Es ist unwiderstehlich! Wenn nur zehn Prozent der Weltbevölkerung es begriffen, wäre nicht die ganze Welt in kürzester Zeit bekehrt und glücklich?*
>
> C.S. Lewis[64]

Ich vermute, dass Sie beim Lesen der obigen Lebensbeschreibungen ganz unterschiedliche Gedanken und Empfindungen hatten. Sie haben vielleicht sogar bei ein und demselben der vorgestellten Menschen sowohl positive als auch negative Empfindungen in sich gespürt. Doch lassen Sie uns zu der wichtigen Frage kommen, worin denn die beschriebenen Frauen und Männer uns persönlich, in unserem aktuellen Lebenskontext und unseren ganz normalen Herausforderungen Vorbilder sein können. Es geht ja nicht darum, ihr Leben als in allen Teilen nachahmenswert darzustellen, sondern aufzuzeigen, dass ein heiliges Leben erstens durchaus möglich ist und es sich zweitens absolut lohnt, der Sehnsucht danach nachzugehen und konkrete, mutige Schritte zu tun. Es wird immer einen Preis kosten, der Heiligkeit „nachzujagen", aber das ist es wert. Auch Sie tragen das Potenzial in sich, durch Ihre Hingabe an den heiligen Gott Ihr Umfeld zu segnen und zu verändern. Während Sie Stück um Stück heiliger werden, profitieren die Menschen um Sie herum fast automatisch von den Veränderungen, die Ihre Entscheidung zur Heiligkeit hervorgerufen hat.

Keiner der vier im letzten Kapitel vorgestellten Persönlichkeiten war theologisch vorgebildet, bevor er oder sie den Weg Gottes eingeschlagen hat. Sie stammten aus mehr oder weniger normalen Verhältnissen, übten zumindest teilweise vor ihrer Berufung herkömmliche

Berufe aus und standen mitten im „normalen" Leben. Die Nöte ihrer Zeitgenossen waren ihnen vertraut; sie wussten, mit was ihre Mitmenschen zu kämpfen hatten. Doch sie haben sich in ihrer Sehnsucht nach Gott und ihrer Leidenschaft für Jesus einfach nicht aufhalten lassen – nicht einmal von innerer Verzweiflung.

Wahrscheinlich führen auch Sie ein ganz normales Alltagsleben, das geprägt davon ist, den Kindern das Pausenbrot zu richten, pünktlich bei der Arbeit zu sein, Projekttermine einzuhalten, die Wohnung sauber zu halten, den Rasen zu mähen, für das Wochenende einzukaufen und so weiter. Vielleicht sind Sie verheiratet und können nicht einfach – wie unsere Protagonisten oben – für sich alleine lebensverändernde Entscheidungen treffen, sondern Sie tragen Mitverantwortung für Ihre Kinder, Ihren Mann oder Ihre Frau. Aber sollte es nicht trotz allem möglich sein, ein heiliges Leben auch in Ihrem Alltag zu führen? Ich glaube daran, dass es möglich ist. Der in der Bibel so häufig zu findende Aufruf Gottes, ein heiliges Leben zu führen, betrifft niemals nur die „Berufsfrommen", sondern richtet sich an alle Menschen, die zu Gott gehören.

Die Frage lautet: Wie aber kann denn ein Handwerker, eine Hausfrau, ein Angestellter oder eine Rechtsanwältin einen Weg einschlagen, der den Anforderungen des jeweiligen Alltags gerecht wird und dennoch und zugleich ein lebendiger Hinweis auf Jesus Christus ist? Wie kann man Jesus ähnlicher werden?

Darüber möchte ich im Folgenden sprechen und dies mit einer Geschichte aus meinem persönlichen Leben illustrieren.

DAS PRINZIP DER PARTNERSCHAFT

Die Herausforderungen, die Siege, aber auch die Niederlagen, die es bedeutet, ein heiliges Leben anzustreben, sind mir vertraut. Dem Entschluss, meine säkulare Arbeitsstelle zu verlassen, um mich auf die Leitung des Gebetshauses in Freiburg zu konzentrieren, gingen dreißig Jahre der Investition in meinen Beruf voraus. Auch dort war ich Gott nah. Ich lud ihn bewusst in meine beruflichen Herausforderungen ein und versuchte, eine Partnerschaft mit ihm zu leben, was auch meinen Kollegen nicht verborgen blieb. Meine Sehnsucht danach, Gott in meine säkulare Arbeitswelt einzubinden, führte zu einigen wunderschönen Erlebnissen. Das heißt keineswegs, dass ich immer alles richtig gemacht hätte. Doch Gott liebt es, wenn wir uns dafür entscheiden, ganzheitlich mit ihm zu leben, und unsere Beziehung zu ihm nicht nur auf abgesonderte Zeiten wie das persönliche Gebet oder den Gottesdienstbesuch beschränken. Es macht Freude und einen großen Unterschied, am Arbeitsplatz nicht nur als Christ, sondern mit Christus zu sein. Eine christliche Einstellung kann verborgen bleiben, doch ein Leben mit Christus wird zu äußeren Aktionen führen, denn Jesus wird immer auf die Menschen zugehen und dies durch seinen Heiligen Geist auch durch uns tun.

> Gott liebt es, wenn wir uns dafür entscheiden, ganzheitlich mit ihm zu leben, und unsere Beziehung zu ihm nicht nur auf abgesonderte Zeiten wie das persönliche Gebet oder den Gottesdienstbesuch beschränken.

An meiner Arbeitsstelle in einem Forschungsinstitut erlebte ich über viele Jahre Gottes Gnade, seine Liebe zu mir und meinen Kollegen und auch ganz besondere Momente mit Gott und meinen Kollegen gemeinsam. Gott war mir nah. Und ich kämpfte darum, auf dem schmalen Weg der Heiligkeit zu bleiben. Mein Arbeitsleben war geprägt von einer Mischung aus Hingabe an meine Tätigkeit und viel Gnade von Gott in dem, was ich tat.

Damals arbeitete ich in einem Einzelbüro, das wegen seiner besonderen Lage mit einer undurchsichtigen Schallschutzverglasung versehen war. Nicht nur drang wenig Schall von außen nach innen, sondern auch umgekehrt. Manchmal war dieses Büro so etwas wie eine Seelsorgestation, ein anderes Mal ein Ort, an dem um Heilung für körperliche Krankheit gebetet wurde. Es kamen Kollegen vorbei, um persönliche Anliegen anzusprechen. Irgendetwas gab ihnen das Vertrauen, dass sie in meinem Büro offen und verletzlich sein durften. Dieses Etwas war eine Atmosphäre, die von Gottes Gegenwart in meinem Leben geprägt war, und Resultat der Entscheidung eines einfachen Menschen, ein heiliges Leben führen zu wollen. Manche meiner Kollegen wussten, dass mein Glaube und mein Berufsleben nicht voneinander getrennt waren. Dies führte einmal in eine Situation, die mich damals durchaus unter Druck setzte, zugleich aber wunderschön war:

Eines Tages wurde ich in das Büro einiger Kollegen gerufen, von denen einer ein Problem mit der 3D-Konstruktionssoftware hatte, mit der er arbeitete. Zu meinen Aufgaben gehörte es unter anderem, in solchen Fällen Hilfestellung zu geben. Wir saßen also vor seinem Bildschirm, und ich musste mir eingestehen, dass ich keine Ahnung hatte, wie ich das vorliegende Problem lösen sollte. Mein Kollege merkte das und drehte sich zu den anderen Konstrukteuren um, die gerade miteinander sprachen. Dann sagte er zu ihnen: „Seid mal kurz still, es ist jetzt Zeit für ein Gebet." Die Gespräche verstummten und dann wurde es spannend. Ich weiß nicht, wie sehr sich mein Puls in diesem Augenblick beschleunigt hat. Doch ich hatte Gottes Hilfe zu oft erlebt, um zu kneifen, und hatte zudem sowieso keine andere Möglichkeit, also betete ich. Um ehrlich zu sein, weiß ich nicht mehr, ob mir die rettende Idee nach dem Gebet sofort eingefallen ist, aber tatsächlich hatte mein Kollege das Vertrauen, dass der Gott von Rainer Harter Bescheid wüsste, weil er meine Art zu arbeiten kannte.

Mein gesamter Lebensweg ist geprägt von Gottes Eingreifen als Antwort auf mein Suchen nach einem heiligen Leben und nach seiner Nähe. Als ich noch in einem normalen Arbeitsalltag stand, hatte ich mit genau den Prinzipien zu tun, die ich später bei den Heiligen der Kirchengeschichte entdeckt habe. Der Weg zur Heiligkeit ist tatsächlich eine Mischung aus konzentrierter, manchmal auch „harter" Arbeit bezüglich der Unterordnung unserer eigenen Interessen unter Gottes Willen und der Gnade und Gunst, die Gott uns schenken möchte. Ein heiliges Leben fällt nicht vom Himmel, sondern wird dem geschenkt, der sich danach ausstreckt und bereit ist, mit Gott partnerschaftlich zusammenzuarbeiten.

Das Prinzip der Partnerschaft lässt sich durch nichts anderes ersetzen. Geprägt von Gottes Liebe und befähigt durch seine Gnade entscheiden im praktischen Alltag wir selbst, ob wir beispielsweise in der Kaffeerunde, in der gerade über eine Kollegin hergezogen wird, schweigen oder einen Kontrapunkt setzen. Wir haben die Wahl, ob wir den dringenden privaten Brief während der Arbeitszeit schreiben oder aber in der Mittagspause. Wir beziehen Stellung oder auch nicht, wenn frauenfeindliche oder rassistische Witze erzählt werden. Solche Alltagsentscheidungen nimmt Gott uns nicht ab, doch gibt er uns die Kraft dazu, wenn wir uns danach ausstrecken.

HEIL UND INTEGER

Der Versuch, ein heiliges Leben zu führen, weckt in den Menschen um uns herum Vertrauen. Ihre Kollegen können sich Ihnen anvertrauen, wenn Sie einerseits ein guter Mitarbeiter und andererseits ein integrer Mensch sind, der ein Ohr für die Menschen um sich herum hat. Tatsächlich ist der Begriff der „Integrität" der Schlüssel dazu, dass „Heiligkeit" von den Menschen um uns herum, die nicht an Jesus glauben, nicht als weltfremde Religiosität abgetan wird.

Das Wort „Integrität" stammt vom lateinischen „integritas" und bedeutet so viel wie „unversehrt", „intakt" oder „vollständig". Diese Begriffserklärungen zeigen deutlich den Zusammenhang zwischen Integrität und Heiligkeit. Wer „heilig", also „heil" ist, der ist in Folge auch integer. Ihre Kollegen werden wahrscheinlich selten sagen, dass Sie ein heiliger Mensch sind, doch werden sie Sie als einen integren Menschen bezeichnen, der seine Überzeugungen vertritt, diese beschreiben und begründen kann und es nicht nötig hat, um die Anerkennung anderer zu buhlen. Wer hingegen plakativ oder aber völlig im Verborgenen sein Christsein am Arbeitsplatz lebt, wer sich zurückzieht, um Momenten, wie ich sie oben beschrieben habe, auszuweichen, wird leicht auch aus der Gemeinschaft ausgeschlossen und als Sonderling abgetan. Natürlich gibt es immer auch Menschen, die Ihren Glauben ablehnen und Sie möglicherweise ausgrenzen werden. Doch Ihre Art, zu arbeiten und zu leben, wird für sich sprechen und Spuren hinterlassen. Wer heilig lebt, lebt integer und integriert in die Gemeinschaft der Menschen – so wie Jesus.

Erfülltes Christsein am Arbeitsplatz heißt, in enger Beziehung mit dem Heiligen Geist zu leben. Wir leben nicht in einer Welt, in der alles automatisch oder schicksalhaft vorherbestimmt geschieht. Stattdessen dürfen wir Einfluss darauf nehmen, wie eng die Partnerschaft mit Gott in unserem Alltag sein soll. Mit Gottes Entgegenkommen dürfen wir immer rechnen, es kommt maßgeblich auf unsere Bereitschaft zur engen Zusammenarbeit mit ihm an, denn sonst wären wir Marionetten, aber keine Partner. Laden Sie Gott vor Beginn Ihrer Arbeit ganz bewusst ein, Sie zu inspirieren und zu führen. Beten Sie zwischendurch immer wieder einmal ein kurzes Gebet, und atmen Sie in der Gewissheit durch, dass Jesus da ist.

Weil ich das folgende Gebet, das Franz von Assisi zugeschrieben wird[65], so passend finde, möchte ich Sie einladen, es an dieser Stelle zu sprechen:

> „Herr, mach mich zu einem Werkzeug deines Friedens, dass ich Liebe übe, wo man hasst; dass ich verzeihe, wo man beleidigt; dass ich verbinde, wo Streit ist; dass ich die Wahrheit sage, wo der Irrtum herrscht; dass ich den Glauben bringe, wo der Zweifel drückt; dass ich die Hoffnung wecke, wo Verzweiflung quält; dass ich Licht entzünde, wo die Finsternis regiert; dass ich Freude bringe, wo der Kummer wohnt. Herr, lass mich trachten: nicht, dass ich getröstet werde, sondern dass ich tröste; nicht, dass ich verstanden werde, sondern dass ich verstehe; nicht, dass ich geliebt werde, sondern dass ich liebe. Amen."

Kapitel 15

Heiligung im Alltag

Gott hat uns dazu berufen, ein geheiligtes Leben zu führen und nicht ein Leben, das von Sünde beschmutzt ist.

1. Thessalonicher 4,7 (NGÜ)

Im Abschnitt „Dem Heiligen begegnen" (Kapitel 9) habe ich beschrieben, wie eine Begegnung mit dem heiligen Gott unsere Persönlichkeit prägen und verändern kann. Mir wird immer bewusster, dass diese Begegnung mit ihm wie eine Quelle ist, aus der mein ganzes und wahres Sein entspringt. Ein Leben getrennt davon kann ich mir nicht mehr vorstellen, denn ich weiß nur zu gut, was dann aus mir strömen würde. Ich brauche Gottes Nähe nicht nur in den frommen Kontexten meines Lebens, sondern gerade dann, wenn ich in beruflichen Stresssituationen stehe oder die Arbeit kein Ende zu nehmen scheint. Gewöhnlich nimmt unser Beruf jeden Tag einen Großteil unserer Zeit in Anspruch. Gerade weil dies so ist, sollten wir versuchen, den Prozess der Heiligung in sie hineinzuintegrieren. Lassen Sie uns unser Leben nicht zu strikt in „heilige" und „profane" Bereiche aufteilen, sondern versuchen, das Heilige in das Profane hineinzubringen.

Ich will nun versuchen aufzuzeigen, wie man ein heiliges Leben im Alltag führen kann und was man während seiner Arbeit und in der Freizeit dafür tun kann, Jesus ähnlicher zu werden. An dieser Stelle will ich kurz zusammenfassen, welche drei Aspekte unsere Heiligung hat: Wir sind erstens dazu berufen, heilig zu leben. Zweitens ist ein heiliges Leben ein heiles Leben und drittens ist es Gott, der uns durch seine Gnade die Kraft zur Heiligung schenkt.

Tatsächlich gibt es nichts Befriedigenderes für uns Menschen, als Gott ähnlicher zu werden. Über alles, was ich im Folgenden schreiben werde, will ich die grundlegende Aussage stellen, dass Gott mit dem Aufruf zur Heiligkeit zuallererst unser Wohl im Sinn hat. Es geht ihm um die Rückführung des Menschen in die ursprünglich für ihn vorgesehene Stellung als Kind Gottes. Durch den Sündenfall Adams und in dessen Folge unsere eigene Sündhaftigkeit haben wir unsere von Gott verliehene Heiligkeit verloren. Doch weil Gott heilig und vollkommen ist, kann er sich nicht mit dem Unheiligen, Unvollkommenen verbinden. Er weiß, dass alles andere Schaden anrichtet: bei uns und bei anderen. Sein Wunsch ist unsere Wiederherstellung. Deshalb hat er seinen Sohn Jesus gesandt, durch den alle, die in ihm Vergebung und neues Leben finden, wieder mit Gott verbunden werden und Anteil an der Schönheit seiner Heiligkeit finden können. Gottes Absicht ist unsere Heiligung – also unser Heilwerden. Dieses Ziel hat er nicht aufgegeben, und er hat alles dafür getan, um uns ein heiliges Leben zu ermöglichen.

> Gottes Absicht ist unsere Heiligung – also unser Heilwerden. Dieses Ziel hat er nicht aufgegeben, und er hat alles dafür getan, um uns ein heiliges Leben zu ermöglichen.

Unsere Aufgabe ist es nun, uns an seiner Hand auf den Weg der Heiligung zu begeben und dabei zu erleben, wie heilsam und schön er ist. Es berührt mich, dass der heilige Gott uns Menschen die Chance und Möglichkeit schenkt, aus unserem alten Leben und unseren von negativen Erfahrungen geprägten Verhaltens- und Denkmustern auszusteigen. Wie es die Art des Vaters ist, tut er dies, indem er ein für alle Mal die notwendigen Voraussetzungen geschaffen hat, um dann mit uns in väterlicher Liebe Schritt für Schritt durch einen Prozess der Umwandlung und Veränderung zu gehen, an dessen Ende der geheilte, erneuerte Mensch steht. Mit dem Aufruf zur Heiligung hat Gott unser Wohl im Sinn.

DEN SCHWAMM ZUM WASSER BRINGEN

Ich habe oben immer wieder von einem Prozess und einer Partnerschaft gesprochen. Diese beiden Worte im Blick zu behalten, ist entscheidend, denn wenn wir von einem Moment auf den anderen ein

„großer Heiliger" sein möchten, wird das sehr wahrscheinlich nicht funktionieren. Heiligung im Alltag ist etwas anderes als die bloße Unterdrückung unheiligen Verhaltens. Eine Weile lang gelingt es uns zwar vielleicht, bestimmte Verhaltensweisen zu vermeiden, doch darum geht es gerade nicht. Es mag zwar sofortige Ergebnisse zeigen, doch sind diese nur kurzfristig und temporär, denn Unterdrückung führt nicht dazu, dass die hinter einem unheiligen, selbstschädigenden Verhalten liegenden Sehnsüchte in uns berührt und gestillt werden. Im Gegenteil kostet es uns übermäßig viel Kraft, bestimmte Dinge zu unterdrücken; diese sind dann auch nicht einfach weg, sondern schlummern immer noch irgendwo in uns. Haben wir dann einmal weniger Kraft, treten sie plötzlich wieder zutage. Was also tun? Wir müssen sie loswerden. Die Heiligung muss unsere Psyche durchdringen, auf die wir selbst mit unserer Willenskraft nur bedingt einwirken können.

Um zu verdeutlichen, was ich meine, verwende ich das Bild eines trockenen Schwammes, der unsere Psyche oder Seele darstellen soll. Mit meiner Willenskraft kann ich mir noch so sehr wünschen, vorstellen oder herbeisehnen, dass der Schwamm sich mit Wasser vollsaugt – er wird trocken bleiben. Erst dann, wenn er zum Wasser gebracht und unter den Strahl gehalten wird, wird er das Wasser aufnehmen und dabei nicht nur äußerlich, sondern bis in sein verborgenes Inneres getränkt werden. Unsere Aufgabe ist es, unsere Seele (den Schwamm) in Gottes Gegenwart zu bringen und unter den Strom seines Wassers (die Gegenwart Gottes) zu halten. Je mehr sich unsere Seele mit Gott „vollsaugt", desto mehr verändert sich unsere Persönlichkeit in das Wesen Jesu.

Denken Sie noch einmal an die wunderbare Aussage aus 2. Korinther 3,18: „Wir alle aber schauen mit aufgedecktem Angesicht die Herrlichkeit des Herrn an und werden so verwandelt in dasselbe Bild von Herrlichkeit zu Herrlichkeit, wie es vom Herrn, dem Geist, geschieht." Hier wird ganz praktisch beschrieben, wie wir den „Schwamm" zum „Wasser" bringen. Alles, was wir tun müssen, ist, uns (unsere Seele) zu Gott zu bringen, um ihn anzuschauen. In den Augenblicken dieser vertrauensvollen Nähe prägt sein Wesen das unsere und sein Geist erfüllt unser Innerstes. Versuchen wir dagegen, alleine durch unsere Willenskraft bestimmte Wünsche und Neigungen zu unterdrücken, steigt der innere Druck sogar noch an, und über kurz oder lang werden wir genau das tun, was wir so heftig zu vermeiden suchten.

Verabschieden Sie sich also besser gleich vom ungesunden Unterdrücken und starten Sie mit einer Strategie, die wesentlich besser funktioniert: Vertrauen Sie sich Gottes Hilfe an. Tun Sie, was die Bibel Ihnen rät, um wie Jesus zu werden: Schauen Sie ihn an. Beim Lesen der Bibel, im stillen Gebet, im Nachdenken über seine Worte, indem Sie sich in eine biblische Person hineinversetzen und nachspüren, wie deren Begegnung mit Jesus war. Den Blick auf ihn nimmt Ihnen niemand ab, das ist etwas ganz Persönliches, für das nur Sie sich entscheiden und was nur Sie tun können.

Anstatt sich anzustrengen, nutzen Sie Ihre Zeit und Energie lieber dafür, Gott besser kennenzulernen. Nehmen Sie sich Zeit, um ihn in seiner Schönheit zu betrachten. Wenn Sie erst einmal gesehen haben, wie schön er ist, und gespürt haben, wie sehr er Sie liebt, werden Sie sich nicht mehr so leicht mit Ersatzlösungen zufriedengeben. In der Nähe Gottes wird in Ihnen eine geheimnisvolle Kraft aufsteigen, die Sie nach und nach entdecken lässt: Ich habe mich wirklich verändert. Diese Kraft nennt sich Liebe. Sie ist die stärkste Kraft in der Schöpfung. Aus Liebe heraus sind Sie fähig, Dinge zu tun (oder eben: nicht zu tun), die Ihnen zuvor unmöglich erschienen sind.

Der Weg zur Heilung beginnt mit etwas Ungewöhnlichem. Wir brauchen nicht die Ärmel hochkrempeln, um die vor uns liegende Aufgabe möglichst mit Bravour zu erledigen, denn das schaffen wir sowieso nicht. Wir müssen erkennen, dass unsere Anstrengungen, gut zu sein, zwar löblich sind, diese aber letztlich nicht aus dem Kern unseres Wesens herausfließen, denn sonst wären es keine Anstrengungen. Geben wir auf, hören wir auf, uns zu quälen. Und lassen Sie uns damit aufhören, nach außen heiliger wirken zu wollen, als wir es sind. In der Regel sind wir nämlich nicht so heilig, wie wir uns gerne sehen möchten oder wie andere uns wahrnehmen. Einige Ausdrucksformen unserer Heiligkeit sind nichts anderes als Scheinheiligkeit. Lassen wir das lieber gleich. Stattdessen steht am Beginn des Weges eine Kapitulation; wir geben zu, dass wir aus eigener Kraft nicht in der Lage sind, wie Jesus zu werden. Wir sind völlig von Gott und seiner Hilfe abhängig. Was wir nicht tun können, versuchen wir besser erst gar nicht, und bitten deshalb zu Beginn und immer wieder neu Gott um seine Hilfe auf unserem Weg.

Ein wirklich geheiligtes Leben ist keine Unmöglichkeit, sondern ein Beleg dafür, dass ein Mensch gelernt hat, mit Gott zu kooperieren und aus seiner Kraft heraus zu leben. Es ist kein Krampf, sondern im Gegenteil der sichtbare Ausdruck eines in Gott verliebten Herzens. Liebe kann in uns ungeahnte Kräfte und großen Glauben freisetzen, sodass wir den Weg der Heiligung freiwillig, gerne und im Vertrauen darauf wählen, dass Gott mit uns ist. Der Prozess der Heiligung ist also ein Prozess der wachsenden Liebe zu Gott. Je mehr Sie an seine Liebe zu Ihnen glauben, sie zulassen und schließlich erfahren, desto weniger werden Sie sündigen.

EIN ECHTER GENUSS

Mike Bickle, Gründer des International House of Prayer in Kansas City, USA, schreibt:

> *In seiner Heiligkeit besitzt Gott die höchste, Freude spendende und begeisterndste Qualität des Lebens. Dieses Leben möchte er mit uns teilen und aus diesem Grunde ruft er uns dazu auf, die Freiheit der Heiligkeit zu genießen.*[66]

Bickles Verständnis ist radikal anders, als wenn man den Ruf zur Heiligkeit als die Anforderung eines vollkommenen Gottes an eine schwache Menschheit versteht, sich zu bemühen, gut zu werden. Stattdessen spricht er von einem Genuss, den Gott uns gerne gönnt. Ich stimme Bickle zu. Der Aufruf zur Heiligkeit ist keine Last, sondern führt hin zu einem guten Leben. Tatsächlich stellen wir manchmal die Aussagen der Bibel auf den Kopf oder beleuchten sie einseitig. Dann wundern wir uns darüber, dass sie so schwer auf unser Alltagsleben anzuwenden sind, und werden bald müde, frustriert oder sogar wütend auf Gott. Auch in Bezug auf die Aussagen zum Prozess der Heiligung müssen wir genau hinschauen, was Gott wirklich sagt. Wir dürfen nicht Ursache und Wirkung verwechseln und sollten uns immer wieder vergegenwärtigen, welchen Anteil Gott und welchen wir an unserer Heiligung haben.

Gott ist nicht unfair, er verlangt nichts von uns, was unerreichbar für uns wäre. Aber er fordert uns heraus, an die Realisierung von Dingen zu glauben, die außerhalb unserer Macht stehen. Dann nämlich kommt er mit Freuden ins Spiel, denn er kann diese Dinge tun. Der Aufruf Gottes, heilig zu leben, ist der Ruf zurück in seine Arme, der Ruf, sein Leben in uns zu tragen und unsere Umwelt damit zu segnen.

Heilig zu leben, bedeutet also in erster Linie, in der Nähe Gottes zu sein, um an seinem Wesen und seiner Liebe teilzuhaben und dadurch in die Lage versetzt zu werden, im ganz normalen Alltag „anders" zu leben.

> Der Aufruf Gottes, heilig zu leben, ist der Ruf zurück in seine Arme, der Ruf, sein Leben in uns zu tragen und unsere Umwelt damit zu segnen.

Im Neuen Testament wird deutlich, dass nur Gott selbst durch das vollkommene Opfer seines eigenen Sohnes ein neues Leben für uns möglich machen und uns heiligen kann. In den Evangelien können wir sehen, dass Menschen nichts anderes tun, als sich ihm zuzuwenden, um dann staunend und zugleich ehrfürchtig in Gottes Gegenwart zu stehen und dort zu erleben, dass Gott in Jesus sie verändert. Sie nehmen seine Liebe an (denken Sie an Zachäus oder an die Sünderin, die Jesus mit dem kostbaren Öl gesalbt hat) und beginnen damit, ihn zu lieben. Sie möchten fortan ein heiliges Leben führen, weil er ihnen das möglich macht.

Paulus formuliert einen ähnlichen Gedanken, wenn er betet: „Gott selbst, der Gott des Friedens, helfe euch, ein durch und durch geheiligtes Leben zu führen" (1. Thessalonicher 5,23a; NGÜ).

Im zwölften Jahrhundert hat Aelred von Rievaulx, ein Zisterzienserabt, Mystiker und Zeitgenosse von Bernhard von Clairvaux, das Zusammenspiel von Willensentscheidung und der unabdingbaren Hilfe Gottes in seinem „Spiegel der Liebe" so beschrieben:

So reicht die freie Willensentscheidung allein nicht aus, irgendetwas Gutes zustande zu bringen, doch in ihr, mit ihr oder durch sie wirkt Gott viel Gutes. In ihr wirkt er, wenn er den Menschen durch eine verborgene Einsprechung zu etwas Gutem anspornt; mit ihr, wenn er den freien Willen durch Zustimmung an sich bindet; und durch ihn, wenn durch die Mithilfe Gottes der eine Wille durch den andern [göttlichen] wirkt.[67]

Rievaulx drückt es wunderbar aus: Unsere Willensentscheidung alleine wird keine Veränderung unseres Wesens bewirken. Doch in ihr, mit ihr und durch sie wirkt Gott an uns und gestaltet uns mehr in das Bild Jesu hinein. Wie der Vater bei der Rückkehr des verlorenen Sohnes „schnell das beste Gewand" (Lukas 15,22) holen ließ, um ihm die Würde zurückzugeben, hält auch Gott, unser Vater, das „beste Gewand" für uns bereit, um uns seinem Sohn Jesus ähnlicher werden zu lassen.

HEILIGKEIT ANZIEHEN

Im Epheserbrief finden wir ein besonders schönes, praxisnahes Bild, das den Vorgang des Ankleidens als Illustration für den dahinterstehenden Gedanken der persönlichen Heiligkeit verwendet. Wie zu erwarten, wird auch an dieser Stelle wieder auf die Partnerschaft mit Gott hingewiesen, der die Voraussetzungen zur Heiligkeit schafft, die wir uns dann aktiv aneignen dürfen. In diesem Fall beschreibt Paulus dieses Aneignen als ein „Anziehen".

Wenn Sie sich morgens ankleiden, nehmen Sie mehrere Kleidungsstücke in die Hand. Sie beginnen vermutlich mit der Unterwäsche, bis Sie zuletzt – je nach Jahreszeit – einen Mantel und vielleicht sogar Handschuhe und eine Mütze anziehen. Sie verwandeln sich sozusagen jeden Morgen. Dabei entscheiden Sie selbst, wann und was Sie anziehen – und dann tun Sie es. Wenn Sie wie ich schon etwas älter sind, kann der Prozess des Ankleidens auch ein wenig mühsam sein, ich denke da ans Schuhebinden ... Doch niemand von uns käme auf die Idee zu sagen: „Heute ziehe ich mal keine Schuhe an; ich habe immer solche Mühe, mich zu bücken, barfuß geht es auch."

Paulus vermittelt, dass der Prozess der Heiligung tatsächlich Ähnlichkeit mit dem Anziehen von Kleidungsstücken hat. Der besonders bedeutsame Aspekt in diesem Bild ist derjenige der freien Wahl. Spätestens wenn wir aus dem Kindesalter herausgewachsen sind, treffen wir die Entscheidung darüber, was wir anziehen. Wir kleiden uns nach eigenem Gusto und wollen mit unserem Kleidungsstil auch etwas ganz Bestimmtes aussagen. Genau diese beiden Punkte treffen auch auf unsere persönliche Heiligung zu. Wir entscheiden uns selbst dafür, und wir wollen damit zum Ausdruck bringen, dass wir „anders" (heilig) sind. Der Apostel schreibt:

> *Ihr habt ihn doch gehört und seid in ihm gelehrt worden, wie es Wahrheit in Jesus ist: dass ihr, was den früheren Lebenswandel angeht, den alten Menschen abgelegt habt, der sich durch die betrügerischen Begierden zugrunde richtet, dagegen erneuert werdet in dem Geist eurer Gesinnung und den neuen Menschen angezogen habt, der nach Gott geschaffen ist in wahrhaftiger Gerechtigkeit und Heiligkeit.*
>
> Epheser 4,21-24

Ich möchte Sie ermutigen, jeden Morgen beim Ankleiden auch an Ihre Heiligung zu denken. Ziehen Sie den neuen, den „heiligen" Menschen an und erleben Sie dann, wie Ihre Gesinnung sich nach und nach verändert, bis Sie in immer mehr Bereichen heilig leben. Vielleicht hilft es Ihnen, ein kleines Gebet zu sprechen, während Sie sich die Krawatte binden oder in Ihre Stiefel steigen. Sagen Sie zum Beispiel: „Herr, so wie ich mich jetzt äußerlich anziehe, ziehe ich auch den neuen Menschen und die Heiligkeit an. Ich werde heute mit dir durch den Tag gehen und ‚anders' sein. Bitte hilf mir dabei. Amen."

Der alte, „unheilige" Mensch ist gefangen in selbstzerstörerischen Gedanken und Handlungen. Er richtet nicht nur sich selbst zugrunde, sondern verletzt auch andere um sich herum. Ein Mensch, der keinen Anteil an Gottes Heiligkeit hat, kann auch nicht gerecht sein – er wird immer andere übervorteilen, auch wenn er dies nicht bewusst tut. Heiligung hingegen ist heilsam für unsere Seele und zugleich die Voraussetzung für eine funktionierende, gerechte Gesellschaft. Wer heilig lebt, wird immer auch den anderen und dessen Bedürfnisse sehen. Er nimmt sich nicht so wichtig, sondern sieht Gottes Liebe für die anderen Menschen.

HERAUSFORDERUNGEN DES ALLTAGS
Beziehen Sie Gott in all die vielen Alltagsentscheidungen mit ein, bei denen Sie zwischen „Gut" und „Böse" wählen müssen. Nachdem Sie zu Beginn Ihres Tages „den neuen Menschen" angezogen haben, warten auch schon die alltäglichen Herausforderungen: Am Arbeitsplatz wird von Ihnen erwartet, dass Sie funktionieren, die Kinder sind in den Kindergarten zu bringen, die Teenager aus dem Bett zu zerren. Sie sind im Laufe eines normalen Tages wahrscheinlich umgeben von Menschen, die Jesus noch nicht kennen und deshalb andere Wertmaßstäbe haben. Ständig werden Sie vor Entscheidungen gestellt. Von Ihnen wird erwartet, dass Sie sich während der Kaffeerunde im Kollegenkreis am fröhlichen Lästern über den Chef oder einen anderen Mitarbeiter beteiligen. Zu Hause bietet Ihnen vielleicht der Handwerker, den Sie wegen Renovierungsarbeiten haben kommen lassen, an, die Arbeiten auch ohne offizielle Rechnung durchzuführen, wodurch Sie eine schöne Summe sparen könnten. Abends dann sitzen Sie müde vor dem Fernseher und stellen fest, dass der Krimi sich mehr und mehr zu einem Softporno entwickelt. Immer wieder müssen Sie sich entscheiden, was Sie tun. Ich kenne solche Situationen und weiß, wie schwer es sein kann, den Weg der Heiligung zu wählen, statt einfach mit dem Strom zu schwimmen. Heiligkeit konfrontiert immer auch das Unheilige.

Doch wie oben beschrieben, wird Ihre „Andersartigkeit" nicht unbedingt Ablehnung bei den Menschen um Sie herum bewirken, sondern kann im Gegenteil Vertrauen wecken. Machen Sie nicht mit, bleiben Sie im Falle berechtigter Kritik sachlich, doch werten Sie den betreffenden Menschen nicht ab. Ihre Kollegen werden das registrieren und es würde mich nicht wundern, wenn dieser Ausdruck von Heiligkeit dazu führt, dass Sie zu einer Vertrauensperson im Kollegenkreis werden, der man persönliche Dinge anvertrauen kann, ohne Angst zu haben, dass diese bei der nächsten Kaffeerunde ausgeplaudert werden.

Ich kenne das unbefriedigende Gefühl, das sich einstellt, wenn man beispielsweise ein Buch schon fast zur Hälfte gelesen oder bereits dreißig Minuten einen Film angeschaut hat und sich plötzlich alles nur noch um Sex zu drehen scheint. Halten Sie kurz inne und fragen Sie sich, ob Sie den unweigerlich in Ihrem Kopf entstehenden Bildern wirklich Raum geben wollen und wohin diese Sie dann führen könnten. Verzichten Sie aus Liebe zu Jesus.

Niemand kann uns die Entscheidung abnehmen, was wir in uns aufnehmen wollen. Es wird uns in Folge unweigerlich prägen. Lassen Sie uns aufmerksam durch unser Leben gehen und uns fragen, welchen Dingen wir unseren Blick schenken möchten und welche Eindrücke und Bilder wir auf unsere Seele einwirken lassen. Welchen Stimmen leihen wir unser Gehör und welchen Gedanken öffnen wir unser Herz? Bitte verstehen Sie mich richtig: Es geht mir nicht darum, dass wir uns ständig beobachten oder uns unter Druck setzen. Vielmehr möchte ich vermitteln, dass wir von all den Dingen, die wir aufnehmen, unweigerlich geprägt werden und es heilsam und weise zugleich ist, an dieser Stelle eine gesunde Sensibilität und Entscheidungsstärke zu entwickeln. Es ist so viel segensreicher, von Schönheit geprägt zu werden, anstatt von Dingen, die verlockend zu sein scheinen, uns letztlich aber Schaden zufügen. Folgen wir dem Aufruf des Paulus, den neuen Menschen anzuziehen, der nach Gott geschaffen ist und deswegen heilig handeln kann.

> Es ist so viel segensreicher, von Schönheit geprägt zu werden, anstatt von Dingen, die verlockend zu sein scheinen, uns letztlich aber Schaden zufügen.

Den Umgang mit den Herausforderungen unseres täglichen Lebens möchte ich mit einer weiteren Begrifflichkeit von Paulus als „den guten Kampf des Glaubens" (1. Timotheus 6,12) bezeichnen. Wir alle kämpfen diesen Kampf, ständig, Tag für Tag, und es gibt nur einen einzigen Weg, um ihn zu gewinnen, nämlich durch die Kraft der Liebe. Aus Liebe zu Jesus, der sich selbst den Bräutigam und uns Christen seine Braut nennt, wird in uns der Wunsch geweckt, darauf zu verzichten, unsere Herzen mit den Dingen zu füllen, die uns von ihm trennen könnten. Wenn seine Liebe uns kostbarer ist als alles andere, versuchen wir, uns von dem abzuwenden, was uns unsere Zeit als vordergründig schnelle Alternative anbietet. Die Kraft der Liebe ist neben der Gnade der entscheidende Faktor, der uns auf dem Weg der Heiligung vorwärtsgehen lässt. Unsere Heiligung im Alltag besteht nämlich aus einer Abfolge von Entscheidungen, die wir aus Liebe treffen. Wer liebt, wird sich für die Nähe zum Geliebten entscheiden und alles dafür tun, ihm zu gefallen, ihn zu ehren und ihm seine Wünsche zu erfüllen. Jesus ist unser Bräutigam, der uns unendlich liebt. Dies zu erkennen, macht den Weg für eine unverkrampfte Heiligung frei, denn seine Liebe ist schöner als alles andere.

Im Kolosserbrief greift Paulus das oben erwähnte Bild des Ankleidens noch einmal auf und wird ganz praktisch, wenn er erklärt, was genau die Christen in Kolossä eigentlich anziehen sollen. Einleitend schreibt er, dass sie Zorn, Wut, Bosheit, Lügen und schlechtes Reden über andere „ablegen" sollen, weil sie doch bereits den „alten Menschen mit seinen Handlungen ausgezogen" hätten (Kolosser 3,8-10). Im Anschluss daran fordert er sie dazu auf, den „neuen Menschen" und sein Verhalten anzuziehen, gerade weil sie bereits auserwählt, für Gott abgesondert, gerechtfertigt und geliebt sind:

Zieht nun an als Auserwählte Gottes, als Heilige und Geliebte: herzliches Erbarmen, Güte, Demut, Milde, Langmut! Ertragt einander und vergebt euch gegenseitig, wenn einer Klage gegen den anderen hat; wie auch der Herr euch vergeben hat, so auch ihr! Zu diesem allen aber zieht die Liebe an, die das Band der Vollkommenheit ist!

Kolosser 3,12-14

Alle Eigenschaften, die Paulus oben nennt, sind für die Kolosser offenbar realistisch. Gott hat sie auserwählt, ein Leben zu führen, das ein Segen für andere ist. Er hat sie auch zu Heiligen gemacht, die zu seinem Reich gehören. Und er liebt sie mit seiner unfassbar großen Liebe. Ihr Mitwirken an ihrer Heiligung ist wie eine Reaktion auf diese drei Wahrheiten. Dasselbe gilt für uns heute: Weil wir zu Kindern Gottes geworden sind und dadurch zu einer „anderen", heiligen Welt gehören, weil Gott uns so sehr liebt, reagieren wir mit einem Lebensstil darauf, der seinem ähnlich ist.

DER PROZESS DER HEILIGUNG

Zusammenfassend können wir festhalten, dass der Prozess der Heiligung mehrere Stufen der Erkenntnis umfasst, die jeweils zu einem veränderten Verhalten führen:

1. die Erkenntnis, dass wir zu einem heiligen Leben berufen sind;
2. die Erkenntnis darüber, was es bedeutet, heilig (heil) zu leben;
3. die Erkenntnis, dass Gottes Gnade uns zu einem heiligen Leben befähigen kann;
4. die Erkenntnis, dass wir mit Gott in einer partnerschaftlichen Zusammenarbeit stehen;
5. die Erkenntnis, dass Gott uns unendlich liebt;
6. die Erkenntnis, dass die Kraft der Liebe unsere größte Motivation ist.

Nehmen Sie sich Zeit für den Blick auf Jesus. Planen Sie entsprechende Zeiten in Ihren Tagesablauf ein. Gönnen Sie sich am Wochenende eine ausgedehntere Zeit mit Ihrem Gott, der Sie so unendlich liebt, und lassen Sie Ihr Herz neu von seiner Liebe berühren und erwecken.

Ziehen Sie den neuen Menschen an. Jeden Tag und immer wieder. Prägen Sie Ihr eigenes Bewusstsein, indem Sie sich vergegenwärtigen, dass Ihnen die Kraft zur Veränderung zur Verfügung steht.

Werden Sie nicht ungeduldig. Transformation braucht Zeit. Vergeben Sie sich selbst, wenn es Tage gibt, an denen Sie einen Schritt zurück machen oder hinfallen. Geben Sie dem „Verkläger der Brüder" (Offenbarung 12,10) keinen Raum, wenn er Ihnen wieder einmal sagen will, dass Sie es niemals schaffen werden und dauernd versagen. Halten Sie ihm entgegen, dass Sie zwar versagen, aber längst nicht jedes Mal! Und wenn Sie versagen, denken Sie daran: „Und wenn jemand sündigt, so haben wir einen Fürsprecher bei dem Vater, Jesus Christus, der gerecht ist" (1. Johannes 2,1; LUT17).

Schließlich führen alle oben genannten Momente der Erkenntnis dazu, dass Sie sich entscheiden müssen, die Wahrheit anzunehmen und für sich persönlich in Anspruch zu nehmen. Wenn Sie das tun, fühlt es sich an wie der erste Schluck frischen Wassers nach einer langen Sommerwanderung. Ihre Seele wird erfrischt und in Folge können Sie sich der Herausforderung, in den vielen Entscheidungen Ihres Alltags so zu handeln, wie es einem heiligen, heilen Leben entspricht, viel leichter stellen.

Lassen Sie uns wieder zusammen beten:

„Vater, ich will ein heiliges Leben führen. Ich vertraue darauf, dass du mir durch deine Gnade dabei hilfst. Weil ich dich liebe, will ich meinen Teil dazu beitragen. Hilf mir bitte, dabei fest an deiner Hand, bei dir geborgen und von deinem Heiligen Geist geleitet zu bleiben, um nicht gesetzlich und verkrampft, sondern im Gegenteil frei zu werden. Bitte stille durch deine Liebe die Sehnsüchte meines Herzens, damit ich aufhören kann, Ersatzbefriedigungen zu suchen, die mich doch nicht satt machen. Hilf mir in meinem Alltag, dir ähnlicher zu werden. Amen."

Kapitel 16

Heiligung und Gnade

Gnade ist die Mutter und Amme der Heiligkeit, und nicht der Verteidiger der Sünde.

Charles Haddon Spurgeon

Ich möchte im folgenden Kapitel einen weiteren bedeutenden Schlüssel für unseren Weg der Umgestaltung in das Bild Jesu hinein beschreiben: Es ist die Gnade. Ohne Gnade wären wir alle dazu verurteilt, in unserem Versagen und unserer Scham auf ewig stecken zu bleiben. Die Bibel ist ein Buch, das von einigen wenigen bedeutenden Themen spricht, die uns beim Lesen quasi von der ersten bis zur letzten Seite begegnen. „Gnade" ist eines dieser Themen. Bereits im ersten Buch der Heiligen Schrift wird immer wieder von der Gnade gesprochen – und raten Sie, mit welchem Wunsch der letzte Satz der Bibel endet? „Die Gnade des Herrn Jesus sei mit allen!" (Offenbarung 22,21).

Gnade ist eine unfassbar große und unverdiente Gabe des heiligen Gottes an die Menschen. Leider wird sie in weiten Kreisen fast ausschließlich im Sinne einer „barmherzigen Vergebungsbereitschaft" unserer Sündhaftigkeit gegenüber angesehen. Aber Gnade ist so viel mehr. Gott zuckt nicht mit den Schultern, wenn wir sündigen, und lässt uns dann einen weiteren Versuch aus eigener Kraft starten. Das wäre keine Gnade. Nein, er vergibt uns und stellt uns zugleich die verändernde Kraft zur Verfügung, die ein Überwinden unserer eigenen Unheiligkeit möglich macht. Das ist Gnade.

„Heiligung" und „Gnade" gehören auf dem Weg zu einem heiligen Leben untrennbar zusammen. Der Versuch, ohne Gnade auf dem Weg der Heiligung vorwärtszukommen, wird unweigerlich zu Leistungsorientierung führen und in Frustration enden.

So wie der Prozess der Heiligung dynamisch ist, ist es auch bei der Gnade. Gnade verändert. Sie ist nicht statisch, sondern dynamisch, denn sie versetzt uns von einem Zustand in einen anderen. Sie ist das unverdiente Geschenk Gottes, das uns befähigt, überhaupt ein heiliges Leben führen zu können. Gnade hebt den Aufruf zur Heiligung also nicht auf, sondern macht diese erst möglich. In Bezug auf die persönliche Heiligung heißt Gnade, die Kraft für etwas zu erhalten, das man ohne Gott niemals erreichen könnte. Unsere Errettung ist ein reines Gnadengeschenk; von ihr aus begeben wir uns auf den Weg der Heiligung, um Jesus ähnlicher zu werden. Auf diesem Weg dürfen wir mit der verändernden Kraft der Gnade rechnen.

Auch hier wird noch einmal deutlich, dass Gott mit uns in einer partnerschaftlichen Beziehung leben will. Auf der Basis seiner gnadenvollen Hilfe dürfen, ja, müssen wir persönlich aktiv werden und der Heiligung nachjagen, ohne die – wie der Schreiber des Hebräerbriefs sagt – niemand Gott jemals sehen wird (Hebräer 12,14).

ZWEI DYNAMISCHE KRÄFTE

Gnade und Heiligung sind zwei Kräfte, die eine Bewegung, ein Fortkommen, eine Entwicklung auslösen. Ohne das Einwirken von Kräften gibt es in der Physik keine Dynamik und ohne Gnade und Heiligung gibt es keine Umgestaltung in das Bild Jesu. Beide tragen dazu bei, dass wir Gott näher kommen und ihm ähnlicher werden. Auf dem Weg der Heiligung erkennen wir recht bald, wie sehr wir auf Gottes Gnade angewiesen sind, am besten machen wir uns diese Abhängigkeit jedoch gleich zu Beginn eines jeden neuen Tages bewusst. Es ist eine gute Idee, am Morgen Gott um seine Gnade für den vor uns liegenden Tag zu bitten und darum, uns heiliger werden zu lassen. Vergessen Sie dabei nicht, dass Sie damit auch darum beten, heil zu werden und die Fülle des für Sie bereitliegenden Lebens zu erlangen. Der Wunsch, Jesus ähnlicher zu werden und in diesem Prozess seine Hilfe in Form seiner befähigenden Gnade zu erleben, führt auf ganz natürliche Weise dazu, dass wir mehr beten werden. Die Unfähigkeit, uns selbst zu verändern, und der gleichzeitige Wunsch nach Veränderung lassen uns Gott öfter als bisher suchen und ihn um Hilfe bitten. So vertieft die Entscheidung für die Heiligung unsere Beziehung zu Gott.[68]

Die Bibel zeigt uns einen Gott, der „abfärbt". Sich in seiner Nähe aufzuhalten, ist ungefähr so, wie sich dem Sonnenlicht auszusetzen, durch das sich die Farbe unserer Haut verändert. Die Strahlung Gottes reicht allerdings viel tiefer und dringt in unsere inneren Persönlichkeitsschichten vor, um dort Heilung, Wiederherstellung und Umgestaltung zu bewirken. Das ist ein Werk der Gnade, zu dem wir nichts anderes beisteuern können, als uns Gott zu nahen. Jeden Tag nehme ich mir mindestens eine halbe Stunde Zeit, um Gott speziell um seine Gnade für mich zu bitten. Das Gebet, das ich in diesen Zeiten bete, ist sehr einfach und bereits sehr alt – es ist das sogenannte „Jesusgebet", das wir verbunden mit dem Ein- und Ausatmen sprechen können:

> *„Herr Jesus Christus, Sohn Gottes! (Einatmen)*
> *Erbarme dich meiner." (Ausatmen)*

Dieses Gnadengebet bete ich nun schon seit einigen Jahren und führe einen Teil meines geistlichen Fortkommens in meiner Beziehung zu Gott und manche persönliche Veränderung in meinem Lebenswandel darauf zurück. Dabei ist natürlich das Gebet selbst nicht eine Art Wundermittel, sondern nur eine aktive Form, die mir dabei hilft, Gottes Gnade zu suchen. Es ist auch keine neue Erfindung, denn bereits vor über tausendfünfhundert Jahren wurde beispielsweise das griechische „Kyrie eleison" (zu Deutsch: „Herr, erbarme dich") in die römische und westliche Kirchenliturgie übernommen. Das Jesusgebet ist quasi eine Spielart dieses uralten Gebets, welches ursprünglich aus der griechisch sprechenden Ostkirche stammt. Mir ist bewusst, dass ich viel Gnade brauche, deshalb bitte ich viel darum. Ich spüre in mir einen großen Hunger nach Gottes Nähe, deshalb kann ich nicht anders, als ihm nachzujagen, ihm und der Heiligung.

Um in der Beziehung zu Gott zu wachsen, stellen Gnade und Heiligung eine höchst fruchtbare Kombination dar. Sie dürfen auf keinen Fall voneinander getrennt werden, denn dann wird unser Glaube einseitig, unausgewogen und ungesund. Wer ständig die Gnade ins Feld führt, ohne sich von ihr verändern lassen zu wollen, ist wie jemand, der ein erstklassiges Auto geschenkt bekommt, mit dem er weit reisen könnte, aber niemals den Schlüssel dreht, den Gang einlegt und losfährt. Wer umgekehrt die lebensverändernde Kraft der Gnade nicht sucht und annimmt, gleicht einem Mann, der zu Gott sagt: „Ich kann das auch alleine", schließlich aber einsehen muss, dass dem nicht so ist, nachdem er sich völlig verausgabt hat.

Noch einmal möchte ich betonen, dass Heiligung ein partnerschaftlicher Prozess ist und kein einsamer Kampf. Das Annehmen der verändernden Gnade Gottes führt zu einem veränderten Alltagsleben. Er schenkt uns seine Gnade, wir setzen sie um. Vergessen Sie nie, dass es nicht das Ziel der Heiligung ist, uns bloß zu moralisch besseren Menschen zu machen. Es geht um viel mehr. Heiligung will uns in das Leben hineinführen, das Gott für uns vorgesehen hat.

Zur Gefahr der Einseitigkeit hat der aus dem neunzehnten Jahrhundert stammende irische Autor C.H. Mackintosh (1820-1896) einmal gesagt:

> *Danken wir Gott, dass wir unter der Gnade sind. Aber – sollte diese gesegnete Tatsache auch nur in irgendeiner Weise die Wahrheit abschwächen, dass Heiligkeit dem Hause Gottes auf immerdar geziemt? Ist der Maßstab der Heiligkeit für Gottes Kirche ein geringerer, als er für das alte Israel war? Ist es nicht länger wahr, dass auch unser Gott ein verzehrendes Feuer ist (Hebräer 12,29)? Wird Böses geduldet und toleriert, weil wir nicht unter Gesetz, sondern unter Gnade sind?*[69]

Mackintosh führt in seiner Ausarbeitung auch einige Beispiele dafür an, wie Gott in den Zeiten des Alten und Neuen Testaments auf Gläubige reagiert hat, denen Heiligkeit egal war. Manche der biblischen Beispiele lassen eine Wildheit Gottes aufblitzen, die uns verunsichern kann, die aber nichtsdestotrotz Teil seines Wesens ist. Sie unterstreichen letztlich die Tatsache, dass die allezeit bereitstehende Gnade Gottes uns nicht von der Verpflichtung zu persönlicher Heiligung entbindet, sondern uns im Gegenteil dazu befähigt.

Für den Apostel Paulus war es von großer Bedeutung, dass die von ihm betreuten Gemeinden auf ihrem Weg der Heiligung wuchsen:

> *Euch aber lasse der Herr wachsen und immer reicher werden in der Liebe untereinander und zu jedermann, wie auch wir sie zu euch haben, damit eure Herzen gestärkt werden und untadelig seien in Heiligkeit vor Gott, unserm Vater, wenn unser Herr Jesus kommt mit allen seinen Heiligen. Amen.*
>
> 1. Thessalonicher 3,11-13

Paulus bittet an dieser Stelle darum, dass Gott den Christen in Thessaloniki Wachstum im Bereich der Bruderliebe schenken möge. Dieses Wachstum soll ihnen von Gott gegeben und ermöglicht werden – aus Gnade. Vielleicht hatten die Christen in Thessaloniki selbst noch nie darum gebeten, dass Gott ihnen helfen möge, einander zu lieben. Doch jetzt betet Paulus um dieses unverdiente Geschenk. Er spricht weiter davon, dass die gelebte Bruderliebe unmittelbar zum Bereich des Heiligen gehört. Wieder wird das oben erläuterte Prinzip deutlich: Durch Gnade befähigt uns Gott, unsere Glaubensgeschwister zu lieben, doch die Akte der Liebe selbst liegen in unserer Hand.

> Durch Gnade befähigt uns Gott, unsere Glaubensgeschwister zu lieben, doch die Akte der Liebe selbst liegen in unserer Hand.

Wer sich mit Paulus beschäftigt hat, weiß, dass dem großen Apostel die Unmöglichkeit, aus eigener Kraft heraus ein heiliges Leben zu führen, völlig bewusst war. Seine Erfahrung und die daraus resultierende Erkenntnis gipfeln in dem berühmten schmerzvollen Aufschrei „Ich elender Mensch!", den wir im siebten Kapitel des Römerbriefs finden (Vers 24). Dort macht Paulus eindeutig klar: Ohne Gottes Hilfe tun wir Dinge, die wir eigentlich gar nicht tun wollen. Sie und ich kennen diese Erfahrung. Manchmal tun wir etwas, das uns schmerzlich erkennen lässt, wie sehr wir von Gottes Gnade abhängig sind. Sie allein ist es, die uns trotz unserer Sünden wieder aufstehen und weiterversuchen lässt, ein möglichst heiliges Leben zu führen.

Als letztes Beispiel für das Zusammenwirken zwischen der Gnade Gottes und unserer Bemühung möchte ich einen Abschnitt aus dem ersten Korintherbrief anführen. In diesem Schreiben malt Paulus den Korinthern vor Augen, was sie bereits alles von Gott empfangen haben, um sie dann mit deutlichen Worten dazu aufzurufen, ein diesen Gnadengaben entsprechendes, nämlich heiliges Leben zu führen. Paulus benennt in seinem Brief unter anderem ihren Umgang mit Rechtsstreitigkeiten und spricht das Sexualleben und das Verhalten von Unverheirateten und Ehepaaren an. Er bezeichnet sie dabei trotz all seiner Kritik bewusst als „Geheiligte" (1. Korinther 1,1) und „berufene Heilige" (Vers 2). Tatsächlich sind sie durch das Blut Jesu geheiligt worden, doch daraus resultierend sind sie auch dazu berufen, als Heilige zu leben. In der Einleitung des Briefs weist er auf das hin, was die Christen Korinths dazu befähigen kann, ihrer heiligen Berufung gerecht zu werden:

Daher habt ihr an keiner Gnadengabe Mangel, während ihr das Offenbarwerden unseres Herrn Jesus Christus erwartet, der euch auch festigen wird bis ans Ende, sodass ihr untadelig seid an dem Tag unseres Herrn Jesus Christus.

1. Korinther 1,7

Zumeist beziehen wir diese Aussage auf die sogenannten Geistesgaben. Doch davon ist im Kontext noch gar keine Rede! Erst viel später kommt Paulus darauf zu sprechen. Zuerst widmet er sich dem Grundlegenden: Den Christen Korinths steht Gnade zur Verfügung, während sie auf die Wiederkunft Jesu warten. Ihr Leben kann durch Gottes Gnade heilig sein.

BILLIGE GNADE

Die Voraussetzung dafür, Christus ähnlicher zu werden, ist das freudige Annehmen seiner Gnade, um diese dann in unserem Alltagsleben zum Ausdruck zu bringen. Auch wenn uns dies manchmal nicht gelingt, ist doch genügend verändernde Gnade da, um uns aufstehen und weiter der Heiligung nachjagen zu lassen. Gnade deckt nicht nur unsere Fehler zu, sondern ermöglicht uns ein erneuertes Leben. Sie ist nicht dazu da, Gott zum Wegschauen zu bringen, während wir weiter sündigen. Eine oberflächliche Gnade ohne Auswirkung auf das Leben der Gläubigen gibt es nicht. In seinen berühmten Worten über „billige Gnade" nennt Dietrich Bonhoeffer eine solche Gnade sogar „den Todfeind der Kirche":

Billige Gnade ist der Todfeind unserer Kirche. Billige Gnade heißt Gnade als Schleuderware, verschleuderte Vergebung, verschleuderten Trost, verschleudertes Sakrament; Gnade als unerschöpfliche Vorratskammer der Kirche, aus der mit leichtfertigen Händen bedenkenlos und grenzenlos ausgeschüttet wird; Gnade ohne Preis, ohne Kosten. Das sei ja gerade das Wesen der Gnade, dass die Rechnung im Voraus für alle Zeit beglichen ist. Auf die gezahlte Rechnung hin ist alles umsonst zu haben. Unendlich groß sind die aufgebrachten Kosten, unendlich groß daher auch die Möglichkeiten des Gebrauchs und der Verschwendung. Was wäre Gnade, die nicht billige Gnade ist?

Billige Gnade heißt Rechtfertigung der Sünde und nicht des Sünders. Weil Gnade doch alles allein tut, darum kann alles beim Alten bleiben. „Es ist doch unser Tun umsonst." Welt bleibt Welt, und wir bleiben Sünder „auch in dem besten Leben". Es lebe also auch der Christ wie die Welt, er stelle sich der Welt in allen Dingen gleich und unterfange sich ja nicht – bei der Ketzerei des Schwärmertums! – unter der Gnade ein anderes Leben zu führen als unter der Sünde! Er hüte sich gegen die Gnade zu wüten, die große, billige Gnade zu schänden und neuen Buchstabendienst aufzurichten durch den Versuch eines gehorsamen Lebens unter den Geboten Jesu Christi! Die Welt ist durch Gnade gerechtfertigt, darum – um des Ernstes dieser Gnade willen!, um dieser unersetzlichen Gnade nicht zu widerstreben! – lebe der Christ wie die übrige Welt! Gewiss, er würde gern ein Außerordentliches tun, es ist für ihn unzweifelhaft der schwerste Verzicht, dies nicht zu tun, sondern weltlich leben zu müssen. Aber er muss den Verzicht leisten, die Selbstverleugnung üben, sich von der Welt mit seinem Leben nicht zu unterscheiden. So weit muss er die Gnade wirklich Gnade sein lassen, dass er der Welt den Glauben an diese billige Gnade nicht zerstört. Der Christ aber sei in seiner Weltlichkeit, in diesem notwendigen Verzicht, den er um der Welt – nein, um der Gnade willen! – leisten muss, getrost und sicher im Besitz dieser Gnade, die alles allein tut. Also, der Christ folge nicht nach, aber er tröste sich der Gnade! Das ist billige Gnade als Rechtfertigung der Sünde, aber nicht als Rechtfertigung des bußfertigen Sünders, der von seiner Sünde lässt und umkehrt; nicht Vergebung der Sünde, die von der Sünde trennt. Billige Gnade ist die Gnade, die wir mit uns selbst haben.[70]

Der letzte Satz bringt es auf den Punkt: Gnade wird billig, wenn sie uns zur selbstentschuldigenden Rechtfertigung ohne Anerkennung der Notwendigkeit zur Veränderung dient. Gnade soll uns dazu befähigen, aus dem Teufelskreis der Sünde aussteigen zu können.

Lassen Sie uns auch zum Abschluss dieses wichtigen Kapitels beten.

„Vater, ich habe verstanden, dass du mich geheiligt hast, damit ich mit dir sein kann. Ich verstehe jetzt aber auch, dass deine Gnade mir zu einem Lebensstil verhelfen soll, der deiner Heiligkeit entspricht. Dazu sage ich von Herzen Ja. Ich empfange das Geschenk deiner Gnade mit offenen Armen und will das künftig immer wieder tun. Bitte hilf du mir dabei, ein heiliges Leben zu führen, damit andere Menschen durch mich ebenfalls mit deiner Heiligkeit und Gnade in Berührung kommen können und ebenfalls das Leben entdecken, das du für sie vorbereitet hast. Amen."

Kapitel 17

Umarmungen der Liebe

„Wenn dein Licht in mir aufgeht, wird meine Seele hell."

Rainer Harter, aus dem Lied „Mehr als"

Die letzten beiden Punkte meiner im letzten Kapitel aufgeführten kurzen Liste verdeutlichen, dass ich für einen gesunden und erfolgreichen Prozess der Heilung die Liebe für ganz entscheidend halte. Vieles, was unser „alter Mensch" weiterhin gerne tun möchte, werden wir nur dann überwinden können, wenn wir stattdessen eine Liebe kennenlernen, die die Faszinationen dieser Welt in den Schatten stellt. Diese Liebe finden wir, wenn wir uns Gott nahen.

Wer Gottes Liebe erfährt, wird nicht mehr so schnell sündigen. Hat ein Mensch sie erst einmal in der Tiefe erlebt und öffnet sich dann dieser Erfahrung immer wieder neu, kann er sich tatsächlich mit all den egozentrischen Bedürfnissen verleugnen (Markus 8,34), die ihm und anderen nicht guttun. Natürlich wird das Maß der Selbstaufgabe in diesem Leben niemals ganz voll werden. Doch wer erkannt hat, welchen Wert und welche Schönheit es hat, das Ego zu entthronen, um das eigene Leben Jesus hinzugeben, wird bald voller Dankbarkeit erkennen, dass auch der Zwang abnimmt, die eigenen Bedürfnisse unbedingt und vor allem anderen stillen zu müssen.

„Verleugnung" klingt in unseren „aufgeklärten" Ohren wie eine Unterdrückung unserer selbst, doch in Wirklichkeit ist es die Wahl eines heiligen Lebens durch Gottes Kraft. Statt getrieben zu sein von dem gewaltigen Verlangen nach Anerkennung, Trost, Heilung und Bedeutung, das wir oft genug mittels der Angebote der Welt wie Alkohol, Sex, Macht und anderen Dingen zu stillen versuchen, wenden wir uns an denjenigen, der uns Würde zuspricht, Last abnimmt und Zukunft schenkt: den Gott der Liebe.

Der Schlüssel zur Heiligung liegt in der liebenden Umarmung Gottes. Der Ort der Befähigung zu einem heiligen Leben ist in seinen Armen. Wir brauchen die Liebe Gottes, um aus Liebe auf unsere Ersatzlösungen verzichten zu können. Sie ist es, die uns glücklich macht und uns Antrieb schenkt. Wir dürfen sie genießen.

Vor einigen Jahren tauchte der Begriff „christlicher Hedonismus" im evangelikalen Umfeld auf.[71] Er mag zunächst überraschend und eher negativ anmuten, doch lassen Sie uns einmal genauer hinschauen, was damit gemeint ist.

Hedonismus (altgriechisch hēdoné = Freude, Vergnügen, Lust, Genuss, sinnliche Begierde) bezeichnet allgemeinsprachlich das Streben nach Genuss oder Sinneslust, darüber hinaus gibt es aber auch einen philosophischen Hedonismus, bei dem es zusammengefasst um das Streben nach einem Glückszustand geht. Im alltagssprachlichen Gebrauch wird mit dem Begriff Hedonismus häufig eine egoistische Lebenseinstellung bezeichnet, die sich nur an kurzfristigen Genüssen orientiert. In diesem Sinne wird er meist abwertend gebraucht und als Zeichen von Dekadenz interpretiert.

Der Bibel geht es eindeutig nicht darum, dass wir ein Leben nach dem Lustprinzip führen sollen, in dem es ausschließlich um die Befriedigung unserer Sehnsüchte geht. Doch spricht sie sehr wohl über die Lust, die wir an Gott haben sollen und durch die alle unsere Bedürfnisse gestillt werden (Psalm 37,4). Wenn ein christlicher Hedonismus so verstanden würde, dass wir Christen vor allem anderen unser Leben genießen sollen und es die erste Absicht Gottes sei, uns materiell und seelisch zu segnen, dann liegen wir falsch und schlagen mit solch einer Haltung dem Teil der Christenheit, der unter Verfolgung leidet, mitten ins Gesicht. Lust und Freude an Gott führen uns näher zu ihm. In seiner Gegenwart wiederum werden wir von ihm geprägt und ihm ähnlicher. Aus dem Genuss heraus, Gott zu lieben und sich von ihm lieben zu lassen, entsteht Frucht für unsere Heiligung. So bleibt der Genuss nicht auf uns alleine bezogen, sondern macht uns zu glücklichen Menschen, die ein „anderes" Leben führen und dadurch auf Gott hinweisen.

Ein Vertreter des christlichen Hedonismus ist der baptistische Theologe John Piper. Er geht davon aus, dass derjenige, der „seine

Lust am Herrn hat" (weil er um Gottes Zuneigung weiß und diese auf sich beziehen und sogar genießen kann), gerne mit Gott Gemeinschaft hat. Aus der erfüllenden Beziehung zu Gott heraus ist er bereit, sein eigenes Ego um Christi willen aufzugeben. Diese Denkweise beleuchtet den Hedonismus von einer ganz anderen, positiven und durchaus biblischen Warte aus. Der Genuss Gottes ist so nicht einfach die vorübergehende Erfahrung eines emotionalen Kicks, den man immer und immer wieder erfahren will, sondern die Kraft zur Heiligung.

Dieser Ansatz entspricht auch meiner Erfahrung: Wer gelernt hat, durch Gottes Liebe in seiner Seele satt zu werden, wird in die Lage versetzt, plötzlich Dinge loslassen zu können, die zuvor sehr bedeutend für sein Leben waren, die aber vielleicht zur Sammlung seiner Ersatzlösungen gehört haben oder schlicht Sünde sind. Wer Gott genießen kann, hat es auf dem Weg der Heiligung leichter. Ich bin davon überzeugt, dass derjenige, der Gottes Liebe erkennt, sie auf sich bezieht und sich daran erfreut, von ihr geprägt und verwandelt wird. Er verändert sich vom Egoisten hin zu jemandem, der andere lieben kann und dem es nicht mehr primär um die Anerkennung von Menschen oder materiellen Wohlstand geht. Aus Liebe wird so jemand dann auch bereit sein, eigene Bedürfnisse zu „verleugnen" und sogar Leid zu ertragen. Er wird damit beginnen, heilig zu leben, und mehr und mehr dem gleichen, der völlig heilig ist: Gott.

Ob nun die Wortverbindung „christlicher Hedonismus" geglückt ist, sei einmal dahingestellt, doch den Grundgedanken halte ich für richtig: Die Motivation zur Selbstverleugnung und die Bereitschaft, sein Kreuz auf sich zu nehmen, können letztlich nur durch die Erkenntnis und Erfahrung der unfassbar großen Liebe Gottes kommen, wenn sie authentisch und nicht zwanghaft sein sollen. Liebe und Heiligkeit sind zwei der wesentlichsten Merkmale Gottes. Sie gehören auch in unserem Leben zusammen; das eine fördert das andere. Die Erfahrung von Liebe weckt den Wunsch nach Heiligung, die Erfahrung des Reichtums eines geheiligten Lebens weckt Liebe zu dem, der ein solches heiles Leben für uns bereithält. Es ist essenziell für uns Christen, Gottes Liebe zu verstehen und zu erfahren. So wie ein falsches Verständnis von Heiligkeit zu einem gesetzlichen Glauben führen kann, kann ein falsches Verständnis von Gottes Liebe zu Lauheit oder Gesetzlichkeit führen. Wie seine Gnade ist auch seine Liebe eine aktive Kraft.

GOTT GENIESSEN – ABER WIE?
Nun stellt sich die Frage, wie diese „Umarmungen der Liebe" konkret aussehen. Wie kann man Gott genießen? Dazu möchte ich Ihnen eines meiner Lieblingsbilder beschreiben.

Kennen Sie diese netten Salz- und Pfefferstreuer, die stilisiert die Form von menschlichen Figuren haben? Ihre Arme und Köpfe sind so geformt, dass sich die Figuren – stellt man sie einander gegenüber – gegenseitig umarmen und die Köpfe, Wange an Wange, nebeneinander zu liegen kommen. Immer wenn ich diese Streufiguren irgendwo sehe, kann ich kaum anders, als sie so zu positionieren, dass sie sich umarmen. Wie eine in ein Bild gefasste Predigt sprechen sie zu mir und erinnern mich daran, dass ich vor allem eines tun sollte, wenn ich so werden möchte, wie Gott sich das für mich gedacht hat: in seinen Armen zu liegen.

Hinter diesen Gedanken steht die Tatsache, dass wir Jesus ähnlicher werden, wenn wir Zeit in seiner Nähe verbringen. Paulus hat etwas Ähnliches formuliert, als er den Korinthern schrieb, dass derjenige, der „dem Herrn anhängt", „ein Geist" mit ihm ist (1. Korinther 6,17).[72] An dieser Stelle möchte ich zwei Passagen aus der Bibel erwähnen, die Ihnen helfen sollen, die „Umarmungen der Liebe" zu erleben und ihre Frucht für unser Leben zu erkennen. Beide Texte stammen aus einem „hohen Lied". Das eine aus dem „Hohelied Salomos", das andere aus dem berühmten „Hohelied der Liebe", aus dem ersten Brief an die Gemeinde in Korinth.

Ein wunderschöner Hinweis dafür, wie man auf dem Weg der Heiligung durch Gottes Liebe geprägt werden kann, findet sich in der Geschichte der Liebe zwischen dem König Salomo und dem einfachen

Hirtenmädchen Sulamith. Die Theologen der Kirchengeschichte sind sich weitestgehend einig darüber, dass das „Hohelied Salomos" eine doppelte Lesart erlaubt. Erstens beschreibt es die Geschichte einer großen menschlichen Liebe mit all den grandiosen Emotionen wie Sehnsucht, Verlustangst, Leidenschaft und Hingabe. Dahinter jedoch verbirgt sich eine noch viel faszinierendere Geschichte, nämlich die der Liebe Jesu zu seiner Braut. Jesus wird uns im Neuen Testament an verschiedenen Stellen als „Bräutigam" vorgestellt[73], während die Gemeinde als Braut beschrieben wird[74], die sich für das große „Hochzeitsmahl des Lammes" (Offenbarung 19,9) vorbereitet.

Um die Liebe Jesu für Sie besser kennenzulernen und anzunehmen, rate ich, dass Sie sich ab und zu die Zeit nehmen, im Hohelied zu lesen, um die Worte unseres Bräutigams Jesus in den Aussagen Salomos zu hören. Sie gelten Ihnen persönlich. Schauen Sie auch, wie sich Sulamith nach ihm verzehrt und seine Liebe genießt. Die unendliche Zärtlichkeit und gegenseitige Hingabe, die mir im Hohelied begegnen, zeigen mir einen Gott, der mich liebt, obwohl ich nicht perfekt bin. Sulamith drückt diese Wahrheit in dem wunderschönen Satz „Schwarz bin ich und doch anmutig" (Hohelied 1,5) aus. Dem damaligen Schönheitsideal entsprechend, wäre Sulamith mit einer besonders hellen Haut als schön bezeichnet worden. Weil sie jedoch ungezählte Stunden unter freiem Himmel arbeiten musste, war sie von der Sonne tief gebräunt (Hohelied 1,6). Doch sie wusste, dass sie in Salomos Augen unabhängig von der Farbe ihres Teints begehrenswert und – wie andere übersetzen – „schön" war.

> Wenn wir Gottes Liebe in unserem Leben zulassen, obwohl wir noch nicht vollkommen heilig sind, werden in uns mehr und mehr der Wunsch und die Fähigkeit zunehmen, Sünde aus Liebe zu lassen.

Die Allegorie ist Ihnen wahrscheinlich schon aufgefallen: Auch wir haben unsere „dunklen Flecken", die der Schönheit eines heiligen Lebens entgegenstehen. Doch sind wir in den Augen unseres himmlischen Bräutigams trotz mancher Dunkelheit so sehr geliebt, dass wir ihm dennoch vertrauen und in seine Arme laufen dürfen, um dort Veränderung zu finden. Hören Sie beim Lesen des Hohelieds einmal genau hin, was Jesus (Salomo) Ihnen als

Teil seiner Braut (Sulamith) zuspricht. Noch einmal: Die Liebe Gottes ist eine gewaltige Kraft, die Veränderung ermöglicht. Wenn wir Gottes Liebe in unserem Leben zulassen, obwohl wir noch nicht vollkommen heilig sind, werden in uns mehr und mehr der Wunsch und die Fähigkeit zunehmen, Sünde aus Liebe zu lassen.

Im zweiten „hohen Lied" der Bibel begegnen uns die Auswirkungen eines Lebens, das von der Liebe Gottes geprägt ist, in ganz konkreter Form. Wer gelernt hat, sich von Gott lieben zu lassen, wer von dieser Art „Genuss" her seine Beziehung zu Gott versteht, wird erleben können, dass Eigenschaften in ihm wachsen, die er nicht aus eigener Anstrengung hätte produzieren können:

Die Liebe ist langmütig, die Liebe ist gütig, sie neidet nicht, die Liebe tut nicht groß, sie bläht sich nicht auf, sie benimmt sich nicht unanständig, sie sucht nicht das Ihre, sie lässt sich nicht erbittern, sie rechnet Böses nicht zu, sie freut sich nicht über die Ungerechtigkeit; sondern sie freut sich mit der Wahrheit, sie erträgt alles, sie glaubt alles, sie hofft alles, sie erduldet alles.

1. Korinther 13,4-7

Für meine Ohren hören sich die Auswirkungen der Liebe sehr nach einem heiligen Leben an. Wer in Gottes Liebe gegründet ist und Gott wiederliebt, wird ein heiliges Leben führen.

Gott ist sozusagen die „ewige Ursache". Sein Handeln hat nie aufgehört und noch immer „verursacht" Gott das Weiterbestehen seiner Schöpfung. Wir Menschen dürfen die „Wirkung" genießen, die er ausgelöst hat und in Zukunft noch auslösen wird! Jede gute Gabe und jedes vollkommene Geschenk kommt vom Vater, schreibt der Apostel Jakobus (Jakobus 1,17). In Gott selbst liegt das nötige Potenzial zur Veränderung, also bleibt uns nichts anderes übrig, als ihm in den Ohren und den Armen zu liegen, um zu werden wie er. Er gibt gerne – denjenigen, die sich ihm nahen und ihn bitten. Und er, der Heiligkeit und Liebe in sich selbst vereint, macht uns gerne heilig; nichts wünscht er sich mehr, als dass wir ihm ähnlich werden und Gemeinschaft mit ihm suchen. Im vertrauensvollen Umarmen seiner Liebe und seiner Heiligkeit liegt das Geheimnis unserer Transformation, hinein in sein Bild und in ein Leben der Schönheit.

DIE QUELLE DES LEBENDIGEN WASSERS

Ich möchte Sie von Herzen dazu einladen, ein Genießer der Liebe Gottes zu werden. Was auf den ersten Blick vielleicht egoistisch klingt, ist in Wahrheit unsere einzige Chance zu einem heiligen Leben. Die geheimnisvolle Zusammenarbeit von Gott und Mensch wird wirksam in den Umarmungen seiner Liebe, die uns fähig macht, Heiligkeit in unsere Herzen und unsere Welt zu bringen.

> Die geheimnisvolle Zusammenarbeit von Gott und Mensch wird wirksam in den Umarmungen seiner Liebe, die uns fähig macht, Heiligkeit in unsere Herzen und unsere Welt zu bringen.

Schauen wir uns dieses Prinzip noch etwas genauer an: Im Johannesevangelium verwendet Jesus das Bild vom Wasser, mit dem sich gut erklären lässt, wie die Veränderung unseres Seins durch Gottes Wirken zu verstehen ist. Das Wasser in seiner Geschichte steht für all die Dinge, die in der Welt Bedeutung haben oder Bedeutung verleihen. Zuerst spricht er im folgenden Text davon, dass alles „Wasser dieser Welt" unseren Durst niemals löschen wird:

> *Jeden, der von diesem Wasser trinkt, wird wieder dürsten; wer aber von dem Wasser trinken wird, das ich ihm geben werde, den wird nicht dürsten in Ewigkeit; sondern das Wasser, das ich ihm geben werde, wird in ihm eine Quelle Wassers werden, das ins ewige Leben quillt.*
>
> Johannes 4,13-14

Nichts wird uns jemals dauerhaft befriedigen, faszinieren oder beleben, was wir in dieser Welt und ihren Werten finden können. Das gilt auch für die Versuche, aus eigener Kraft heilig zu werden. In uns findet sich nichts, was uns jemals gerecht oder heilig vor Gott machen könnte. Wir sind ja selbst mit dieser Welt verwoben. Alles, was wir uns erarbeiten könnten, kann unseren Wert in Gottes Augen nicht heben. Diesem Irrglauben sind zu Jesu Zeiten die Pharisäer erlegen, wie die Geschichte aus Lukas 18 zeigt, wo Jesus eben nicht den „Scheinheiligen" gerecht spricht, sondern den Sünder, der sich ganz Gottes Gnade ausliefert. Vor Gott kann nur das Göttliche bestehen.

Dann spricht Jesus wieder über das Wasser und sagt: „Wer an mich glaubt, wie die Schrift gesagt hat, aus seinem Leibe werden Ströme lebendigen Wassers fließen" (Johannes 7,38). In diesem kurzen Satz verbergen sich zwei fast unfassbare Tatsachen. Nicht nur, dass Gott uns das lebendige Wasser schenken und uns damit gesund und heilig machen möchte. Er sagt auch, dass die Quelle, die er in uns aufbrechen lässt, mehr Wasser gibt, als wir es für uns selbst brauchen. In Folge strömt lebendiges Wasser aus uns heraus, hin zu den anderen Menschen, die noch nicht damit in Berührung gekommen sind. Zu denen, die noch nicht rein und noch krank sind. Alles Verändernde kommt von Gott alleine. Unsere Aufgabe ist es erstens und vor allem anderen, uns Gott zu nahen. In seiner Gegenwart findet unsere Heiligung statt. Die Umarmungen seiner Liebe und das Annehmen des „Wassers", das er uns schenken möchte, machen uns heil und versetzen uns anschließend in die Lage, etwas von der Schönheit der Heiligkeit in unsere Welt zu tragen. Eine Quelle bricht in uns auf, aus der heraus wir mit den Menschen um uns herum anders, nämlich heilig umgehen können. Wir brauchen uns nicht mehr unseren Platz zu erkämpfen, uns zu behaupten oder auf unsere Rechte zu pochen. In uns ist die Quelle des Lebens selbst. Wir sind der Tempel Gottes, aus dem das Wasser des Lebens strömt. Gottes Heiligkeit ist in uns, weil Gott in uns wohnt.

Stellen Sie sich eine Stadt oder ein Land vor, in dem Menschen heil werden, weil wir Christen in einer heiligen Beziehung mit unserem Gott leben. Im Vordergrund unserer Bemühungen, Menschen zu Jesus zu führen, stünde dann vor allem die Liebe selbst, genährt aus den Umarmungen der Liebe Gottes, die wir immer wieder suchen und an denen wir uns erfreuen. Erfüllt von Gottes Liebe, hätten wir mehr Kapazität, Liebe zu verschenken. Erfüllt von dem Genuss seiner Gegenwart, wären unsere Herzen satt und wir in der Lage, aus der eigenen Erfahrung des Genusses heraus andere Menschen zu Genießern der Liebe Gottes zu machen.

Wenn Sie die Quelle des lebendigen Wassers in sich noch nicht finden können, dann fangen Sie damit an, Jesus zu umarmen. Seien Sie wie einer der Gewürzstreuer. Investieren Sie in Ihre im wahrsten Sinne des Wortes Stille Zeit mit Gott, um ihn zu umarmen und sich von ihm umarmen zu lassen. Trinken Sie im Gebet und in der Anbetung von ihm, der die Liebe Ihres Lebens sein und Ihnen so gerne Anteil an seiner Heiligkeit geben möchte. Genießen Sie die größte Liebe von allen, die genau Ihnen gilt. Lernen Sie es, sich lieben zu lassen. Dann wird die Quelle in Ihnen tatsächlich bald anfangen zu sprudeln, und Sie werden etwas in sich tragen, das nicht nur Sie sättigt, sondern auch noch den Menschen um Sie herum Leben schenkt.

„Vater, diese Worte klingen so verheißungsvoll und entlastend. So möchte ich leben. Warum nur ist mir dies in der Vergangenheit so schlecht gelungen? Vergib mir bitte, dass ich in deinen Augen aus eigener Kraft gut sein wollte. Vergib mir, dass ich mir so wenig Zeit genommen habe, um dich zu umarmen und mich von dir lieben, heiligen und sättigen zu lassen. Jetzt aber bin ich hier. Ich möchte meine Prioritäten ändern. Heilige du mich. Ich möchte mich weniger anstrengen und dich dafür mehr suchen. Ich wünsche mir sehr, dass dein Wasser mich tränkt, mich heilt und mich heiligt, damit es von mir zu anderen fließen kann. Lass mich ein Genießer deiner Liebe werden. Umarmst du mich bitte? Amen."

Kapitel 18

Die Furcht des Herrn

Fürchtet den Herrn, ihr seine Heiligen! Denn keinen Mangel haben die, die ihn fürchten.

Psalm 34,10

In vielen, wenn nicht allen Religionen dieser Welt fürchten sich die Gläubigen vor Gott (bzw. ihren Göttern). Innerlich und manchmal auch äußerlich ducken sie sich vor ihm in Erwartung seines Zorns. Wie anders der Gott und Vater von Jesus Christus! David schreibt in Psalm 34, dass diejenigen, die ihn als Gott anerkennen und ihm folgen, keinen Mangel in ihrem Leben haben werden. Statt der Duldung durch einen zornigen Gott, wie es in anderen Religionen gelebt wird, hat die „Furcht des Herrn", wie sie die Bibel lehrt, den Segen eines liebenden Vaters zur Folge und ist auch nicht mit Angst gleichzusetzen.

Aus Davids Zeilen lässt sich herauslesen, dass die Furcht des Herrn offenbar zum Leben eines Heiligen gehört, also auch unserem. Aber was ist darunter eigentlich zu verstehen?

Über die Gottesfurcht ist schon viel geschrieben worden. Sie ist eines der zentralen Themen der Bibel und zugleich eines, das immer wieder neu beleuchtet werden sollte. Denn auch wir Christen stehen in der Gefahr, an der biblischen Vorstellung über die Furcht des Herrn vorbeizudenken und ungute Konzepte zu entwickeln. Ich möchte in diesem Buch nur einige wenige Aspekte beleuchten, die ich für grundlegend halte, um ein Verständnis dafür zu bekommen, wie Gottesfurcht in unserem Leben entsteht und welche heilsamen Auswirkungen sie hat.

Wieder und wieder stößt man beim Lesen der Bibel auf Geschichten, die von besonderen Menschen berichten und oft sogar mit einer ähnlichen Einleitung beginnen, durch die dem Leser vermittelt wird, dass es sich bei den Akteuren um außergewöhnliche Menschen handelt. Es sind Frauen oder Männer, die auf den ersten Blick gar nicht so auffällig zu sein scheinen, doch haben sie etwas an sich, das anderen Menschen ins Auge springt. Sie strahlen eine besondere Ruhe aus. Sie sind vertrauenswürdig. Wenn sie das Wort ergreifen, ist das, was sie zu sagen haben, durchdrungen von dem einen großen Wert in ihrem Leben, dem sie alles andere unterstellt haben. Hier einige Beispiele:

Es war ein Mann im Lande Uz, sein Name war Hiob. Und dieser Mann war rechtschaffen und redlich und gottesfürchtig und mied das Böse.
Hiob 1,1

Und siehe, es war in Jerusalem ein Mensch, mit Namen Simeon; und dieser Mensch war gerecht und gottesfürchtig und wartete auf den Trost Israels; und der Heilige Geist war auf ihm.
Lukas 2,25

Ein Mann aber in Cäsarea mit Namen Kornelius – ein Hauptmann von der sogenannten Italischen Schar, fromm und gottesfürchtig mit seinem ganzen Haus, der dem Volk viele Almosen gab und allezeit zu Gott betete ...
Apostelgeschichte 10,1-3

Ich weiß nicht, wie es Ihnen geht, wenn Sie auf solche Passagen stoßen. Vielleicht merken Sie auf, weil Sie wissen, dass es gleich um einen Menschen gehen wird, von dem Sie etwas lernen können; um jemanden, der einen guten Ruf hatte und zu dem aufgrund seines Lebenswandels aufgeschaut wurde. Mich überkommt bei der Betrachtung dieser Persönlichkeiten eine gewisse Ehrfurcht, denn schon die einleitenden Worte zu ihren Geschichten zeigen, dass es sich lohnt, genauer hinzuschauen.

In den drei oben zitierten Versen finden wir jeweils das im modernen Sprachgebrauch nur noch sehr selten vorkommende Wort „gottesfürchtig". Mir gefällt es, weil es Demut und das Bewusstsein zum Ausdruck bringt, dass sich ein Mensch Gott unterordnet und ihm gefallen will.

Heute spricht außerhalb der christlichen Kirche kaum noch jemand von „Gottesfurcht". Sie wird als Relikt aus alten Tagen verstanden, als die Menschen noch nicht aufgeklärt waren. Doch auch innerhalb unserer Kirchen und Gemeinden ist der Umgang mit der Furcht Gottes kein Thema, über das viel gesprochen wird. Manchmal verbinden vielleicht auch wir es mit dem Bild übertriebener Frömmigkeit. Niemand sagt heute noch über einen anderen, er oder sie sei gottesfürchtig. Natürlich ist Sprache immer etwas Dynamisches; sie entwickelt sich weiter. Doch in diesem Kapitel möchte ich trotzdem den „alten" Begriff der „Gottesfurcht" gebrauchen, weil er in der Heiligen Schrift verwendet wird.[75]

> „Gottesfurcht" wird als Relikt aus alten Tagen verstanden, als die Menschen noch nicht aufgeklärt waren.

Interessanterweise sind die Gottesfürchtigen der Bibel nicht irgendwelche komischen Figuren, die am Rande der Gesellschaft standen und nichts anderes mit ihrem Leben anzufangen wussten, als ihre Zeit mit frommen Aktivitäten zu verbringen. Im Gegenteil: Zwar erfahren wir vom Beruf Simeons nichts, da er uns als alter Mann vorgestellt wird, doch ganz offenbar war er eine Respektsperson. Die Bibel erwähnt ausdrücklich, dass er vom Heiligen Geist geführt wurde. Noch deutlicher wird es bei Kornelius, der ein Hauptmann in der römischen Besatzungsarmee war und vermutlich die Verantwortung für mehrere Hundert Soldaten trug.[76] Von Kornelius heißt es sogar, dass er „ein gutes Zeugnis hat von der ganzen Nation der Juden" (Apostelgeschichte 10,22) – also von denen, die unter der Unterdrückung des von ihm vertretenen Systems litten! Selbst sie konnten offenbar seinen guten Lebenswandel, der der Furcht vor dem Gott der Israeliten entsprang, nicht leugnen. Oder nehmen wir Hiob, der ein äußerst erfolgreicher Geschäftsmann mit einer großen Familie und einer riesigen Dienerschaft war. Wir finden sogar die Anmerkung, er sei „größer gewesen als alle Söhne des Ostens" (Hiob 1,3). Hiob war es nicht nur ein wichtiges Anliegen, dass er selbst ein gottesfürchtiges Leben führte. Er legte großen Wert darauf, dass auch seine zehn Kinder möglichst ohne Sünde vor Gott lebten. Er war ein herausragendes Beispiel für einen gottesfürchtigen Mann – und damit dem Teufel ein Dorn im Auge.

WAS GOTTESFURCHT IST

Der Duden gibt als Synonym für „gottesfürchtig" die Begriffe „fromm, gläubig, gottgefällig, orthodox, rechtgläubig, religiös" und „strenggläubig" an.[77] Die zitierten Wörter erwecken den Eindruck, dass die Redakteure des Dudens den Begriff „gottesfürchtig" eher für einen Anachronismus und etwas Beengendes halten. Die meisten der Synonyme klingen in den Ohren des heutigen Menschen nach einer verstaubten, anstrengenden Religiosität.

Im Koran gibt es den Begriff der Gottesfurcht ebenfalls, doch im Unterschied zur Bibel wird dort offenbar die Gottesfurcht als reiner Akt des Gehorsams verstanden; dem Gottesfürchtigen (nicht dem Erlösten) wird das Paradies versprochen: „Gottesfurcht (Taqwa) ist, dass man ALLAH und seinem Gesandten gehorcht, also dass man das tut, was geboten wurde, und das unterlässt, was verboten wurde, und die zweifelhaften Dinge meidet."[78] „Und wer Allah und seinem Gesandten gehorcht, den lässt er in Paradiesgärten eingehen, durch die Ströme fließen. Dort werden sie (ewig) verweilen. Das ist die höchste Glückseligkeit" (Quran 4,13).

Der 1984 verstorbene evangelische Theologe Wohlfahrt Pannenberg beschreibt in seinem Buch Systematische Theologie, Band 3, die Gottesfurcht wie folgt: „Gott fürchten – das heißt, Gott als Gott anzuerkennen in seiner Erhabenheit und Macht, als den Schöpfer, von dem unser Leben in jedem Augenblick abhängt, und als den Richter, vor dem nichts verborgen bleibt."[79]

Das sind drei Beschreibungen der Gottesfurcht aus drei unterschiedlichen Quellen. Welche davon entspricht am ehesten dem Verständnis der Heiligen Schrift?

Die Synonymvorschläge des Dudens tragen die Schwere eines überholten, anstrengenden Lebensstils in sich. Ich kann den Redakteuren keinen Vorwurf machen, denn alle Begriffe, die sie als Übersetzungsmöglichkeit für „Gottesfurcht" gewählt haben, sind an sich korrekt. Doch gehören sie nicht mehr zum Sprachgebrauch unserer Zeit und sind teilweise sogar negativ belegt. Sie wecken wenig Lust auf Gottesfurcht und lassen den Gedanken Davids aus Psalm 34, durch die Furcht des Herrn zu einem erfüllten Leben zu finden, völlig unberücksichtigt.

Laut den erklärenden Worten aus islam-pedia.de versteht der Koran die Gottesfurcht als Akt des Gehorsams. Doch obwohl uns auch die Bibel zu Gehorsam Gott gegenüber auffordert, ist Gehorsam nicht der einzige Bestandteil der Furcht des Herrn. Ein evangelischer Theologe schließlich lenkt den Blick auf die Anerkennung des unterschiedlichen Standes von Mensch und Gott, die sich im praktischen Leben niederschlagen muss. Weil Gott Gott ist, muss der Mensch entsprechend leben.

Ich möchte nun im Blick auf die obigen Aussagen anhand einiger Bibelverse und eigener Beobachtungen den Versuch wagen, die Gottesfurcht und das, was zu ihr führt, zu beschreiben. Lassen Sie mich mit etwas beginnen, was Sie vielleicht an dieser Stelle nicht als ersten Punkt erwartet hätten. Doch soll es zu Beginn meines Definitionsversuches um das gehen, was in uns Menschen Ehrfurcht wecken kann, denn es ist wesentlicher Bestandteil der Gottesfurcht: das Staunen über Gott. Wer noch staunen kann, für den ist die Schöpfung nicht einfach nur eine Ansammlung von wissenschaftlich erklärbaren Ursache-Wirkungsprinzipien, sondern geheimnisvoll und voll überraschender Schönheit. Der Staunende nimmt die Position des Zuschauers ein und spürt in sich, dass es da draußen etwas Größeres gibt als ihn selbst. Ein Staunender wird in der Erkenntnis, dass Gott die Quelle aller Schönheit ist, zum ehrfürchtig Anbetenden.

Im ursprünglich vom Schweden Carl Boberg (1859-1940) verfassten weltbekannten Lied „Wie groß bist du" begegnen wir beispielsweise einem solchen Staunenden, der zum Anbeter wird.

Blick ich empor zu jenen lichten Welten
und seh der Sterne unzählbare Schar,
wie Sonn und Mond im lichten Äther zelten,
gleich gold'nen Schiffen hehr und wunderbar.

Dann jauchzt mein Herz dir, großer Herrscher, zu:
Wie groß bist du! Wie groß bist du!

Wer schon einmal in dunkler Nacht zum Sternenhimmel aufgeschaut und sich beim Anblick Tausender Sterne bewusst gemacht hat, dass er nur einen winzigen Bruchteil von ihnen sehen kann, kennt das Staunen, von dem ich spreche. „Wer bin ich, angesichts dieser Größe und Schönheit?", fragen wir uns vielleicht. „Kann das wirklich alles das Produkt eines Zufalls sein?" Das Staunen rückt die Verhältnisse zurecht. Ob wir Bilder ansehen, die vom Weltraumteleskop Hubble gemacht wurden, oder auch nur einen Sonnenuntergang – das Staunen weckt Ehrfurcht in uns. Ein Christ, der gelernt hat, über Gott zu staunen, wird in großer Dankbarkeit darüber, dass er in der Schöpfung eines so gewaltigen Gottes nicht nur leben, sondern ihn persönlich kennen darf, zu ihm aufschauen. Aus dem Staunen heraus wird er Gott den Platz in seinem Leben einräumen, der ihm gebührt.

Ein weiterer Nährboden der Gottesfurcht ist die Erkenntnis über die Liebe Gottes. Wenn uns nicht „Ich muss" antreibt, sondern „Ich möchte nicht anders", sind wir auf einem gesunden Weg. Gottesfurcht hat so lange mit Furcht zu tun, wie wir sie als Forderung verstehen, die wir aus eigener Kraft zu erfüllen haben. Doch gewinnt sie dann ihre Schönheit und ihre eigentliche Bedeutung in unserem Leben, wenn wir aus der Reaktion auf Gottes Liebe hin gar kein anderes Leben mehr führen möchten als eines, in dem wir ihn an die erste Stelle gesetzt haben und seinen guten Plänen folgen.

Ich habe in diesem Buch schon ein wenig über die schreckliche Schönheit Gottes gesprochen, die uns manchmal tatsächlich auch erschrecken kann, weil sie unsere Sinne übersteigt und unsere Vorstellungskraft sprengt. Doch was für eine Liebe kommt in der unfassbaren Diskrepanz zwischen seiner absoluten Vollkommenheit und seiner Entscheidung, Mensch zu werden und alle unsere Sünden zu tragen, zum Ausdruck! Er, der völlig Heilige und Reine, bewirft sich selbst mit so viel Schmutz – um unseretwillen! Auf diesen Akt der Liebe kann ich nur mit Liebe und Ehrfurcht antworten. Seine Liebe zu mir weckt in mir das Verlangen, ihm zu folgen und zu sein wie er. Weil ich ihn liebe, will ich mich seinem guten Willen unterordnen und seine Gebote halten.

Schauen Sie sich einmal die folgende Aussage des Apostels Johannes an, die er in zweien seiner Briefe trifft: „Denn dies ist die Liebe Gottes: dass wir seine Gebote halten; und seine Gebote sind nicht schwer" (1. Johannes 5,3; vgl. 2. Johannes 6).

Ich verstehe Johannes nicht so, dass wir Gottesfurcht und Gehorsam aus uns herauspressen müssen, um Gottes Liebe zu gewinnen. Nein, es ist gerade umgekehrt: Gottesfurcht ist die logische Folge der unfassbaren und doch real erfahrbaren Liebe Gottes. Den obigen Vers lese ich im Kontext der Gesamtaussage der Bibel im Sinne von: „Dies bewirkt die Liebe Gottes: dass wir seine Gebote halten." Sie verstehen sicher den gewaltigen Unterschied zwischen diesen beiden Lesarten. Die erste lässt uns auf unsere eigene Kraft zurückfallen, die zweite lässt uns aus der Fülle eines gewaltigen Geschenks schöpfen.

Nach dem Staunen und der Liebe, die wir im vorangehenden Kapitel ausführlich behandelt haben, sehe ich noch eine dritte Motivation, die uns zu einer Gottesfurcht führt, die deutliche Spuren in unserem Alltagsleben hinterlässt: Es ist die Erkenntnis, dass Gottes Gedanken den unseren tatsächlich weit überlegen sind.

Ich vermute, auch Sie haben schon versucht, „auf eigenen Beinen zu stehen" oder Ihr Leben „in die eigenen Hände zu nehmen". Hat der Versuch die erhofften Auswirkungen erbracht? Persönlich empfinde ich es als durchaus demütigend, doch zugleich befreiend, zuzugeben, dass ich mein Leben eben nicht „im Griff" habe. Nach so vielen Jahren der Nachfolge Jesu gibt es noch immer unheilige Bereiche in mir und die Versuchung, den Verlockungen der Sünde nachzugeben, ist immer nahe. Doch die Erkenntnis, dass Gottes Gedanken höher sind als meine, weckt nach und nach mehr Vertrauen in mir, seine Wege zu gehen, und nicht diejenigen, die ich mir vielleicht aussuchen würde, wenn ich alleine auf mich schaue.

Während das Staunen als erster Auslöser der Gottesfurcht meine *Seele* betrifft und die Liebe als Zweites mein *Herz* verändert, spricht die Erkenntnis darüber, dass Gott mein Leben viel besser als ich „hinbekommt", meinen *Verstand* an. So wird durch die Beziehung zu Gott mein ganzes Sein von dem Wunsch durchdrungen, ihn zu respektieren und ihm meine Ehrfurcht zu zeigen. Weil er Seele, Herz und Sinn durchdringt, hilft Gott mir auch dabei, den aus der Gottesfurcht resultierenden Gehorsam aufzubringen. So kann ich seine Gebote halten und werde keinen Mangel mehr haben.

Kommen wir jetzt zu einer Definition von „Gottesfurcht". Kurz zusammengefasst lautet sie folgendermaßen:

Gottesfurcht wird in einer staunenden Seele, einem berührten Herzen und einem von Einsicht durchdrungenen Verstand geweckt. Sie ist das logische Resultat der Nähe zu Gott und führt zu einem Leben, das von Ehrfurcht und Gehorsam Gott gegenüber geprägt ist.

GEGENWIND

Wenn Sie sich für den Weg der Gottesfurcht entscheiden, müssen Sie mit Gegenwind rechnen. Paulus hat im zweiten Brief an seinen Jünger Timotheus geschrieben, dass alle, „die gottesfürchtig leben wollen in Christus Jesus, ... verfolgt werden" (2. Timotheus 3,12). Bei Verfolgung denken wir zuallererst an die Ablehnung von Menschen, die Gott noch nicht kennen. Doch ein Lebensstil, der Gottesfurcht und Heiligkeit im praktischen Alltag ausdrückt, ist auch manchem Mitchristen ein „Dorn im Auge". Wenn Sie versuchen, ein heiliges Leben zu führen, werden dadurch unter Umständen andere Menschen vor die Frage gestellt, wie sie selbst leben sollten. Vielleicht werden Sie von einigen zu hören bekommen, dass Sie „zu eng" geworden sind, einen „eigenen Weg" eingeschlagen haben oder Ähnliches. Seien Sie beruhigt. Solange Ihre Motivation dem Staunen über Gott, der Annahme seiner Liebe und der Erkenntnis, dass seine Pläne die besten für Ihr Leben sind, entspringt, sind Sie auf einem guten Weg.

Gottesfurcht hat nichts mit einer verklemmten Angst vor Gott zu tun, sondern mit der Ehrfurcht dem gegenüber, der vollkommen ist. Im Gebet und in der Anbetung knie ich vor Gott, weil ich mich in der Gegenwart des gewaltigsten Wesens befinde, das es gibt. Ich meine, dass derjenige, der ein wenig von Gottes Schönheit und Heiligkeit gesehen hat, tatsächlich nicht anders kann, als sich vor ihm zu beugen. Mein Knien hat nichts mit Angst vor Gott zu tun, es ist ein Ausdruck meines Staunens und meines Respekts. Vor ihm erkenne ich auch mich selbst – und die Diskrepanz „zwingt mich in die Knie".

Darf ich Sie wieder zu einem Gebet einladen?

> „Lieber Vater. Ich möchte dich bitten, dass du meine Seele das Staunen über dich lehrst. Berühre du mein Herz mit deiner unfassbaren Liebe, und durchdringe du mein Denken mit der Einsicht, dass deine Gedanken und Pläne so viel höher, sinnvoller und heilsamer sind als meine eigenen. Wecke du die Gottesfurcht in mir, die mich ein Leben in deiner Nähe und in deinen Plänen führen lässt. Amen."

Kapitel 19

Die Entmachtung des zornigen Königs

Unsere ganze Gesellschaft ist aufgebaut auf dem Ich. Das ist ihr Fluch, und daran muss sie zugrunde gehen.

Theodor Fontane

Gott traut Ihnen zu, dass Sie mit ihm zusammenarbeiten – und zwar nicht nur in unterschiedlichen, zum Teil abenteuerlichen Projekten, die er für Ihr Leben vorbereitet hat, sondern ganz besonders bei der Umgestaltung einer seiner Lieblingsmenschen: Ihnen. Jesus hat uns dazu aufgerufen, ein Leben zu führen, das so vollkommen ist wie das seines Vaters (Matthäus 5,48). Dieses Leben wartet auf uns, ein heiles, ein heiliges Leben in Gottes Gegenwart. Und obwohl alles auf dieser Welt der Endlichkeit unterworfen ist und auch wir selbst vom Prozess des Alterns und der Zunahme körperlicher Schwachheit nicht ausgenommen sind, liegt dieses vollkommene Leben doch schon jetzt für uns bereit. Wir werden es auf der Erde noch nicht ganz ergreifen können, doch wir können schon hier hineintreten und Stück um Stück davon erobern. Tatsächlich liegt es zu einem großen Teil an uns, wie weit wir in die Realität eines heiligen Lebens vordringen. Wir entscheiden selbst, wie sehr wir uns von Gott prägen lassen möchten.

KAMPF DER KÖNIGE
Eines der größten Hindernisse auf diesem Weg möchte ich als „Kampf der Könige" beschreiben. Tag für Tag ringen zwei Herrscher um die Regentschaft in unserem Leben. Keiner der beiden reißt die Macht mit Gewalt an sich; sie bieten uns jeweils ihr Reich an und las-

sen uns entscheiden, welchem wir uns unterstellen. In unserem Herzen gibt es einen Thron. Der König, der auf ihm sitzt, prägt unser ganzes Sein. Er hat Einfluss auf unsere geheimsten Gedanken, er entscheidet mit darüber, aus welcher Motivation heraus wir etwas tun oder lassen. Er beeinflusst, wen wir lieben oder hassen, mit wem wir uns anfreunden und wen wir lieber meiden. Er schlägt vor, wofür wir unser Geld ausgeben und wie wir unsere freie Zeit verbringen. Seine Ideen, aber auch seine Ansprüche durchdringen unsere Gedanken und lassen uns danach handeln.

> In unserem Herzen gibt es einen Thron. Der König, der auf ihm sitzt, prägt unser ganzes Sein.

Das Problem ist, dass auf dem Thron der meisten von uns ein zorniger kleiner König sitzt, der niemals zufrieden ist mit dem, was wir für ihn tun. Er ist ein echter Sklaventreiber, der unser Herz gefangen hält und uns für seine Zwecke missbraucht. Alles, was er will, ist, dass sein Königreich als das schönste angesehen wird, dass er gelobt wird und dass alle ihm huldigen. Dafür holt er alles aus uns heraus, was geht. Sein Appetit ist unstillbar und egal, wie hart wir für ihn arbeiten, er wird in seiner Unmäßigkeit doch niemals zufrieden und glücklich sein, sondern versuchen, uns noch härter anzutreiben, um noch mehr zu bekommen.

Ich weiß, dass auch Sie diesen König kennen. Sein Name lautet „ICH". Wenn wir ihn zum König auf dem Thron unseres Herzens machen, liefern wir uns einem Egoisten aus, bei dem sich alles nur um die Befriedigung unserer Wünsche dreht. An den Beginn der meisten Sätze, die er spricht, setzt er seinen Namen, um deutlich zu machen, dass die nachfolgende Aussage von größter Bedeutung ist, weil sie von ihm kommt. Er hält sich selbst für das Maß aller Dinge. Alles, was er denkt oder sagt, leitet er von seiner scheinbaren Größe ab: „ICH denke", sagt er. Gerne auch „ICH meine" oder „ICH glaube". Damit macht er sein Wort, seine Gedanken, seine Meinung und seinen Glauben zum königlichen Gesetz, das über allen anderen steht. Er weiß es besser als die anderen und wehe, jemand versucht, ihn zu korrigieren, dann reagiert er zornig oder beleidigt.

Viele Menschen glauben, dass sie diesem König ausgeliefert sind und es keine Möglichkeit gibt, ihn zu entmachten. Doch sie täuschen sich und sitzen einer der größten Lügen auf. Wir können nämlich den zornigen König „ICH" vom Thron stoßen. Das geht allerdings nur, indem wir einem anderen König den Platz auf unserem Herzensthron schenken. Es ist Zeit für eine Palastrevolution. Anstatt weiter den König „ICH" unseren Herrn sein zu lassen, sollten wir den König der Heiligkeit wählen, der uns heil machen kann und durch uns seine Heiligkeit in diese Welt bringen möchte.

Wir haben alle ständig mit dem kleinen, zornigen König zu tun. „ICH" versucht täglich neu, sich auf den Thron unseres Herzens zu schleichen und sich dort breitzumachen. Seine Argumente, mit denen er uns überzeugen will, ihm das Zepter der Herrschaft über unser Leben in die Hand zu drücken, klingen überzeugend. Er weist uns gerne darauf hin, dass wir nicht so viel haben wie andere, dass wir ungerecht behandelt werden oder zu wenig Anerkennung bekommen, und verspricht uns, dass nur er das ändern könne – er habe sogar schon die richtigen Ideen dafür. Statt Demut und Hingabe setzt er lieber seine Ellenbogen ein.

Wüsste ich nicht aus meiner eigenen Vergangenheit, dass er ein Betrüger ist, würde ich ihm dennoch oft Glauben schenken, weil er meine wunden Punkte so gut kennt und den Finger genau dorthin legt, wo ich am bedürftigsten bin. Er schmeichelt und überredet, er weint und schreit, nur um mein Gehör zu finden. Manchmal überrascht er mich in einer Situation, in der ich beispielsweise müde bin oder keine Lust bzw. Kraft habe, mich ihm entgegenzustellen. Ich denke dann: „Soll er eben für kurze Zeit seinen Willen bekommen." Doch jedes Mal bereue ich im Nachhinein meine Einwilligung, ihm Macht über mein Leben gegeben zu haben, und sei es nur für Sekunden. Denn ich füge mir selbst oder anderen Schmerz zu, nachdem ich mich für den zornigen König entschieden und auf ihn gehört habe. Doch er war so lange ein Teil meines Lebens, dass ich es manchmal erst zu spät bemerke, dass ich ihm Raum gegeben habe. Vor einiger Zeit habe ich ihm den Krieg erklärt. Wenn er kommt und sich in mir breitmachen will, verweise ich ihn dadurch in die Schranken, dass ich den anderen König anschaue, der so wunderschön, gerecht und demütig ist, und mich ihm hingebe: Jesus.

Den Kampf gegen den kleinen, zornigen König nimmt uns niemand ab. Gott aber hat uns so geschaffen, dass wir durch die Hingabe an Jesus unser Ego besiegen können. Den Anteil, den nur wir beisteuern können, ist die Hingabe. Wir wählen, wem wir Glauben schenken, auf welche Stimme wir hören und welchem Herrn wir folgen möchten. In diesem Kampf stehen wir Tag für Tag, er gehört zur Zusammenarbeit mit Gott auf dem Weg unserer Heiligung.

REGIERUNGSWECHSEL

In seinem berühmten und höchst empfehlenswerten Buch „Nachfolge Christi" stellt Thomas von Kempen die Frage, warum einige Heilige zu einer so besonderen Nähe mit Gott vorgedrungen sind, und beantwortet sie mit Worten, die wiederum die Wahl zwischen unserem Ego und dem himmlischen König beschreiben:

> *Weil sie von allen irdischen Begierden sich loszumachen strebten, deswegen konnten sie mit ihrem innersten Gemüte Gott allein anhangen und frei und eins mit sich in sich verbleiben. Uns beherrschen die Leidenschaften in uns, die dem armen Herzen so viel zu schaffen geben, und die vergänglichen Dinge außer uns, die dasselbe Herz in steter Bewegung halten und von einer Empfindung zur nächsten jagen. Wären wir uns selbst ganz abgestorben, wäre unser Innerstes nicht im Geringsten in das geheime Spiel der Neigungen verflochten und darin gebunden, o dann könnten auch wir göttlicher Dinge inne werdend von der himmlischen Beschaulichkeit schon hier einen Vorgenuss bekommen.*[80]

Paulus kannte den Kampf gegen den zornigen König ebenfalls und hat mit deutlichen Worten auf dessen Besitzansprüche reagiert. Er hat sich selbst verleugnet, den König Jesus Christus gewählt und ging so weit, zu sagen: „... und nicht mehr lebe ich, sondern Christus lebt in mir ..." (Galater 2,20).

Das sind beeindruckende Worte. Vielleicht sind Sie noch nicht so weit, dass Sie das auch von sich sagen könnten, doch Sie spüren möglicherweise in sich, dass Sie das heilige Leben finden und führen möchten. Dann ist es an dieser Stelle Zeit für einen Machtwechsel in Ihrem Leben.

„Lieber Vater. Ich möchte so *gerne* deinem Sohn den Platz auf dem Thron meines Herzens geben. Seine Herrschaft ist mir noch nicht so vertraut wie die von ‚ICH', doch in diesem Augenblick spreche ich dir mein Vertrauen aus und glaube dir, dass es keinen besseren König gibt als Jesus Christus. So sage ich laut, dass ‚ICH' vom Thron meines Herzens verschwinden muss und stattdessen der König der Könige darauf Platz nehmen soll.

Jesus, du sollst mein König sein, du sollst darüber entscheiden, was ich tue. Ich vertraue mich deiner Königsmacht an. Jetzt. Morgen. Immer wieder. Bis du wiederkommst. Amen."

Kapitel 20

Der gute Kampf des Glaubens

Es wäre wohl nötig, dass wir wieder von vorn anfingen und inmitten der Anfänger von Neuem zu einem heiligen Leben uns unterweisen ließen.

Thomas von Kempen[81]

Es ist bedeutsam und unbedingt wichtig, dass wir uns immer wieder mit der Frage beschäftigen, wer Gott ist und was dies für unser Leben bedeutet. Unsere individuelle Entscheidung, den Weg der Heiligung zu gehen, wird auch Auswirkungen auf die Kirchengemeinden und Gemeinschaften haben, zu denen wir gehören. Ich sehne mich nach einer Kirche, deren Herz leidenschaftlicher für ihren Gott brennt und die sich dessen bewusst ist, dass er heilig ist. Eine Kirche, die gewahr wird, wem wir in unseren Gebeten und Liedern eigentlich begegnen, und die das Staunen über seine Schönheit neu entdeckt. Ich bin fest davon überzeugt, dass die Antwort auf unsere sich leerenden Kirchen auch darin besteht, dass wir Gläubigen wieder erkennen, wer und wie dieser Gott eigentlich ist, an den wir glauben.

Wir dürfen uns fragen, ob wir ihm in den letzten Jahren nicht vielleicht sogar verweigert haben, der zu sein, der er im Kern seines Wesens tatsächlich ist: der Heilige. Sollten wir das in unserem Leben feststellen, ist es Zeit umzukehren. Die Umkehr, von der ich spreche, ist jedoch keine, die zu einem zähneknirschenden Glauben führt, sondern uns zu einem heilen und erfüllenden Leben mit einem Gott bringt, der unfassbar groß und liebevoll ist.

Stellen Sie sich vor, wie eine Kirche aussehen könnte, in der man wieder ehrfürchtig staunt und wo das Geheimnis der Göttlichkeit nicht seziert oder mit menschlichen Attributen versehen wird, um es fassbarer zu machen. Eine Kirche, in der Gott geheimnisvoll bleiben darf und die erfasst hat, dass gerade in seinem geheimnisvollen, heiligen Wesens seine besondere Anziehungskraft liegt. Noch einmal: Einen Gott, der nur das Idealbild des perfekten Menschen darstellt, braucht niemand. Wir brauchen den Gott und Vater von Jesus Christus, der schrecklich schön, liebevoll und gnädig ist und der auf immer ungebändigt bleiben wird.

> Wir brauchen den Gott und Vater von Jesus Christus, der schrecklich schön, liebevoll und gnädig ist und der auf immer ungebändigt bleiben wird.

Angesichts der Heiligkeit und Schönheit Gottes wäre es furchtbar traurig, sollten sich die harten Worte des US-amerikanischen Professors für das Alte Testament, John N. Oswalts, bewahrheiten. Sie berühren mein Herz schmerzvoll: „Die Welt schaut auf eine Gruppe von hasserfüllten, selbstzentrierten, undisziplinierten, habgierigen und unreinen Menschen, die sich trotz alledem als Volk Gottes bezeichnen, und sagt: ‚Ihr lügt'."[82]

Eine Kirche ohne Heiligkeit kann nicht Kirche Jesu sein. Wenn die Menschen draußen die verändernde Kraft der Gnade Gottes nicht an uns sehen können, werden sie auch nicht auf die Idee kommen, dass Gott mit uns ist, und nicht nach ihm fragen. Kirche muss „anders" sein, um attraktiv für Menschen zu sein, die Gott noch nicht kennen. Kirche muss Anleitung dafür geben, wie ihre Mitglieder ein Leben der Heiligung führen können, um so von Jesus zu zeugen. Wir sind schlechte Botschafter, wenn wir unsere Botschaft vergessen haben und denjenigen, der uns gesandt hat, nur aus der Ferne kennen.

Vielfach stehen wir als Kirche heute vor den Menschen dieser Welt und versuchen, auf unterschiedliche Art und Weise ihre Aufmerksamkeit zurückzugewinnen. Doch wenn die grundlegende und lebensverändernde Wahrheit über Gottes Wesen und die daraus resultierenden Handlungen Gottes nicht mehr verstanden und gepredigt werden und deshalb unser eigenes Leben nicht von ihm zeugt, wird das auf Dauer nicht funktionieren.

Was wir wirklich brauchen, ist die Gegenwart des heiligen Gottes. Wir brauchen sie in unseren Familien und an unserem Arbeitsplatz, in unseren Versammlungen und Gottesdiensten. Wenn Menschen dann in Berührung mit dem Geheimnis seines Wesens und seiner Kraft kommen, werden Gemeinden wieder wachsen, und das Evangelium wird unsere Städte durchdringen, weil Menschen den Ruf zur Heiligung ernst nehmen und dies nicht verborgen bleiben kann.

DER WEG DES KREUZES

Wir sind nun fast am Ende dieses Buches angekommen. Im Anschluss gilt es, das, was Sie gelesen haben, ganz konkret im Alltag umzusetzen und den guten Kampf des Glaubens zu kämpfen. Er ist deshalb gut, weil er keine Opfer, sondern gesegnete Menschen zurücklassen wird, von denen Sie der erste sein werden. Aber er ist nicht leicht, denn es öffnen sich ständig neue Fronten, auf denen sich Ihre Entscheidung, ein heiliges Leben zu führen, gegen zahlreiche und verführerische Versuchungen durchsetzen muss. Doch es ist möglich, zu überwinden und ein anderes Leben zu führen als bisher. Der Kampf lohnt sich auf jeden Fall und Sie befinden sich von vornherein auf der Seite des Siegers.

Wir stehen in diesem täglichen Kampf mit seinen immer neuen, kleinen und großen Herausforderungen. Manche lassen sich durch eine einfache Entscheidung überwinden oder vermeiden, andere werden uns länger beschäftigen, wieder andere werden uns sogar von Gott zugemutet, weil sie nötig sind, um uns näher zu ihm zu führen. Die Bibel spricht über diese speziellen Herausforderungen auf dem Weg zum Himmel. Jesus sagte einmal darüber: „Wenn jemand mir nachkommen will, verleugne er sich selbst und nehme sein Kreuz auf täglich und folge mir nach!" (Lukas 9,23).

Im obigen Vers steckt neben der Selbstverleugnung (also der Entmachtung des zornigen Königs) und der Herausforderung, stattdessen Jesus nachzufolgen, ein dritter bedeutsamer Aspekt in Bezug auf die Heiligung: das Kreuz. Jesus ähnlicher zu werden, heißt auch, Anteil an seinen Schmerzen zu haben und bereit zu sein, sie zu tragen. Gerade in Zeiten, wo wir ein Kreuz zu tragen haben, weil wir vielleicht unter Ablehnung von Menschen, Krankheit oder Einsamkeit leiden, zeigt sich der Zustand unseres Herzens am deutlichsten. Dann erkennen wir, ob wir Gott schon näher gekommen, ihm ähnlicher geworden sind und aus diesem Grund sogar Leid ertragen können, ohne ihn aus Enttäuschung zu verlassen. Die Erfahrung des Kreuzes bleibt keinem Menschen erspart, der Jesus nachfolgen und so werden möchte wie er. Das Kreuz zu tragen, ist schmerzhaft, und manchmal könnten wir es sogar umgehen, indem wir Jesus nicht mehr folgen. Doch diese Schmerzen sind wie Wachstumsschmerzen auf dem Weg zur Heiligkeit. Kein Weg führt am Kreuz vorbei, denn erst der Tod manch unserer Träume oder Vorstellungen führt zur Auferstehung eines Menschen, der Jesus wieder ein wenig ähnlicher wurde. Auch ich kenne die Schmerzen des Kreuzes und jedes Mal, wenn ich eines zu tragen habe, reagiere ich erst einmal erschrocken. Solche Zeiten sind keine einfachen in unserem Leben, aber jedes Kreuz trägt die Möglichkeit in sich, uns zu formen und uns näher zu Jesus zu bringen. Das Kreuz gehört zu unserem guten Kampf des Glaubens, in dem wir täglich stehen und der uns zum ewigen Leben führen wird: „Kämpfe den guten Kampf des Glaubens; ergreife das ewige Leben" (1. Timotheus 6,12).

> Ihr Glaube mutet manchmal wie eine geistliche Zusatzversicherung an, die einen möglichst angenehmen Weg durch das irdische Leben garantiert, bevor sie dann in den Himmel kommen.

Wir leben in einer geteilten Welt. Schaut man mit etwas Abstand beispielsweise auf das Christentum in Europa, kann man durchaus den Eindruck bekommen, es handele sich dabei um eine Religion für den gesellschaftlichen Mittelstand. Für gewöhnlich sind europäische Christen anständige, unauffällige Menschen, die erfolgreich in ihren Berufen arbeiten, moralische Werte hochhalten und ehrenamtlich engagiert sind. Ihr Glaube mutet manchmal wie eine geistliche Zusatzversicherung an, die einen möglichst angenehmen Weg durch das irdische Leben garantiert, bevor sie dann in den Himmel kommen, wo alles perfekt sein wird. Manchmal erinnert mich das europäische Christentum an die Werbung für die unterschiedlichsten Produkte aus den Zeiten des deutschen Wirtschaftswunders nach den Weltkriegen, die eine heile Welt suggerierten.

Wie anders, wenn unser Blick sich nur einige wenige Tausend Kilometer Richtung Südosten bewegt. Dort scheint es sich beim Christentum fast um eine andere Religion zu handeln: Die Gläubigen dort sind weniger damit beschäftigt, möglichst unauffällig und angenehm durchs Leben zu gehen, sondern vielmehr damit, trotz ihres Glaubens überleben zu können. Während der Christ in Europa kaum Herausforderungen wegen seines Glaubens zu erleiden hat, ist der Glaube an Jesus für die Menschen in Syrien, im Irak, Iran, Jemen und anderen Teilen der Welt eine nicht nur im geistlichen Sinne existenzielle Frage, sondern eine ganz physische. Diese Menschen tragen ein Kreuz um ihres Glaubens willen.

Manche Dinge lassen sich nicht einfach wegbeten. Zeiten des Kreuzes sind real und auch wir in Europa bleiben davon nicht verschont – auch wenn wir so tun, als wäre das möglich. Unser Kreuz mag anders aussehen als das unserer Geschwister in der arabischen und persischen Welt. Doch Jesu Wort vom Tragen des Kreuzes gilt auch uns. Das Kreuz ist vom Objekt des Fluches zum Ort der Befreiung geworden, an dem Jesus uns mit Gott versöhnt hat. Das Kreuz, das wir persönlich tragen müssen, bildet diese Wahrheit in einem kleineren Maßstab ab.

Das Kreuz ist der Ort, an dem unser Glaube ans Licht tritt. Angesichts des Leides, das es am Kreuz zu tragen gilt, platzt jede fromme Illusion. Am Kreuz bleibt nur übrig, was wir zuvor mit dem Band des Vertrauens fest in unserem Herzen vertäut haben. Das Kreuz ist der ultimative Reality Check.

Jesus zu folgen, heißt auch, das Kreuz anzunehmen und es hinter ihm herzuschleppen. Unsere Nachfolge sieht nicht immer glänzend aus – und das muss sie auch nicht. Es ist schwer, zugleich das Kreuz zu tragen und dennoch in Bewegung zu bleiben. Doch in den entsprechenden Lebensphasen dürfen wir uns bewusst machen, wohin wir es tragen: an einen Ort, an dem wir uns selber sterben und unser Blick und unsere Hoffnung alleine auf den gerichtet sind, der uns vorangegangen ist: Jesus.

Ich kenne kein anderes Mittel, welches mir die Echtheit meines Glaubens so vor Augen zu malen vermag, wie das Kreuz. Um ehrlich zu sein: Ich mag es nicht. Die Zeiten des Kreuzes in meinem Leben waren Zeiten von innerer Hoffnungslosigkeit, völliger Überforderung und Zukunftsängsten. Normalerweise bin ich ein Mensch, dem viel

Energie zur Verfügung steht, doch in den Zeiten des Kreuzes war ich plötzlich ganz leer und wurde mit der Frage konfrontiert, ob ich Jesus eigentlich wirklich folge oder einfach ein „Macher" bin.

Am Kreuz wird alles echt. Gott sei Dank. Haben Sie keine Angst, wenn Sie Zeiten des Kreuzes durchleben. Der Zeitpunkt wird kommen, an dem das Kreuz zum Tor zu einem besseren – weil ehrlicherem und vertrauensvollerem – Leben führen wird. Wir brauchen das Kreuz, denn es heiligt uns.

> „Lieber Vater. Auch ich gehöre zu den Menschen, die am liebsten nichts von einem Kreuz hören möchten, das es zu tragen gilt. Ich habe Angst vor dem Leiden und den Schmerzen, die das Kreuz mit sich bringt. Aber ich fange auch an, den Segen des Kreuzes zu erfassen und zu verstehen, dass am Kreuz das Falsche vom Echten getrennt wird. Dort am Kreuz zählst nur noch du. Ich bitte dich, hilf mir, mein Kreuz zu tragen. Gib mir die Kraft, dich dann nicht zu verlassen, sondern fest darauf zu vertrauen, dass es auch eine Zeit der Auferstehung geben wird. Amen."

SCHRITT FÜR SCHRITT

Zum Schluss möchte ich die Kernpunkte dieses Buchs noch einmal zusammenfassend aufführen.

Vergessen Sie nie, dass Heiligkeit ihren Ursprung in Gott hat. Er verleiht Heiligkeit, er heiligt und er verändert unser Leben. Sie können sich anstrengen, wie Sie wollen, es wird Sie nicht heiliger machen. Heilig werden wir, wenn wir mit Gott auf partnerschaftliche Weise zusammenarbeiten und jeder die Teile einbringt, die nur er einbringen kann. Unser Anteil besteht aus der Hingabe an ihn, aus der Zeit, die wir mit ihm verbringen, und aus den vielen kleinen und großen Entscheidungen, die wir treffen, weil wir ein heiliges Leben führen wollen. Gottes Beitrag ist seine Gnade, die uns die Kraft zu einem heiligen Leben schenkt; seine Liebe, die in uns die Sehnsucht weckt, ihm zu gefallen; und sein Geist, der uns immer mehr erfüllt, je mehr wir ihm Raum geben. Das ist die perfekte Partnerschaft mit Gott. Alles Gute kommt von ihm. Oder – um es mit dem großen Augustinus zu sagen: „Alle meine Hoffnung ruht nur in deinem übergroßen Erbarmen. Gib, was du befiehlst, und befiehl, was du willst."[83]

Gott hat gesagt „Seid heilig, denn ich bin heilig" (4. Mose 11,44), das ist – mit den Worten von Augustinus gesprochen – sein Befehl. Doch dabei belässt er es nicht, sondern sagt weiter: „Ich bin der Herr, der euch heiligt" (4. Mose 20,8). Er selbst gibt uns das, was wir dazu brauchen, um seinen Befehl auszuführen.

Ich hoffe sehr, dass ich aufzeigen konnte, warum das heilige Leben in Wahrheit das eigentliche Leben ist. Es ist kein Leben der latenten Unterdrückung unserer selbst, sondern im Gegenteil ein Leben, in dem wir immer mehr entdecken, was es heißt, als Kind Gottes in wahrer Freiheit zu leben.

So wie aus Gottes Heiligkeit heraus alle anderen Wesensmerkmale, wie etwa seine Liebe, Gnade und Gerechtigkeit, fließen, ist es auch bei uns Menschen. Wenn wir Gott suchen und Zeit mit ihm verbringen, färbt etwas von seiner Heiligkeit auf uns ab, und wir werden mehr und mehr wie er. Die Heiligkeit, die dann unser Sein erfüllt, durchdringt auch alle unsere anderen Wesensmerkmale. Wir werden anders sprechen, anders denken und anders lieben als zuvor. Sich der Heiligkeit Gottes im Gebet auszusetzen, bedeutet zugleich, dass wir dort, in seiner Nähe, heil werden. Und ein Mensch, der heil geworden ist, muss seine Seele nicht mehr mit Dingen befriedigen, die ihm oder anderen Schaden zufügen. Wer sich für ein heiliges Leben entscheidet, entscheidet sich für ein erfüllendes Menschsein und für ein Leben, welches die Bibel „Leben in Fülle" nennt. Der Theologe Dr. Stephen C. Barton schreibt dazu: „Sich mit der Heiligkeit zu beschäftigen, bedeutet, sich mit dem Kern dessen zu befassen, was es heißt, wirklich ganz Mensch zu werden."[84]

Nicht zuletzt brauchen Sie auf dem Weg der Heiligung Zeit. Nehmen Sie sich Zeit dafür, sich mit der Heiligkeit Gottes zu beschäftigen. Lesen und betrachten Sie die Gottesbegegnungen, von denen die Bibel berichtet, und denken Sie darüber nach. Tauchen Sie wieder

> Wenn wir Gott suchen und Zeit mit ihm verbringen, färbt etwas von seiner Heiligkeit auf uns ab, und wir werden mehr und mehr wie er.

und wieder in diese Geschichten oder auch in die Thronraumszene aus Offenbarung 4 ein und lassen Sie sich von der Schönheit der Heiligkeit Gottes faszinieren. Planen Sie in Ihrem Alltag Zeiten der Stille ein und lernen Sie, Gott mit den Augen Ihres Herzens zu betrachten. Lernen Sie auch, wieder darüber zu staunen, wie mächtig, herrlich und wild der Gott ist, dem Sie folgen.

Zetteln Sie eine Palastrevolution an. Stoßen Sie König Ego vom Thron und machen Sie Platz für Gott im Zentrum Ihres Herzens. Vergessen Sie nicht, dass wir Tempel des Heiligen Geistes sind. Je mehr Raum wir ihm in uns geben, desto mehr wird unser Denken und Handeln von ihm geprägt werden. Lehnen Sie es immer wieder ab, dass „König ICH" sich in Ihnen breitmacht.

Dass der Prozess der persönlichen Heiligung in diesem Leben nicht zum Abschluss kommt, habe ich schon gesagt. Erst wenn wir ganz bei Gott sind, wird alles Unheilige von uns abfallen, und wir werden vollständig heil und vollkommen sein. Doch ohne die Heiligung wird sich in unserem Leben hier auf der Erde nichts ändern und wir bleiben gefangen in alten, schädlichen Denk- und Handlungsmustern. Wenn wir ihr jedoch nachjagen, werden wir einen Unterschied in unserer Gesellschaft machen. Dieser Weg stellt einen alternativen Lebensstil dar, durch den die Menschen um uns herum herausgefordert werden, über ihr eigenes Leben nachzudenken. Es ist kein einfacher Weg, aber der schönste und aufregendste, den ich kenne. Es ist der Weg zu einem erfüllten Leben mit Gott. Dieses Leben, heilig, anders und heil, steht Ihnen offen.

Ich möchte Sie gerne zu einem letzten Gebet einladen:

> „Vater, ich habe angefangen zu verstehen, wie wichtig deine Heiligkeit für mich und die Menschen um mich herum ist. Ich strecke mich gerade jetzt danach aus, ein heiliges Leben zu führen, und bitte dich, dass du mir in den vielen kleinen und großen Momenten meines Lebens zur Seite stehst, um mir zu helfen, den guten Kampf des Glaubens zu gewinnen. Ich will heilig werden, wie du es bist. Ich möchte Jesus ähnlicher werden. Ich möchte jetzt losgehen, bitte führe mich. Amen."

Dank

Als ich darüber nachgedacht habe, welchen Menschen ich namentlich danken möchte, ist mir aufgefallen, dass die Liste ziemlich lang werden könnte. Ich bin nämlich von vielen kostbaren Menschen umgeben, die mein Leben reich machen. Ich habe eine Familie, die ich sehr liebe, und Freunde, die mit mir lachen, wenn alles gut läuft, und mit mir weinen, wenn ich traurig bin. Ihre Liebe bedeutet mir sehr viel. Einige von ihnen möchte ich an dieser Stelle nennen, obwohl es viele mehr gibt, deren Namen hier stehen könnten.

Martin Öttinger, mein lieber Freund. Danke, dass du mit mir durch dick und dünn gehst und mich niemals hast fallen lassen. Danke für so viel gemeinsame Freude und danke für das „Refugium". George Norwood: „... es gibt einen Freund, der anhänglicher ist als ein Bruder" (Sprüche 18,24b; SCH). Danke für alles. Manfred Lanz, mein Freund und Mitwächter über meine Seele. Danke für deine Anrufe, deinen Rat und deine Offenheit. Danke, Rolf Senst, für deine Unterstützung auf rauer See. Deine Worte und Taten haben mir sehr geholfen. Evi Ehemann, meine liebe Freundin. Ich bin so dankbar, dass ich dich kennen darf und wir Lachen und Weinen teilen können. Karsten Klemme, mein Aaron. Immer wieder einmal werden meine Arme in den Schlachten des Lebens müde und dann weiß ich, dass du sie mir hochhältst. Matthias Wegner, mein Hur, du stehst an meiner anderen Seite. Es ist ein Privileg, mit dir zusammen beten und arbeiten zu dürfen. Rainer Bliefert, du bist eine wichtige Konstante in meinem Leben. Deine Freundschaft und deine Ermutigung über so viele Jahre sind mir unendlich kostbar.

Ich danke all denen, die mit zur Verwirklichung dieses Buchs beigetragen haben: Anne Himsworth, Karsten Klemme, Joachim Welter und Micha Gohl. Ihr habt einen wichtigen Anteil an der Qualität von „Majestät". Eure Kommentare, Fragen und Vorschläge in der Entstehungsphase waren sehr wertvoll für mich. Danke für die Stunden, die ihr investiert habt. Silke Gabrisch von SCM, meiner Lektorin: Du bist einfach ein toller Mensch, danke für alle Telefonate, Mails, und ja, ich fühle mich „gebauchpinselt", dass du persönlich das Lektorat zu diesem Buch übernommen hast. Annette Friese von SCM: Danke für deine professionelle Begleitung und Förderung im Bereich Marketing.

Uli Eggers: Als „Majestät" noch kaum mehr als ein Haufen ungeordneter Gedanken in meinem Kopf war, saßen wir beisammen, und ich habe dir von meiner Idee, ein Buch über das Thema Heiligkeit zu schreiben, erzählt. Danke für deine Offenheit und für deine Förderung in verschiedenen Bereichen. Danke für dein Vertrauen mir gegenüber und für den schönen Nachmittag mit Christel und Johanna. Danke, Geri Keller, für deinen väterlichen Arm, den du in Emmetten um mich gelegt hast, und für das Vorwort, für das ich mir niemand anderen vorstellen konnte als dich.

Ganz besonders danken möchte ich auch einer speziellen Gruppe von Menschen in meinem Leben, die meinen beruflichen Weg überhaupt erst ermöglichen, nämlich meinen Sponsorenpartnern. Alle Angestellten des Gebetshauses werden finanziell von einem persönlichen Spenderkreis getragen, so auch ich. Danke für eure Treue und euren Glauben daran, dass meine Arbeit im Gebetshaus und darüber hinaus unterstützenswert ist. Aller Segen, der von dem ausgeht, was ich zu tun versuche, hat maßgeblich mit eurer Hingabe zu tun.

Danke an die Gemeinschaft vom Gebetshaus Freiburg – was für tolle Menschen!

Der wichtigste Dank gehört natürlich den bedeutsamsten Personen in meinem Leben:

Ich danke dir, Johanna, für dreißig Jahre mit dir. Danke für deine Liebe, die so besonders ist. Was hab ich für ein Glück! Danke an meine tollen Kinder Emanuel mit Deborah, Maren mit Timon und an Nicolas. Ich bin stolz auf euch und liebe euch unendlich.

Danke, Gott, für mein Leben. Ich will dir mein Sein gerne weiter hinhalten, dich weiter vertrauensvoll suchen und dir ähnlicher werden. Ich liebe dich.

Anmerkungen

Alle Links zuletzt aufgerufen am 1.3.2017

1 Jerry Bridges: Streben nach Heiligung, EBTC media 2012, S. 12.
2 Jüdisches Gebet, übersetzt vom Rabbiner Michael Sachs.
3 Hörbeispiele:
Brahms: Ein deutsches Requiem – Sehr schöne Gegenüberstellung der Vergänglichkeit des Menschen und der Größe Gottes:
Text: https://de.wikisource.org/wiki/Ein_deutsches_Requiem.
Hörbeispiele finden sich auf YouTube.

Händel: Der Messias
Englischer Text: https://en.wikisource.org/wiki/Messiah_(oratorio).
Hörbeispiele finden sich auf YouTube.

Bach: Kantaten
Bach: Matthäuspassion
Allegri: Miserere

Arvo Pärt: Johannespassion
Samuel Barber: Agnus Dei
Hörbeispiele finden sich jeweils auf YouTube.
4 Rudolf Otto: Das Heilige, C.H. Beck 1979, S. 90.
5 Rudolf Otto: Das Heilige, C.H. Beck 1979, S. 137.
6 https://stefan-oster.de/vom-verlust-des-heiligen-und-von-der-sehnsucht-nach-aufbruch/.
7 https://www.barna.com/research/the-concept-of-holiness-baffles-most-americans/#.V9WX9mWQ1tI; eigene Übersetzung.
8 Eigene Übersetzung.
9 http://manofdepravity.com/2012/09/loss-gain/.
10 Eigene Übersetzung.
11 Friedrich Heiler: „Vom Neuentzünden des erloschenen Mysteriums", in: Die Hochkirche, Heft 3/4, Verlag Ernst Reinhardt 1931, S. 102ff.
12 Edith Stein: Endliches und ewiges Sein. Versuch eines Aufstiegs zum Sinn des Seins, Herder 2016, S. 369.
13 Alfons Deissler: Die Grundbotschaft des Alten Testaments, Herder 1972, S. 41.

14 „Eine Supernova ist das kurzzeitige, helle Aufleuchten eines massereichen Sterns am Ende seiner Lebenszeit durch eine Explosion, bei der der ursprüngliche Stern selbst vernichtet wird. Die Leuchtkraft des Sterns nimmt dabei millionen- bis milliardenfach zu, er wird für kurze Zeit so hell wie eine ganze Galaxie" (Wikipedia).
15 http://www.joerg-sieger.de/einleit/zentral/02gott/zent19.htm.
16 Mircea Eliade: Das Heilige und das Profane. Vom Wesen des Religiösen, Insel Verlag 1998, S. 23.
17 Siehe zum Beispiel: 2. Mose 28,41 (Weihe der priesterlichen Gewänder); 2. Mose 29,37 (Altarweihe); 2. Mose 30,30 (Priesterweihe); Josua 20,7 (Zufluchtsorte); 2. Chronik 29,5 (Tempelweihe); Hesekiel 45,1 (Landbesitz für die Priester); Nehemia 9,14 (Sabbat); Nehemia 11,18 (Jerusalem); Sacharja 2,16 (Israel); Epheser 5,25-26 (Gemeinde Jesu).
18 Jean-Paul Sartre, in: L'existentialisme est un humanisme, erstmals 1946 publiziert.
19 Z.B. Johannes 5,24; 6,47; 8,51 uvm.
20 „Implicit threefold unities" in "The New International Dictionary of Old Testament Theology and Exegesis", hier aus: Simon Ponsonby, The Pursuit of the Holy, David C. Cook 2010, S. 43.
21 Siehe zum Beispiel die folgenden zu unterschiedlichen literarischen Gattungen gehörenden Aussagen aus 1. Mose 1,31; 3,23; Jesaja 6; Hiob 25,1-6; Psalm 14,3; Prediger 7,29 oder Römer 3,23.
22 In: Wilfried Härle: Grundtexte der neueren Evangelischen Theologie, Evangelische Verlagsanstalt 2007, S. 95.
23 https://stefan-oster.de/vom-verlust-des-heiligen-und-von-der-sehnsucht-nach-aufbruch/.
24 Denken Sie an die berühmte Rede des Paulus auf dem Aeropag in Athen (Apostelgeschichte 17,22-28).
25 Dietrich Bonhoeffer: Ethik, Werke Band 6, Verlag Christian Kaiser 1992, S. 70.
26 Siehe Kapitel 8–11.
27 Francis Chan: „Introduction", in Francis Chan, Preston Sprinkle, Mark Beuving: The Francis Chan Collection, Kindle eBook, 2014, eigene Übersetzung.
28 Siehe Hesekiel 3,23; 9,8; 43,3; 44,4.
29 Siehe 2. Mose 3,14; Psalm 33,11; Jesaja 41,4; Jakobus 1,17; Offenbarung 1,4.
30 Aus: Christian Feldmann: Die Liebe bleibt. Das Leben der Mutter Teresa, Herder 2016, S. 106.
31 Z.B. Josua 24,29; Nahum 1,2; Hebräer 12,29; Jakobus 4,5.

32 Kontemplation stammt vom lateinischen „contemplatio" und bedeutet so viel wie „Richten des Blickes nach etwas", „Anschauung", „Betrachtung".
33 Psalm 46,9; Psalm 77,13; Psalm 119,18; Psalm 143,5; 2. Korinther 4,17-18.
34 Rainer Harter: Brannte nicht unser Herz?, SCM R.Brockhaus 2016, S. 70.
35 Offenbarung 1,9-20 und 4,1-11.
36 http://www.tscpulpitseries.org/german/ts980824.htm.
37 „The Holiness of Christ – Desiring God conference 2007"; siehe http://www.desiringgod.org/messages/the-holiness-of-christ; eigene Übersetzung.
38 Rudolf Otto: Das Heilige, C.H. Beck 1979, S. 197.
39 „Denn ich bin der HERR, euer Gott. So heiligt euch und seid heilig, denn ich bin heilig! Und ihr sollt euch selbst nicht unrein machen durch all das Kleingetier, das sich auf der Erde regt" (3. Mose 11,44).
„Denn ich bin der HERR, der euch aus dem Land Ägypten heraufgeführt hat, um euer Gott zu sein: So sollt ihr heilig sein, denn ich bin heilig!" (3. Mose 11,45).
„Rede zu der ganzen Gemeinde der Söhne Israel und sage zu ihnen: Ihr sollt heilig sein; denn ich, der HERR, euer Gott, bin heilig" (3. Mose 19,2).
„So sollt ihr euch heiligen und sollt heilig sein, denn ich bin der HERR, euer Gott, und sollt meine Ordnungen einhalten und sie tun. Ich bin der HERR, der euch heiligt" (3. Mose 20,7-8).
„Und ihr sollt mir heilig sein, denn ich bin heilig, ich, der HERR. Und ich habe euch von den Völkern ausgesondert (oder: unterschieden), um mein zu sein" (3. Mose 20,26).
„Ihr nun sollt vollkommen sein, wie euer himmlischer Vater vollkommen ist" (Matthäus 5,48).
„… sondern wie der, welcher euch berufen hat, heilig ist, seid auch ihr im ganzen Wandel heilig! Denn es steht geschrieben: ‚Seid heilig, denn ich bin heilig'" (1. Petrus 1,15-16).
„Denn dies ist Gottes Wille: eure Heiligung …" (1. Thessalonicher 4,3).
40 Z.B. Römer 12,2; Römer 12,9-21; Epheser 4,17-5,4; Philipper 4,8; 1. Thessalonicher 5,23; 2. Petrus 1,5-8; Jakobus 1,4.
41 Der Begriff „Christ" als Bezeichnung der Jünger Jesu entstand allerdings erst Jahre nach Jesu Tod, er begegnet uns zum ersten Mal in Apostelgeschichte 11,26: „… dass die Jünger zuerst in Antiochia Christen genannt wurden."

42 Z.B. Apostelgeschichte 9,32.41; Römer 1,7; 1. Korinther 1,2; 2. Korinther 1,1; Epheser 1,1; Philipper 1,1; Kolosser 3,12; 2. Thessalonicher 1,10; Philemon 5; Hebräer 13,24; 1. Petrus 2,9.
43 Metropolit Serafim von Deutschland, Zentral- und Nordeuropa, im Rahmen des Theologischen Dialogs zwischen der EKD und der Rumänischen Orthodoxen Kirche im März 2013.
44 Walter Nigg: Große Heilige, Artemis 1947, S. 11.
45 http://franziskaner.de/fileadmin/Download/franziskus_biografie.pdf.
46 Adolf Holl: Der letzte Christ, Deutsche Verlagsanstalt Stuttgart 1979, S. 10.
47 http://www.franziskanerinnen-thuine.de/html/franziskus_von_assisi.html.
48 http://franziskaner.net/testament/.
49 https://de.wikipedia.org/wiki/Fioretti.
50 Philipper 2,8.
51 Siehe auch Markus 10,21; Lukas 12,33; Lukas 18,22.
52 In: Frankfurter Hefte. Zeitschrift für Kultur und Politik, Band 3, Neue Verlagsgesellschaft der Frankfurter Hefte 1978, S. 427.
53 Quellen: z.B. http://www.theresevonlisieux.de/index.php?option=com_content&task=view&id=14.
54 Thérèse von Lisieux: Geschichte einer Seele, Johannes Verlag 2009.
55 Quellen: u.a.
http://gutenberg.spiegel.de/autor/gerhard-tersteegen-589
https://www.heiligenlexikon.de/BiographienG/Gerhard_Tersteegen.htm
http://www.rheinische-geschichte.lvr.de/persoenlichkeiten/T/Seiten/GerhardTersteegen.aspx
http://www.arbeiter-im-weinberg.de/gerhard-tersteegen/.
56 Arno Pagel: Gerhard Tersteegen: Ein Leben in der Gegenwart Gottes, Brunnen 1960, S. 14.
57 Walter Nigg: Gerhard Tersteegen. Eine Auswahl aus seinen Schriften, Brockhaus 1967, S. 113.
58 Arno Pagel: Gerhard Tersteegen. Ein Leben in der Gegenwart Gottes, Brunnen 1960, S. 79.
59 http://www.philos-website.de/index_g.htm?autoren/tersteegen_g.htm~main2
60 Quellen: u.a.
https://www.heiligenlexikon.de/BiographienT/Mutter_Teresa.htm
http://www.vatican.va/news_services/liturgy/saints/ns_lit_doc_20031019_madre-teresa_en.html.

61 Mutter Teresa von Kalkutta, Brian Kolodiejchuk (Hrsg.): Komm, sei mein Licht! Die geheimen Aufzeichnungen der Heiligen von Kalkutta, Pattloch 2007, S. 172.
62 Mutter Teresa von Kalkutta, Brian Kolodiejchuk (Hrsg.): Komm, sei mein Licht! Die geheimen Aufzeichnungen der Heiligen von Kalkutta, Pattloch 2007, S. 327.
63 Mutter Teresa von Kalkutta, Brian Kolodiejchuk (Hrsg.): Komm, sei mein Licht! Die geheimen Aufzeichnungen der Heiligen von Kalkutta, Pattloch 2007, S. 221.
64 C.S. Lewis: Letters to an American Lady, Eerdmans 1967; eigene Übersetzung.
65 http://www.franziskanerinnen-thuine.de/html/seine_gebete.html.
66 http://www.mikebickle.org.edgesuite.net/MikeBickle-VOD/2014/20140425_Holiness_Living_Fascinated_in_the_Pleasure_of_Loving_God.pdf; eigene Übersetzung.
67 http://www.gottliebtuns.com/doc/Alred%20von%20Rievaulx%20-%20Spiegel%20der%20Liebe.pdf (Kapitel 11).
68 In „Brannte nicht unser Herz?" habe ich ausführlich beschrieben, wie es aussehen kann, sich Gott zu nähern, und wie der Prozess der Heiligung durch die Erfahrung der Gegenwart Gottes fortschreitet.
69 http://www.soundwords.de/gnade-und-heiligkeit-a456.html.
70 Dietrich Bonhoeffer: Nachfolge, Teil 1, Die teure Gnade. Online zu lesen unter https://zeitzubeten.org/christliche-spiritualitaet/die-nachfolge-jesu/jesus-christus-nachfolgen-d-bonhoeffer/nachfolge-teil-1-die-teure-gnade/.
71 Z.B.: http://www.desiringgod.org/articles/christian-hedonism.
72 In „Brannte nicht unser Herz?" habe ich vertiefend darüber geschrieben.
73 Z.B. Markus 2,19; Lukas 5,35; Johannes 3,29.
74 Johannes 3,29; 2. Korinther 11,2.
75 Griechisch „theosebeia" (vom Verb eusebéo = „Frömmigkeit, Ehrfurcht ausüben"), z.B. 1. Timotheus 2,10.
76 Vgl. Anmerkung zu Markus 15,16 (ELB): Gemeint ist „Kohorte", eine militärische Einheit der Römer von etwa 600 Mann unter dem Befehl eines Obersten.
77 http://www.duden.de/rechtschreibung/gottesfuerchtig.
78 http://islam-pedia.de/index.php?title=Gottesfurcht_(Taqwa).
79 Wolfhart Pannenberg: Systematische Theologie, Band 3, Vandenhoeck & Ruprecht 1993, S. 216.
80 Thomas von Kempen: Nachfolge Christi, gwbooks (ebook), S. 14.
81 Thomas von Kempen: Nachfolge Christi, gwbooks (ebook), S. 31.

82 Zitiert in: Simon Ponsonby: The Pursuit of the Holy, David C. Cook 2010, S. 15; eigene Übersetzung.
83 Augustinus, Bekenntnisse, 10. Buch, 29. Kapitel, http://www.augustiner.de/files/augustiner/downloads/Bekenntnisse.pdf.
84 Stephen C. Barton: Holiness: Past and Present, Bloomsbury T&T Clark 2003, S. 27; eigene Übersetzung.

Rau und Schön 1

„Rau & Schön" sind Liveaufnahmen direkt aus dem Gebetshaus Freiburg, die nur wenig nachbearbeitet wurden. Sie laden dazu ein, Gott zu begegnen. Gerade die Spontanität dieser authentischen Anbetung lässt Sie an wunderschönen Momenten in Gottes Gegenwart teilhaben.

CD, Spieldauer: 75 Minuten
Nr. 095.000.109

Rainer Harter
Brannte nicht unser Herz?
Wie die Schönheit Gottes unsere Leidenschaft weckt

Brennt ihr Herz noch für Gott? So richtig?
Viele Christen wünschen sich mehr Leidenschaft für ihr Glaubensleben. Sie vermissen das Lebendige in der Beziehung zu Jesus, das Feuer und die Begeisterung.
Wenn es Ihnen auch so geht, lädt Rainer Harter, Gründer und Leiter des Gebetshauses Freiburg, Sie dazu ein, ganz neu die Schönheit Gottes zu entdecken. Verschiedene Übungen zeigen, wie das praktisch gehen kann. Lassen Sie sich von der Liebe Gottes ergreifen!

Gebunden, 14 x 21,5 cm, 240 S.
ISBN 978-3-417-26792-1
Auch als E-Book